LA
PLÉIADE FRANÇOISE

Cette collection a été tirée à 248 exemplaires numérotés
et parafés par l'éditeur.

230 exemplaires sur papier de Hollande.
 18   —   sur papier de Chine.

———

N°

EVVRES EN RIME

DE

IAN ANTOINE DE BAIF

SECRETAIRE DE LA CHAMBRE DU ROY

Avec une Notice biographique et des Notes

PAR

Ch. MARTY-LAVEAUX

TOME PREMIER

PARIS
ALPHONSE LEMERRE, ÉDITEUR
—
M DCCC LXXXI

AV ROY

AV ROY.

Pvis que voſtre faueur, ô mon grand Roy, m'inſpire
Les Graces de la Muſe : & ma Muſe reſpire
Sous voſtre liberale & bonne royauté,
Qui la traite & nourrit en gaie liberté :
C'eſt à vous que ie doy tout ce que j'ay d'ouurage,
A vous qui me donnés & moyen & courage,
Ouurant de mon métier, faire ce cabinet
De mes vers aſſemblés, Tel comme vn jardinet
Planté diuerſement : Où ſont bordures vertes,
Chaſſeurs chiens animaux : Où tonnelles couuertes,
Où les fonténes ſont : Où plaiſans eſpaliers
De lierre dur au froid, & de tendres loriers.
Orangiers ſoleillez fleuriſſans y fruitiſſent.
Là parterres dreſſez tondus ſe compartiſſent
Raportés par bel art : là cloſes de verdeurs
Diuerſes planches ſont produiſant mille fleurs.
  Ainſi diuers ſera ce preſent que j'aporte
De mes vers aſſemblez de diferante ſorte,
De ſtyle diferant, de diferant ſuget,
Que par mes ans paſſez, ſans me tenir ſuget
A rien que j'uſſe élu pour vn œuure pourſuiure,
Seulement compoſay pour inutil ne viure :

Mais couuant genereux vn louable deſir
D'oſer quelque grand œuure à mon aiſe & loiſir :
Car nul ne penſe faire vn grand œuure qui plaiſe
Pour durer à jamais ſans le loiſir & l'aiſe.
Ce que lon dit eſt vray, qui ſe trouue en effét,
Que l'home ſoufreteux onque ne fit beau fait.
 Soit que cela me vint de l'inſtint de nature,
Ou ſoit que l'uſſe apris auec ma nourriture,
Ou ſoit que tous les deux m'aient conduit ainſi,
Les Muſes ont eſté de tout tems mon ſoucy.
 SIRE, graces à Dieu, je naſqui fils d'vn Pere,
Seruiteur bien aimé du Roy voſtre Granpere,
De ce grand Roy François à qui ſeul nous deuons
Tout cela que d'humain & gentil nous auons
Des liures du vieil tems. Mais à vous debonaire,
Qui les entretenez d'vn loier ordinaire,
Nous les deuons encor. Luy pere & createur :
Et vous ſerez nomé des arts conſeruateur.
 Ce mien Pere Angeuin gentilhome de race,
L'vn des premiers François qui les Muſes embraſſe,
D'ignorance ennemi, deſireux de ſçauoir,
Paſſant torrens & mons juſqu'à Rome alla voir
MVSVRE Candiot : qu'il ouït pour aprendre
Le Grec des vieux auteurs, & pour docte s'y rendre :
Où ſi bien trauailla, que dedans quelques ans
Il ſe fit admirer & des plus ſufiſans.
Docte il reuint en France : & comme il ne deſire
Rien tant que le ſçauoir, en Anjou ſe retire
Dans ſa maiſon des Pins, non guiere loin du Loir,
A qui Ronſard deuoit ſi grand nom faire auoir.
Le bon Lazare là, non touché d'auarice,
Et moins d'ambition, ſuit la Muſe propice :
Et rien moins ne penſoit que venir à la court,
Quand vn courier expres à ſa retraite court
Le ſommer de la part du grand Roy, qui le mande,
Et le venir trouuer ſans refus, luy commande.
Qu'uſt-il fait ? deuoit-il au repos s'amuſer
Où viuoit ſi content ? pouuoit-il refuſer

Son Roy qui le mandoit ? C'eſt vn pauure heritage
De cropir au ſçauoir ſans le mettre en vſage.
Il ſe range à ſon Roy : qui ne le renuoia :
Mais l'ouït & cherit : & bien toſt l'employa.
L'emploie ambaſſadeur aux Seigneurs de Veniſe,
A fin que né de luy, ſur les fons Saint Moïſe
Ie fuſſe battiẑé : des noms de mes parreins,
Iuſtinian & Rincon, tenans mes foibles reins,
Ian Antoine nomé : qui de telle naiſſance
Porté deça les mons dés ma flouëte enfance,
Par le ſoin de tel Pere aux lettres bien inſtruit,
Pour la France deuòy raporter quelque fruit.
 Ie ne fu pas ſi toſt hors de l'enfance tendre
La parole formant, qu'il fut ſoigneux de prendre
Des Maiſtres les meilleurs, pour déſlors m'enſeigner
Le Grec & le Latin, ſans rien y épargner.
 Charle Étiene premier, diſciple de Laẑare
Le docte Bonamy, de mode non barbare
M'aprint à prononcer le langage Romain :
Ange Vergece Grec, à la gentile main
Pour l'écriture Gréque, Ecriuain ordinére
De vos Granpere & Pere & le voſtre, ut ſalére
Pour à l'accent des Grecs ma parole dreſſer,
Et ma main ſur le trac de ſa lettre adreſſer.
 En l'an que l'Empereur CHARLE fit ſon entree
Receu dedans Paris : L'annee deſaſtree
Que Budé trepaſſa : Mon pere qui alors
Aloit Ambaſſadeur pour voſtre ayeul, dehors
Du Royaume en Almagne : & menoit au voyage
Charle Etiene : & Ronſard qui ſortoit hors de page :
Etiene Medecin, qui bienparlant étoit :
Ronſard de qui la fleur vn beau fruit promettoit.
Mon Pere entre les mains du bon Tuſan me leſſe,
Qui chés luy nourriſſoit vne gaïe jeuneſſe
De beaux enfans bien neẑ : de ſoir & de matin
Leurs oreilles batant du Grec & du Latin.
Là les de Beaune étoyent, qui leur belle nature
Y ployerent vn tems ſous bone nourriture,

Pour eſtre quelque jour vos loyaux conſeilliers,
Faits Eueſques tous deux & tous deux Chanceliers,
L'vn du Duc d'Alençon, l'autre de voſtre Mere.
Là venoit Robertet qui voſtre Secretére
Sieur de Freſne mourut : & là d'autres aſſez,
Qu'aujourdhuy regretons la plus part trepaſſez.

  Là quatre ans je paſſay façonnant mon ramage
De Grec & de Latin : & de diuers langage,
(Picard, Pariſien, Touranjau, Poiteuin,
Normand & Champenois) mellay mon Angeuin.
De là (Grand heur à moy) mon pere me retire :
Me baille entre les mains de Dorat pour me duire :
Dorat, qui ſtudieux du mont Parnaſſe auoit
Reconu les detours : & les chemins ſauoit
Par où guida mes pas. O Muſes, qu'on me done
De Lorier & de fleurs vne fréche courone,
Dont j'honore ſon chef. Il m'aprit vos ſegrets
Par les chemins choiſis des vieux Latins & Grecs.

  C'eſt par luy que ſortant de la vulgaire trace
Dans vn nouueau ſentier, moy le premier je paſſe,
Ouvrant à vos François vn paſſage inconu,
Que nul parauant moy dans France n'a tenu.
Nul poete ne s'eſt vu tant oſé d'entreprendre
D'y entrer ſeulement. Par où m'y doy-je prendre?
Ie n'y voy rien frayé : ie n'y voy rien ouuert.
Ie voy tout de haliers & de buiſſons couuert.
Layſſeray-je d'aller? La force & le courage
Ne me faudront jamais. I'ouuriray le paſſage.
A la peine endurcy tout je trauerſeray :
Et broſſes & rochers hardi je paſſeray.
D'acheuer ce beau fait rien qui ſoit ne m'engarde,
Pourvu que Dieu *benin & mon* Roy *me regarde*
En ma haute entrepriſe : & ſes freres auſſi
Et la Royne leur Mere en aint quelque ſoucy.

  Si bien eguilloné de ma viue nature,
Si bien acoutumé ſuis de ma nourriture,
Si bien encouragé de Royalle faueur,
Que de tant beau deſſein l'enuieuſe rancueur

Ne me detournera : ny la creinte honteuſe
D'honorable trauail, mon âme valeureuſe
Abatre ne pourra : tellement que laiſſant
L'œuure qu'ay pris en main, je m'aille apareſſant :
Où j'ayme mieux oyſif me ſauuant de l'enuie
Trainer apoltroni le reſte de ma vie,
Pluſtoſt qu'en illuſtrant le langage & le nom
Du François, m'honorer d'vn immortel renom.
Ie ſuis trop auancé pour retourner arriere :
Auanſon plus auant. Quand la Parque meurtriere,
(O Dieu detourne-la) mon âge trencheroit,
Le chemin eſt ouuert, qu'vn autre acheueroit,
Non ſans mon grand honeur. Qui premier s'achemine
Par vn ſentier nouueau, ſous la faueur diuine
Gangne le premier los. C'eſt facile vertu
D'entrer dans le chemin par vn autre batu.

 O Mon Roy, dés le tems que ma raiſon premiere
S'épanit au rayon de la viue lumiere,
Pourpenſant des humains l'eſtre & le naturel,
Ie conu que dans nous l'vn étoit corporel
Et l'autre de l'eſprit. La maſſe corporelle
Et tout ce qui la ſuit nous auons naturelle
Auec le genre brut : L'eſprit induſtrieux
Nous anime, commun auecque les hauts Dieux.

 Le cors eſt pour ſeruir. L'ame comandereſſe
Doit tenir le timon come vraye maiſtreſſe.
Pourtant ie reſolu quelque los aquerir
Par l'employ de l'eſprit, qui ne doit pas perir,
Pluſtoſt que par la force & caduque & flouëte
Du cors, dont la nature à la mort eſt ſugéte.

 Or pour la brieueté de nos jours, nous deuons
Laiſſer vn ſouuenir le plus long que pouuons
De nous & de nos faits. Pource la poëſie
Dés ma grande jeuneſſe ardemment j'ay choiſie,
Come enclin que j'y ſuis. Qui enclin n'y ſeroit
D'en aquerir louange en vain s'efforceroit :
Come font la plus part, qui ſans auoir peſee
Leur naiue vigueur ſeruiront de riſee,

Ou d'vn siecle ignorant leur credit merité
Ne se pourra sauuer à la posterité.
I'ay tousiours desiré, dedaignant le vulgaire,
Aux plus rares esprits & seruir & complaire :
Et j'ay (graces à Dieu), lors que je l'ay voulu,
A vostre jugement, O Grand Prince, complu :
Car tel est mon deuoir : Pouruu que ie vous plaise,
Iape des enuieux la race, qui mauuaise
Creue de l'heur d'autruy. Vostre faueur sera
Mon heur & mon honeur : L'enuie en creuera.

LES AMOVRS
DE
IAN ANTOINE DE BAIF.

A MONSEIGNEVR

LE DVC D'ANIOV.

PRINCE GRAND DVC, ó de Rois Fils & Frere,
Qui jeune d'ans portes vn front feuere,
De quel vifage ofé-je prefanter
Ce que l'amour m'a fait jeune chanter
En vers rymez, A toy qui dauant l'âge
Preux courageux vaillant conftant & fage,
Victorieux éprouuant ta vertu
Plus d'vne fois en guerre as combatu?
Quelque beau chant de plus d'vne victoire
Te fieroit mieux, qui celebraft ta gloire,
Qu'indignement cecy te dedier
Où lon me voit mes fautes publier.
Il me faudroit plus meurement élire

Quelque fuget pour à loifir l'écrire
Digne de Toy, De qui le chef guerrier
A merité defia plus d'vn lorier.
 Mais quand apart & ie poife & ie panfe
Que vaut l'amour & quelle eft fa puiffance :
Non feulement je m'excufe enuers toy,
Ains ie maintien faire ce que ie doy,
Quand ie te veu confacrer mon ouurage
Enfantement d'vn amoureux courage.
 Et qui pourroit choifir & mettre au jour
Vn argument plus digne que d'Amour?
 Amour luy feul eft l'âme du grand monde
Qu'il entretient : par luy la paix abonde :
Il eft partout : il remplift les bas lieux
La terre & l'eau. Voire emplift les hauts cieux.
C'eft par Amour que l'ame genereufe
Exercera la vertu valeureufe :
C'eft par Amour que d'vn braue renom
L'homme de pris honorera fon nom.
 L'vn enfuiuant l'inftint de fa nature,
Comme il eft né, manira la peinture :
L'autre vn autre art. L'vn tranche les guerets,
L'autre veneur broffe dans les forefts :
Tout par Amour. Diuers Amours regentent
Les cœurs humains, qui à part fe contentent
En leurs defirs : Mais vn Amour les duit
Seul en commun, qui benin les conduit
A s'entrayder, chacun de fa puiffance
Selon qu'il eft enclin dés fa naiffance.
C'eft par Amour que les arts fe parfont,
Que les vaillans & les fauans fe font.
 Qui mit à chéf l'emprife tant chantee,
Que fit la néf par Argus charpantee
Suiuant l'auis de la fage Pallas,
Sinon Amour? Princeffe, tu brullas :
Tu vis Iafon. Et la toifon doree
Au Roy ton Pere encor fuft demeuree :
Mais la beauté du Gregeois te naura :

Mais l'Amour fit que par toy recouura
La laine d'or. Et sa troupe sauuee
Par ton secours, en Iolke arriuee,
Vit le retour en leur chiere maison,
Par toy Medee Amante de Iason :
Par ta faueur, & non par la prouësse
De ses nochers l'élite de la Gréce :
Car ton Amour mét l'entreprise à chéf,
Mene à salut & les gents & la néf.

 Qui fit jadis dauant les murs de Troye,
(Ains qu'elle fust des ennemis la proye)
Tant de beaux faits ? Qui fit cognoistre Hector
Preux & tueur, pour bien disant Nestor,
Aiax hardi, Vlysse caut & sage,
Patrocle bon, Achil de grand courage,
Sinon l'Amour ? D'Heleine la valeur
Des combatans aiguillonoit le cœur.
Vous faisiez bien Troyens de la deffendre,
Et vous Gregeois de la vous faire rendre :
Tu n'auois tort Paris de la garder,
Ny Menelas de la redemander.

 Le grand Orfé, que la fureur demeine
Du Dieu Febus, n'épargnant nulle peine
Courut la terre, & la mer trauersa :
Et desireux d'aprendre conuersa
Auecque ceux, qui gardoyent les Mysteres,
Prestres sacrez aux temples ordinaires,
Ægyptiens. Luy qui tant voyagea,
Qui ceux de Thrace acort dessauuagea,
Au cœur piqué de pointure amoureuse
Aime Eurydice, helas, bien maleureuse !
Qui d'Aristé les rages échapant
N'euite pas le venin du serpant.

 Elle est desia dans l'obscure contree
Du noir Pluton. Orfé, qui l'ame outree
Portoit d'amour ensemble, & de douleur,
Sent reueiller par Amour sa valeur :
Et se resoult de passer en persone,

Pour la rauoir, le fueil de Perfefone.
  D'vn nouueau chant il flata les enfers
Non coutumiers d'ouïr de fi beaux vers.
Il rencontra cent fantômes terribles
Se prefentans en cent formes horribles,
Qui contre luy ne deuoyent attanter,
Tant les fçauoit doucement enchanter !
Il tira pleurs des yeux des Eumenides :
Donna repos aux cruches des Belides :
Fit demeurer la rouë d'Ixion :
Les Manes durs outra de paffion.
Son Eurydice il veut rauoir en vie,
Qui par malheur luy vient d'eftre rauie :
Son mariage il cherche raffembler,
Que la Mort dure auoit pu détroubler.
  Ainfi qu'il veut il obtient fa demande :
Et des Enfers la Princeffe commande
Qu'Eurydicé repaffe le trepas :
Mais mais qu'Orfé ne la regarde pas,
Iufques atant que hors des manoirs fombres,
Où font des Morts abitantes les ombres,
Ils foyent touts deux en la belle clairté :
Là la regarde en toute liberté.
Mais fi dauant Orfé fi fort s'oublie
Qu'il la regarde, il lui ôtra la vie,
Et la perdra, fans la reuoir au jour,
Pour tout jamais, fans efpoir de retour.
  Ils eftoyent ja tout contre la lumiere
Hors des dangers : Eurydice darriere
Suiuoit l'Amant, qui d'Amour tranfporté
Se retourna. Là luy fut emporté
Tout fon labeur : Du Roy non pitoyable
Là fut enfreint l'accord non reparable,
Par vne erreur bien pardonable, fi
Dans les enfers reftoit quelque merci.
  Quand elle fut en bas éuanouïe
Incontinant vne voix fut ouïe :
  Quelle fureur ? Quel malheur trop apert

Et toy & moy miserables nous perd?
O pauure Orfé! Las, la Parque cruelle,
Las derechef en arriere m'apelle:
Vn dur someil couure mes yeux flotans.
Enuain à moy tes deux bras tu étans:
Enuain à toy, moy, qui ne suis plus tiene,
I'étan mes bras! N'atan que ie reuiene:
Amant Adieu, Adieu pour tous adieux:
Va t'en au jour: ie demeure en ces lieux.
 Et qu'ust-il fait? Où prendroit-il adresse
Le miserable en si grande detresse?
Et de quels pleurs, & de quelles douleurs
Vst-il flechi les imployables cœurs?
 Elle desia delà l'eau trauersee
Estoit à bord pour jamais repassee:
Luy comme on dit sans fin sept mois durant,
Vn grief regret d'Eurydice endurant,
Sous vn rocher sur la riue deserte
Du froid Strymon, se douloit de sa perte:
Plaintif pleurant, Ainsi qu'au renouueau
Sur l'aubepin le chantrillon oyseau
Fait les regrets de sa chiere nichee
Par le Berger malpiteux dejuchee,
Qui aguettoit les oysillons tounus
Pour les rauir dauant qu'ils fussent drus.
Toute la nuit la mere les lamante,
Et sur la branche assise la nuit chante
Vn chant piteux: De ses douloureux plains
Les lieux desers tout alentour sont pleins.
 Nul autre amour, nul autre mariage
Ne peut gangner son langoureux courage:
Seul dans la nege & parmy les glaçons
Faisoit ouïr de sa lyre les sons,
Plaignant tousiours Eurydice rauie,
Et de Pluton la grace éuanouïe.
Des Ciconois les femmes en ont pris
Haine sur luy, qui les tient à mépris:
Pource de nuit en feste solennelle,

Du Dieu Bacchus la brigade cruelle,
Le deſſirant en plus de mille pars,
Parmy les chams ont le jeun' ome épars.
Meſmes on tient, lors que ſa teſte oſtee
Hors de ſon cou ſe rouloit emportee
Des flots d'Ebrus, que ſa derniere voix
Et froide langue, cria plus d'vne fois,
Las, Eurydice, Eurydice chetiue!
Par tout le fleuue Eurydice la riue
Retentiſſoit. Son ame s'en partoit:
Rien qu'Eurydice en ſa bouche n'étoit.

 Maudites ſoyent à jamais tes meurtrieres,
Plus que ne ſont les Eumenides fieres!
Benit ſois-tu qui finiſſant tes jours
As ſouſpiré le nom de tes amours!

 Depuis le ſage & ſçauant HESIODE,
Maiſtre des mœurs, & qui chanta la mode
Du bon labour, & les propres ſaiſons,
A quoy les jours ſont ou mauuais ou bons,
Sentit que peut le regard d'vne belle:
Fut amoureux: Meſme quitant pour elle
Son doux païs a dans Aſcre abité,
Seiour facheux & l'Hyuer & l'Eté.
Mais y trouuant celle qui le contante,
Ne trouueroit demeure ſi plaiſante
Par tout le monde: Y tenant ſon deſir
Plus chier ſejour il ne pouuoit choiſir:
Tant il aimoit! Et pour ſa bien aimee
Rendre à jamais en ſes vers renommee,
Vn beau moyen eſcriuant pourpenſa,
Et par ſon nom des Hymnes commença:
Quand celebrant de ſes chanſons diuines
Le digne los des vieilles Heroïnes,
Par tout au front, de celle qu'il aimoit
Dauant leurs noms le beau nom renommoit.

 HOMERE apres, cet eſprit admirable
Pour qui ont fait vne noiſe honorable,
Les ſept Citez : Ce ſourjon perannel,

*Où vont puyfant le Nectar eternel
Poetes diuins: Cette ame valeureufe
Ieune fentit la fureur amoureufe,
Et ne fe put de fa flâme exemter,
Qui luy donna matiere de chanter.
De là prenant la belle couuerture
De Calypfon, decouure fa pointure
Sous vn nom feint : & de Circe parlant
Vn autre amour il alloit reuelant.
Puis celebrant l'honeur de Penelope,
Sous tel emprunt de fon cœur deuelope
La paffion : & le los merité
De fa Maitreffe, à la pofterité
Va publiant. O beauté bien euree
Qui de tel Poete a l'âme enamouree,
Qui l'enflâma de chanter les chanfons
Dont aujourd'huy lon adore les fons.
Diuin efprit, ta fainte Mufe donne,
Ce qui auinſt à ta propre perfonne,
A ton Vlyſſe : à qui tu fais iouër
Ce que n'ofois toy viuant auouër.
   Rougirons-nous entre tant de grands hommes
Nous plus petits, ſi de l'amour nous fommes
Epoinçonnez? Et ſi nous qui viuons
A leur patron nos flâmes écriuons ?
Qui l'amour blâme il cache en fa poitrine
Au lieu du cœur vne pierre marbrine :
Il eſt ou tigre ou dragon ou rocher
Qui vient l'amour aux Amans reprocher.
Les bons fruitiers en la faifon nouuelle
Pouffent dehors vne fleurifon belle :
La fleur fe paffe : & le verdoyant fruit
Groffiſt l'Efté : l'Automne le produit
Meur & parfait. C'eſt tout ainſi de l'âge
De nous humains, qui changeons de courage
Diuers en mœurs par nos quatre faifons.
En la primeur des ans nous produifons
Les fleurs d'amours : & qui lors ne les porte*

*Malaizément quelque bon fruit raporte
En son Automne : ains brehain sans porter
L'on voit souuent tel esprit auorter.
Et ne faut pas rejeter la parole
Des anciens comme vaine & friuole,
Quand ils ont dit : Qui jeune aborrera
Le jeu d'amours, vieil il rafolera.
Du vin epreint de grappe genereuse,
Plus bouillira la liqueur écumeuse,
Plus clair & nét sur le chantier assis,
Se tirera dans la caue rassis,
Pour égayer des hommes les courages.
Ceux qui voudront en vieillesse estre sages
Soyent amoureux jeunes : & quelque jour
Se rassieront ébouillis par amour.
Car c'est le feu de qui l'ardeur diuine,
Ainsi que l'or, les esperits afine,
Qui repurgez d'amoureuse chaleur
Entreprendront des œuures de valeur.
 Bellay chanta, soit ou feinte ou naïue,
Sa prime ardeur sous le doux nom d'Oliue,
Le choisissant de Petrarque alenuy,
Qui du bel œil de Laure fut rauy,
Pour éleuer sa teste reparee,
Ainsi que luy, d'vne plante honoree
Par ses beaux vers. En plus hautes fureurs,
Tiart vagant d'amoureuses erreurs,
Va celebrer du nom de Pasithee
Celle beauté, dont son âme agitee
Vint decouurir en solitude, apres
Le grand Platon, les plus diuins segrets.
 Ronsard depuis, dés sa jeunesse tendre
Portant graué le beau nom de Cassandre
Dans sa memoire, en a sonné des vers
Hauts & bruyans : puis en stile diuers,
(Possible outré d'vne flechade vraye
D'amour non feint) pour soulager sa playe,
Va moderer en plus douce chanson*

Son braue cœur fous vn moins graue fon :
Combien qu'adonque il uft dans fa penfee
Sa Franciade, vne fleche élancee
Par l'Archerot, qui maitrife les Dieux,
Luy fit quitter fon ftile audacieux.
  Belleau gentil, qui d'efquife peinture
Soigneufement imites la nature,
Tu confacras de tes vers la plus part
De Cytheree au petit fils mignard.
  Et maintenant d'vne chanfon d'élite
Des-Portes dit les graces d'Hippolite,
Apres auoir en la fleur de fes jours
D'vne Diane honoré les amours.
  Moy parauant nourriffon de la France,
Qu'apeine encor je fortoy de l'enfance,
Et ne portoy nulle barbe au menton,
Aux premiers traits, que l'enfant Cupidon,
Non éprouué, lácha dans ma poitrine,
Ie decouuri fous le nom de Meline
Mes premiers feux, toft dedans Orleans,
Toft dans Paris, coulant mes jeunes ans.
  Fuyant depuis les affauts de l'enuie,
Qui de tout tems a guerroyé ma vie,
Quitay ma Sene auec mon Tahureau.
(Toujours le miel coule fur le tombeau
Du jeune Amant! Que les vermeilles rofes
Au doux printems y fleuriffent éclofes!)
Luy me tira fur les riues du Clain
Pour compagnon. Là je fu pris foudain
Par les atraits d'vne fille fçauante,
Que fous le nom de Francine ie chante,
Nom qui n'eft feint : & fous qui le foucy
Que j'ay chanté n'étoit pas feint auffy.
Ce feu trois ans me dura dans mon áme :
Apres (ainfi que la fortune eft dame
Des faits mortels, qu'on ne peut affurer
Si fermement qu'ils puiffent pardurer :)
L'éloignement auec la medifance

Des enuieux, renuerſe la fiance
De ma Maitreſſe, & la mét en dedain,
Et m'afranchiſt. Car ſon dedain ſoudain
Dedans mon cœur dépit & mépris jette
Qui refroidiſt mon ardeur, & rejette
Tous les penſers de nos communs plaiſirs,
Doux nourriſſiers des amoureux deſirs.
Quand ie cognoy que l'amour que ie porte
Eſt deplaiſant, ie luy ouure la porte :
L'amour s'en vole : & ie n'en ſoy blamé.
Aimer ne puis, ſi ie ne ſuis aimé.
Sortant ainſi de telle ſeruitude,
Libre ie vy, fuyant l'ingratitude
Tant que ie puis. Sans deſir mutuel,
Quel amour peut eſtre perpetuel ?
Voyla pourquoy les Poetes du vieil âge
Feignent qu'Amour le petit dieu volage,
Tant qu'il fut ſeul ſans frere, que jamais
Ne ſe fit grand ne pouuant croiſtre, mais
Que demeurant touſiours en ſon enfance,
Auec les ans ne prenoit acroiſſance,
Comme faiſoyent les fils des autres Dieux.
Surquoy ſe tint vn conſeil dans les cieux,
Où fut conclu que Venus iroit prendre
L'auis certain de Themis, pour aprendre
A quoy tenoit que ſon fils ne croiſſoit,
Et que touſiours enfant aparoiſſoit.
  Donne à ton fils Amour (répond l'oracle)
Vn frere Amour, & tu verras miracle.
Luy que tu vois ſeul demourer enfant
Tu le verras, Venus, deuenir grand.
Ainſi qui veut qu'vn bon amour proſpere
De mieux en mieux luy faut donner vn frere
Son contramour. Qui m'en demandera,
S'il n'eſt aimé d'aimer ſe gardera.
  Par tel chemin j'ay coulé mon jeune âge,
Diuerſement touché dans mon courage
Des traits d'amour : qui m'a fait en ces vers

Me decharger de penſements diuers,
Que ie décry ſelon que ſe preſante
L'ocaſion, que ie pleigne ou ie chante :
Soit que dans moy fuſt la joye ou l'ennuy,
Soit que ſouuent l'empruntaſſe d'autruy.
 A vous HENRY *(deſſur qui ſe decharge,*
D'vne grand' part de ſa Royale charge,
Noſtre bon ROY, *comme à ſon frere cher)*
Pour quelque fois voſtre ſoing relaſcher,
Ce doux labeur recueilly dans ce liure
Ie vien offrir. Ainſi puiſſe til viure
Plus de mille ans portant de voſtre nom
L'honeur au front : Et voſtre haut renom
Puiſſe-j'ainſi d'âge en âge répandre,
Et vos vertus tout par tout faire entandre :
Laiſſez venir, O grand chef des guerriers,
Mon petit myrte, au pié de vos lauriers.

A MELINE

Mais, à qui mieux pourroy-ie presenter
   Ces chants d'Amour, qu'à toy, douce Meline,
   Mon Eraton? car la fureur diuine
Tu mis dans moy, qui me les fit chanter.
Tu m'y verras vne fois lamenter
   Du fier soucy dont ta rigueur me mine :
   Vne autre fois en ta douceur benine
Tu me verras gayement contenter.
Icy lisant l'Amour qui me tourmente,
   Tu pourras dire : ah, par si long espace
   Ie ne deuoy telle ardeur abuser !
Relisant là tes faueurs, que ie chante
   Eternisant les honneurs de ta face,
   Tu ne pourras, comme ingrat, m'accuser.

PREMIER LIVRE

DES

AMOVRS DE MELINE

PAR I. A. DE BAIF.

———

DESIA *Phœbus ſa bride orine tourne*
Guidant vers nous ſes flamboyans cheuaux,
Et plus tardif ſur nos teſtes ſeiourne
Fondant l'yuer de rayons tiede-chaus.
  De Iunon le ſein froidureux
  Sous vn ſoleil plus chaleureux
  Adoucit la rigueur de l'air,
  Elle qui fut trouble & chagrine
  Dénuble ſa face diuine
  Qui ſ'eſiouït d'vn teinct plus clair.
Du doux Printemps voicy la ſaiſon gaye,
 Le triſte Yuer ſous la terre eſt chaſſé :
En ce beau mois toute choſe ſ'égaye,
 Plaiſir ha lieu, le dueil fuit effacé :
  Mais, helas! celle reſplendeur

Que ie cherche en ſi grand ardeur
N'eſt ſerene deuant mes yeux :
Ma belle qui deuient plus fiere,
Me cache ſa douce lumiere
Sous des brouillas diſgracieux.
Du triſte temps la tempeſtueuſe rage
Ores ſe taiſt, des forcenans ſiflets
Eole enclôt le violent orage,
Laſchant la bride aux Zephyres mollets.
Mais moy ie ne puis eſperer
Auoir repos de ſouſpirer,
Pour aimer trop vne beauté :
Mes yeux de pleuuoir n'auront ceſſe,
Si ma rigoureuſe maiſtreſſe
N'adouciſſoit ſa cruauté.
Ores floriſt toute herbe reuerdie,
Et d'vn manteau de damas precieux
En ſa beauté la terre enorgueillie,
S'orne à l'enuy des eſtoiles des cieux.
Hé! plus croiſt le commun plaiſir,
Plus grand' douleur me vient ſaiſir,
Qui me fait mourir languiſſant :
Au moins que, parmi tant de peine,
Vne briefue eſperance vaine,
Aille quelque peu verdiſſant.
Le marinier au vent ſingle la voile,
Il ne creint plus l'Orion orageux,
Guidant ſa nef à l'œil de ſon eſtoile,
Tous les perils meſpriſe courageux.
Amour, mon nauire eſcarté
Perdant mon aſtre & ſa clarté,
Deça delà court incertain :
Et mon eſtoile eſt empeſchee
D'vn nuage qui tient cachee
La clarté de ſon feu ſérein.
Le bergerot ores ſa flûte allie
D'vn ton ſi gay, au plaiſant murmurer
Des ruiſſelets, que ſa troupe rauie

Pour son doux chant, laisse de pasturer.
 Puis que dedans vn roc glacé
 Madame a le cœur enchassé,
 Quelle chanson puis-ie chanter ?
 Me faut-il desgoisant la plainte,
 Du mal dont mon ame est ateinte,
 Ciel, mer, & terre tourmenter ?

O chaude ardeur, qui d'vne ardente flâme
 Ars ardemment mon pauure cœur épris !
 O glas gelant, qui glaces mes espris,
Dont la froideur me transist & me pasme !
O vain espoir, qui me ranimes l'ame,
 A resuyuir mon dessein entrepris !
 O desespoir, qui me retiens surpris,
Pour tout loyer ne m'ordonnant que blasme !
Fils de Venus, Dieu mouueur de mes maux,
 Qui, me donnant ces contraires trauaux,
 Fais d'vn filet pendre mon fraisle viure,
D'extremes maux compasse vn heureux bien,
 Attrempe-les, tire m'en vn moyen,
 Tel que le puisse en moins de doute suiure.

Tu me desplais, quoy que belle tu sois :
 Tu me desplais, croy moy, ie le confesse,
 Tu me desplais : toutesfois ie ne cesse
De te chercher : ie t'ayme toutesfois.
Ton doux regard, ta plus qu'humaine voix,
 Ton port diuin, tes graces, ma Maistresse,
 Font que ie t'ayme, & ceste amour me laisse
Par ta fierté, dont mourir tu me vois.
Ainsi le dieu, qui mon ame martyre
 En ton amour, & me chasse & m'attire,
 De rigueur douce & de fiere beauté.
L'vne m'enflame, & l'autre me rend glace :
 Si ie me lasche à l'atrait de ta grace,
 Ie m'en repans pour ta grand' cruauté.

O que ne puis-ie auſſi bien te deduire
  Mon grief tourment, comme ie me propoſe!
  Ie le ſçay bien, ie pourroy quelque choſe
  Pour amollir la rigueur de ton ire.
Ou que ne puis-ie en mille vers eſcrire
  La douleur grieue en mes venes encloſe,
  Auſſi hardy comme creintif ie n'oſe
  Deuant tes yeux, Madame, te la dire!
Ie depeindroys tant au vif ta rudeſſe,
  Et tout ioignant ma fidelle ſimpleſſe,
  Ta grand' rigueur, mon humble obeiſſance,
Qu'à tout iamais, tous hommes de tout âge,
  Pleindroyent l'ardeur de ma conſtante rage,
  Blaſmans l'orgueil de ta fiere puiſſance.

Quiconque fit d'Amour la pourtraiture,
  De ceſt Enfant le patron où prit il,
  Sur qui tant bien il guida ſon outil
  Pour en tirer au vray ceſte peinture?
Certe il ſçauoit l'effét de ſa pointure,
  Le garniſſant d'vn arc non inutil :
  Bandant ſes yeux, le peintre fut ſubtil
  A demonſtrer noſtre aueugle nature.
Tel qu'en ton cœur, Artiſan, tu l'auois,
  Tel qu'il te fut, tel que tu le ſçauois,
  Telle tu as peinte au vif ſon image.
A ton amour ſe raporte le mien,
  Fors que volage & leger fut le tien,
  Le mien peſant a perdu ſon pennage.

On dit, Amour, quand le confus Chaós
  Brouilloit ce tout en vne lourde maſſe,
  Que tout premier, meu d'vne bonne audace,
  Tu t'en oſtas d'vn vol prompt & diſpos.
Et que tirant les elements enclos,
  De ce deſroy, deuant ta douce face,
  Donnas à tous vne certaine place
  Pour y durer en paiſible repos.

Mais ſi c'eſt toy qui tant benin accordes
Du viel Chaos les haineuſes diſcordes,
Si ton chef-d'œuure eſt le nœu d'amitié,
Que n'as tu donc de moy quelque pitié,
Voyant mon cœur, où tu loges peruers,
Eſtre vn Chaos de tourmens ſi diuers ?

Maiſtreſſe, dont te prend ceſte cruelle enuie
De priuer ton ſeruant de ſon plus grand ſoulas ?
Quel plaiſir reçois-tu de rauir de mes bras
Le ſeul ſoutenement de ma chetiue vie ?
Me ſera donc ainſi celle image rauie,
En qui ie reconoy l'ombre de ces beaux las,
Eſquels ſi finement mon ame tu meſlas,
Qu'elle t'eſt pour iamais priſonniere aſſeruie ?
Belle, ſi toutesfois tu as ſi grand deſir
Que ne iouiſſe plus de l'ombre de ta face,
La voyla : ie la ren : fais en à ton plaiſir.
Ce portrait auſſi bien corrompre ſe pourra :
I'en garde vn dans mon cœur, & ne crein qu'il s'efface
Car tant que ie viuray vif il y demourra.

En vain, ſans gré, cent mille & mille pas
I'auray faits donq ? or donques de la peine
Et de l'ennuy, dont mon amour eſt pleine,
Ie receuray pour guerdon le treſpas ?
Contre le vent tendu n'auray-ie pas
Vn clair filet, d'vne entrepriſe vaine ?
N'auray-ie pas de grain ſemé l'aréne ?
Perdant en vain la ſueur de mes bras ?
O cœur brutal deſſus beauté diuine !
O cœur felon ! cœur, non humaine chair,
Ainçois caillou fils d'vn aſpre rocher !
O vous mes yeux, pleuuez deſſus ce cœur :
Si par le temps l'onde les roches mine,
Minés de pleurs le roc de ſa rigueur.

Ian de Baif. — 1.

Puiſſé-ie me vanger de l'outrage de celle,
　Laquelle, en regardant & parlant, me deſtruit :
　Toſt, pour plus me genner, & ſe cache & s'enfuit,
　Et ſes yeux dou-meurtriers, ſe dérobant, me cele.
Ainſi dedans mon cœur dueil ſur dueil s'amoncele,
　Moy par trop regretant ce qui par trop me nuit.
　O quel iour eſt ce-ci? mais pluſtoſt quelle nuit,
　Où dormant n'ay repos ſongeant touſiours en elle?
L'ame, que le ſommeil hors ſa demeure chaſſe,
　Me laiſſe, & part de moy, deuers celle tirant,
　(Si forte amour l'eſpoint) qui fiere la menaſſe.
Mais quoy qu'en ton ſommeil, ô dure, elle te face
　Pour gaigner ta pitié, plus tu l'es martyrant,
　Plus durement tu dors, plus fort elle t'embraſſe.

　　Donq ie n'auray de bien vne ſeule heure?
　　　Dueil deſſus dueil touſiours me ſuruiendra?
　　　Touſiours malheur ſus malheur me prendra,
　　Deſeſperé de fortune meilleure?
　　O mal certain, ô plaiſance mal ſeure!
　　　Iuſques à quand tel deſtin me tiendra?
　　　Iamais iamais le moment ne viendra,
　　Que deliuré de tant d'ennuis ie meure.
　　Quel triſte ſigne à ma natiuité
　　　Me deſaſtra de tant d'auerſité,
　　　D'vn regard trouble influant ſa puiſſance?
　　Quelle Clothon ma vie deuidant,
　　　Et quel Genie à tel ſort me guidant,
　　　Sous aſtre tel dreſſerent ma naiſſance?

　　　Touſiours le cep, qui m'attache,
　　　　　Sans relaſche,
　　　Et ſans pitié, m'eſtreindra?
　　　Et quoy? iamais donques ceſſe,
　　　　　A l'oppreſſe,
　　　Qui m'enferre, ne viendra?
　　　Touſiours ceſte lente flâme,
　　　　　Dedans l'ame,

Auec moy ie porteray?
Touſiours doncques de ma peine
Inhumaine,
Triſtement ie chanteray?
Vous heureux qui de vos vices
Les ſupplices
Receuez aux bas enfers,
Heureux vous, ſi lon ameine
Voſtre peine
Pres de mes ennuis ſoufferts.
O cruelle geinne dure
Que i'endure!
Pour le moindre de mes maux,
Combien de fois ie deſire
Tout le pire
De vos plus felons trauaux!
Las, ie ſuis en innocence!
Sans offence
Ie ſouffre puniſſement.
Qu'innocent on me puniſſe!
Soit donc vice
L'amour le plus vehement.
Le bien du mal ait la place,
Que lon face
A tous deux pareil honneur,
Et qu'au ciel vn qui foudroye,
Eſtre croye
De nos faits le guerdonneur!
Bon dieu (mercy) ie blasféme
Le ſupreme :
C'eſt helas contre mon gré.
Car de ma douleur la force
M'y parforce,
Tourmentant mon cœur outré.
Mais ſi ma langue peu caute
A fait faulte,
Digne de puniſſement,
Eſtre doit pres ton merite

Bien petite
La peine de mon tourment.
Tu es celle, ô dure, ô fiere,
　　Qui arriere
Repouſſant toute pitié,
De rigoureuſes audaces
　　Te renglaces
Contre ma chaude amitié.
Las helas! ce dur martyre
　　M'enflant d'ire
M'a contraint de blasfemer,
Des remonſtrances la peine
　　Sentant vaine,
Pour t'emouuoir à m'aymer.
Auſſi ta face rebelle
　　(Mais trop belle!)
Seuere cruellement,
D'aucune alegeance bonne
　　Ne me donne
Non pas l'eſpoir ſeulement.
Mais de tes yeux fiers le foudre
　　Mét en poudre
D'vn ſeul regard inhumain
Mon chèr deſir, & n'endure
　　Que ie dure,
Viuant iuſques à demain.
Il ne veut pas que ie viue
　　Qui me priue
De mon amoureux deſir :
Car ie n'aurois point enuie
　　De ma vie,
Qui ſans t'aimer n'eſt plaiſir.
Bien que la malheurté mienne
　　De là vienne,
De toy ie veu m'enflammer :
Que ta cruauté me face
　　Tant de grace
Que ie meure pour t'aimer.

Mais ô douce, ô fortunee
La iournee,
Qui la mort m'ameneroit !
A ma vie & ma detresse
Mesme cesse,
La douce mort donneroit.
Pauure cœur de son ateinte
N'ayes crainte,
Ton pis ce ne seroit pas :
Il faut que sans que tu meures,
Tu t'asseures,
D'essayer plus de trepas.

O Mons, ô bois, ô buissons, ô bruyeres,
O prez herbus, ô fleuues, ô ruisseaux,
Dieux forestiers, dieux des riuieres,
Nymphes des bois, Nymphes des eaux,
Qui l'oreille auez prestee
Souuent aux cris langoureux
De ma bouche, arrestee
Aux souspirs amoureux.
Si vous auez ma complainte entendue,
Entendez-la pour la derniere fois.
Iusqu'à quand mon ame éperduë
En mes poumons tiendra ma voix ?
Si c'est ia force forcee,
Qu'ores ie souffre la mort,
Que mon ire poussee
Ne vange donq ce tort ?
Du feu la force enclose dans la gorge
Du long canon, ny le foudre volant
De la Cyclopienne forge,
Ne bruit par l'air si violant,
Comme ma rage enfermee
Dans moy, de roydes efforts
Gronde toute animee
A s'eclater dehors.
Voicy la foy, voicy donc l'asseurance,

C'eſt donc le pris qu'a gaigné mon ardeur ?
O folle, ô trop vaine eſperance,
Qui paiſt des amans la douleur !
Donc en vain nous metons peine
D'acomplir noſtre deſir,
Par vn trauail qui meine
Pour tout gain deſplaiſir.
Mais, ne fait-il auſſi grande folie,
Qu'vn qui le vent d'vn rêt veult arrêter,
Ou qui les raiz du Soleil lie,
Celuy qui taſche meriter
La faueur d'vne rebelle,
Ou l'atiedir de pitié,
Pour ſe montrer fidelle,
En certaine amitié ?
Siecle de fer ! quand les dames cruelles,
Ne pour prier ne pour la loyauté,
De leurs eſclaues plus fidelles,
N'adouciſſent leur cruauté :
Mais, comme font les cigales
De roſee, elles, des pleurs
Trempans nos ioües palles,
Se nourriſſent les cœurs.
Donq ce pendant que ceſt air ie reſpire,
Et mes poumons degorgent leurs ſanglots,
Pendant que le ſon de ma lyre
Accorde à mes ſouſpirs declos,
Les ſeurs des forfaits maiſtreſſes,
I'apelleray des enfers,
Pour eſtre vangereſſes
De mes tourments ſoufferts.
Mais qu'eſt-ce, las, qu'eſt-ce, las, que ie crie,
Et contre qui, las, moy pauure inſenſé ?
Elle deſſert d'eſtre punie,
Pour auoir l'Amour offenſé :
Toutesfois tant ne merite
Son tort, qu'elle ſoit par moy
En la ſorte maudite,

> *Veu que tant ie l'aimoy.*
> *Qu'icy plus toſt ſans peine elle demeure,*
> *Et qu'elle ingrate encor nous ſente amis,*
> *Si bien que deuant qu'elle meure*
> *Son tort deuant ſes yeux remis*
> *Face qu'elle meſme ſente*
> *Sa faute en ma ferme foy,*
> *Et d'Amour ſe repente*
> *Auoir rompu la loy.*

Tu as les yeux de Iunon, ma Meline,
   Tes blonds cheueux ſont d'Aurore les crins :
   Ta langue ſage, en ſes clos iuoyrins,
    Meut de Peithon la parolle benine :
De Cytheree eſt ta blanche poitrine,
   Où ſont boſſez deux montets albaſtrins :
   De Pallas ſont tes doctes doits marbrins :
   Tes pieds d'argent de Thetis la marine.
Rien n'eſt en toy qui ne vienne des cieux :
   Chaque deeſſe en toy mit tout le mieux
   Qui fuſt en elle, & d'honneur & de grace :
L'heur eſt bien grand de te voir : plus grand heur
   Eſt de t'ouir : demy-dieu ton baizeur :
   Celuy eſt Dieu qui nu-à-nu t'embraſſe.

De mon cruel veincueur Venus la douce mere
   Voyant vn iour l'orgueil de ta rare beauté,
   Si rare que le pris tu luy euſſes oſté
   De la fatale pome aux Troyens tant amere,
Te dit, ó mon mignon, que veus-tu qu'on eſpere ?
   C'eſt fét de noſtre honeur, ſi ceſte cruauté
   D'vne fille nous braue : Adieu la royauté
   Sous qui flechiſt des Dieus & le maiſtre & le pere.
Las quel arc ou quel trait (dit Amour ſoupirant)
   Ay-ie pour m'en aider contre celle tirant,
   Qui ſans arc ſans carcois & ſans fleche me laiſſe.
Mon arc eſt ſon ſourcil, & mon carcois ſes yeux,
   Ses œillades, mes traits : des hommes & des Dieux
   Auecques ma depouille elle ſe fait maitreſſe.

O nuit plaisante! ô plaisant & doux songe,
   Qui fais gouster vn tel contentement !
   O cher guerdon, duquel ardentement
   Le doux desir de si long temps me ronge!
Quand languissant tous mes membres i'allonge
   Dessus ta feinte étendus lentement :
   Quand vn nectar i'aualle gloutement,
   Dont ie m'enyure ou noyé ie me plonge :
Ce tant doux miel, du faus dont suis repeu
   Le fiel amer adoucist quelque peu,
   Du vray desir qui dans mon cœur bouillonne,
Qui au reueil pire me vient saisir :
   Mais si d'vn songe il me vient tel plaisir,
   Quel bien doit estre vn bien que le vray donne?

Quel regard, quel maintien, quel geste, quelle grace,
   Quel port, quel maniment en ma Cyprine estoit,
   Lors que ce beau plumail en ses mains nouëtoit,
   Gardant que son teint frais du hâle ne s'éface!
Ie voy mille amoureux y venir prendre place :
   Icy l'vn tout gaillard, l'autre là voletoit,
   Et l'autre branché là ses aisles mouuetoit,
   Faisant vn petit vent pour rafraichir sa face.
Mais, pauure cœur, le feu de mon amour cruel,
   Que des poumons bouillans d'vn chaud continuel
   En tes brulans soupirs, sans repos ie respire,
Auroit-il point vn peu son beau visage ateint?
   Pren courage mon cœur : ton feu doit estre éteint,
   Si madame a senti quelle amour ie soupire.

   Peussé-ie, Aneau, reuétir ta figure
     A mon souhét! petit aneau, qui dois
     De ta rondeur enceindre l'vn des dois,
     Qui dans mon cœur me font aigre pointure.
   Si dans son sein Meline d'auenture
     Metoit sa main, coulé ie glisserois
     Roulant en bas, tant qu'au val ie serois,
     D'où fin i'espere aux peines que i'endure.

Lors ta rondeur ie ne voudroy garder,
  A peine alors pourroy-ie retarder
  L'ardant defir qui fi fort me confomme :
Car ie voudroy ma forme reueftir,
  Faifant trefbien à Madame fentir,
  Que d'vn aneau ie me feroy fait homme.

Nul de ce rét iamais ne me delace,
  Qui m'eft tiffu par Amour & Madame :
  Nul ne m'éteigne vne fi douce flame
  Qui tant à l'aife & me brule & me glace.
L'vn fermement mes ferfs efpris enlaffe,
  L'autre mon cœur heureufement enflâme,
  Si qu'en ardeur foit contreinte mon ame
  De bien feruir des dames l'outrepaffe.
O rét plaifant, ô flamme dou-luyfante,
  O ma langueur heureufement plaifante,
  Qui me confume en vn fi dous lien.
Ny pour defaire vn las tant agreable,
  Ny pour éteindre vn feu fi amiable,
  Nul ne me donne ou confeil ou moyen.

Quand ie te vi entre vn millier de Dames,
  L'élite & fleur de toutes les plus belles,
  Tu reluifois en beauté par my elles,
  Comme Venus fur les celeftes flames.
Amour adonq' fe vangea de mille ames
  Qui luy auoyent iadis efté rebelles :
  Telles flamboyent les viues eftincelles
  De tes beaux yeux, dont les cœurs tu enflames.
Phebus ialoux de ta lumiere fainte,
  Couurit le ciel d'vn tenebreux nuage,
  Mais l'air, maugré fa clarté tout-eftainte,
Fut plus ferain autour de ton vifage.
  Le Dieu courcé d'vne rage contreinte
  Verfa de pleurs vn large marefcage.

Depuis qu'Amour ma poitrine recuit,

Bouillante au feu de fa plus chaude braife,
   Dix mille ennuis enterompent mon aife,
   Mal deffus mal vers moy l'vn l'autre fuit.
I'oubli tout bien pour vn bien qui me fuit,
   Pour vn plaifir dont l'attente m'embraife :
   Et faut pour luy que nul autre me plaife,
   Et qu'en luy feul tout mon heur foit reduit.
Mais, las ! faut-il pour vn bien feulement,
   Tout autre bien oublier, tellement
   Que lon ne puiffe en autre prendre ioye ?
O dur plaifir! fi plaifir il y a,
   Pour qui mon cœur de forte s'oublia
   Qu'onques depuis il ne tint faine voye.

Sçauant Muret apres les liures Grecs
   Que tu difcours, recherchant la nature
   Aux monumens de l'antique efcriture,
   Pour éclaircir les plus diuins fegrets :
Voudrois-tu bien d'amour les ieux aigrets
   Lire en ces vers, que fa fole pointure,
   Qui feme aux cœurs mainte épineufe cure,
   Me fait ourdir pleins de triftes regrets?
Que pour l'amour d'vn doux-cruel vifage
   I'alloy chantant fur les riues de Seine,
   Lors que neuf mois ie contoy fur vingt ans :
Mais quand viendra qu'oubliant auec l'âge,
   Comme tu fais, cefte eftude trop vaine,
   I'emplöye mieux mon efprit & mon temps?

   Soule tes yeux, o meurdriere,
      De ma piteufe langueur :
      Defcouure toufiours plus fiere
      Contre ma foy ta rigueur :
      De me voir rire larmoye,
      De mes pleurs croiffe ta ioye.
   Cent & cent fois la iournee
      Pren moy l'ame, & me la ren :
      Cent & cent fois retournee
      La pren, la ren, & la pren :

Fay moy tapir tout en cendre,
Et tout en larmes repandre.
Fay moy, tantoſt de la teſte
  Toucher la vouſte des cieux,
  Puis ſous ta fiere tempeſte
  Ramper aux plus humbles lieux :
  Or mon pas lent violente,
  Or mon violent alente.
Que ny la cruelle rouë,
  Qui d'vn retour eternel
  Se tournant en ſoy ſe iouë
  De l'étourdy criminel,
  Et martyrant continuë
  L'adultere de la nuë :
Que ny la paire gloutone
  Des vautours, qui à l'enuy
  Du violeur de Latone
  Tirent le foye rauy
  Du fons de ſa grande maſſe,
  Tenant neuf arpans de place :
Ne ſoyent rien pres de la peine
  Dont tu me viens tourmenter,
  Non, qui d'vne force vaine
  Cuide ſon caillou monter,
  Qui contre luy reculbute
  Par le pendant de la bute.
Nouuelles gennes contreuue :
  Voyre & le toreau d'airain,
  De qui fut faite l'épreuue
  Par ſon fondeur primerain,
  Remés encor en vſage
  Pour me genner d'auantage,
Si eſt-ce que ma ruine
  Ne panche que deſſus toy,
  D'autant, felone Meline,
  Que ie ne ſuis plus à moy,
  Mais tien : s'il faut que ie meure.
  A toy la perte en demeure.

O douce peinture amiable,
Peinture toute pitoyable,
Qui me ris prometant le bien,
Vers qui tout autre ne m'eſt rien.
O ſeul confort à ma detreſſe,
Mais pourquoy ma fiere Maitreſſe,
Las, douce & fiere, mais pourquoy
Ne me rit elle comme toy,
D'vn ris plein de miſericorde,
Lors que dauant toy ie recorde
Vne harangue de pitié,
Pour adoucir ſa mauuaitié?
O pleuſt à Dieu, que dauant elle
Aſſeuré ie la fiſſe telle,
Comme à toy ie la fays icy,
Pour gagner le don de mercy!
Quoy que tu ſois peinture morte,
Toutesfois ma pleinte eſt ſi forte,
Que tu me ſembles t'en douloir,
Et conſentir à mon vouloir :
Mais dauant elle faut ma langue
Au premier mot de ſa harangue :
Tel eſt ſon œil éblouiſſant,
Qui, hors de moy me rauiſſant,
Fait que plus ma langue ſ'eſſaye,
Plus engourdie elle begaye,
Sans qu'elle ait en rien le pouuoir
De faire pour moy ſon deuoir.
De mes yeux les larmes s'augmentent,
Et mon triſte cœur ne dementent,
Ny mon viſage, en ſa couleur
Vray temoin de vraye douleur.
Elle ne fait ſemblant alheure
De m'auiſer comme ie pleure,
Comme de ſon amour ateint
Tout ſoudain ie change mon teint :
Mais, plus mon teint ſ'eteint pour elle,
Elle deuient d'autant plus belle,

Et plus auecques sa beauté
Contre moy croist sa cruauté.
Toy seule, amiable peinture,
Tu plains la peine que i'endure :
O pitoyable alegement !
O seul confort à mon tourment.
Tu fais par ton humaine chere
Que toute peine m'est legere,
Me prometant tousiours repos
Au brasier qui brusle en mes os :
Soit qu'en toy fiché, ie contemple
Ton front, & l'vne & l'autre temple,
Sur qui maints cheueux blondelets
Se crespent en tors anelets :
Soit que ce dous œil ie regarde,
Qui piteux m'œillade & me darde
Dessous l'arc d'vn benin fourci,
Mille plaisirs pour vn souci :
Ou soit qu'aux roses i'apareille
Le teint de ta ioüe vermeille,
Ou bien tes leures au coral
Qui dans la mer n'a son egal,
Coral qui ma bouche conuie
A perdre en tes baisers la vie.
Rien n'est en toy, benin tableau,
  Qui ne me soit plaisant & beau :
  Qui ne me chante et ne m'asseure
  De voir mon esperance meure,
  Et de cueillir les plaisans fruits
  De tant de labeurs & d'ennuis.
Heureux sois tu, & soit heureuse
  La docte main industrieuse
  Qui te peignit de ces couleurs,
  O dous confort de mes douleurs.
  Iamais ne soit que tu ne viues,
  Portrait, & les couleurs naïues,
  De qui mon Denisot t'a peint,
  Sans que l'âge t'oste le teint.

Vous viurez, & Baïf se vante,
Que ceste chanson qu'il vous chante,
Ny sa Meline ne mourra :
Tant qu'Amour armé demourra,
L'arc au poing, sous le bras la trousse :
Et tant que la flamme aigre-douce
Que brandist la gaye Cypris,
Chauffera les ieunes esprits.

Lors que ma foible langue à demesler s'auance
  Le brouillé labyrinte où ie suis detenu :
  Lors qu'elle tasche en vain te decouurir à nu,
  Comme mon ame triste en toy discourt & pense :
Mes pensers amoureus sont en telle abondance
  Que dauant que conter au long par le menu
  Tous leurs discours meslés, on aroit bien conu
  De quel nombre de flos la mer ses riues tance.
Mon cœur, qui des pensers soustient tout le monceau,
  S'efforce à grans soupirs sa charge mettre bas
  Par l'aide de ma langue au besoin inutile :
Car l'vn & l'autre chet acablé du fardeau.
  Et cependant, Mauuaise, à sucer tu t'ébas
  Sur mes yeux leur sueur qu'en larmes ie distile.

O doux accords, ô resonance douce,
  Qui respondoit au toucher de tes doits!
O chanson douce, à qui tu accordois
  Tant gentiment les fredons de ton pouce!
O charme doux, qui tout ennuy repousse,
  Charme puissant d'vne alechante voix,
  Par qui mon ame entiere tu pouuois
  Me dérober d'vne caute secousse!
Qui ia desia, toute pleine d'esmoy,
  Se promenoit au bord de mon oreille,
  Par là taschant se departir de moy :
Ce qu'elle eust fait, sinon que tu cessas,
  Et du coral de ta bouche vermeille
  La miene blesme à l'heure tu pressas.

Durant l'esté, par le iardin grillé,
   Les tendres fleurs sous la nuit blandissante
   Vont redressant leur tresse sanissante,
   Qui ia pleuroit son honneur depouillé.
D'amour ainsi mon esprit trauaillé,
   Qui ia quittoit ma vie languissante,
   Reprit vigueur par la force puissante
   Du restaurant qui lors me fut baillé.
O doux baiser, sauoureuse Ambrosie,
   Qui ne doit rien à celle qui és cieux
   Des immortels la bouche ressasie :
On ne sert pas plus doux nectar aux dieux :
   Si ta douceur me sustante la vie,
   Ie ne seray ius leur vie enuieux.

Faux enuieux as-tu fait entreprise
   Auec ta langue infete enuenimee,
   D'oser noircir la blanche renommee
   De la candeur que Mome mesme prise?
Si auec moi souuent elle deuise,
   Pource doit elle estre moins estimee?
   Estant de moy parfaitement aymee,
   Impossible est qu'à son honeur ie nuise.
O dieu tonant, maistre de la tempeste,
   D'vn feu vangeur foudroye ceste teste,
   Si de nos faits tu es vray guerdoneur :
Affin qu'vn autre vne horreur puisse prendre,
   Quand il voudra follement entreprendre,
   D'ainsi souiller d'vne vierge l'honeur.

Dans ce coral, la bouche de madame,
   De rare odeur l'air voisin parfumant,
   Venus riante a mis prodiguement
   Ce qu'elle auoit dedans Cypre de bâme.
Dedans cest œil Amour a mis sa flâme,
   Flame, qui vient mes forces consumant,
   De qui le feu tout gent cœur allumant,
   Des plus glacez le morne esprit enflame.

Amour ourdit ce rét éparpillé,
  Or, du fuſeau des trois Graces pillé,
  Pour me le tendre aux temples de la belle :
De ces coraux la douceur m'apaſta,
  Ceſt œil m'éprit, & ce rét m'arreſta,
  Pris & bruſlé par leur douce cautele.

Haute beauté dans vne humble pucelle,
  Vn beau parler plein de graue douceur,
  Sous blonds cheueux vn auant-chenu cœur,
  Vn chaſte ſein où l'amour ſe recele.
En corps mortel vne grace immortelle,
  En douceur fiere vne douce rigueur,
  En ſage eſprit vne gaye vigueur,
  En ame ſimple vne ſage cautele :
En deus beaux yeux moueurs de mes ennuis,
  Deus beaus ſoleils qui font luire les nuits,
  Et font ſentir aux plus tranſis leur flame,
Sont les larrons (& point ie ne m'en deux)
  Qui, me guettans au paſſage amoureux,
  Au depourueu me volerent mon ame.

Sus ceſte pierre eſtoit madame aſſiſe,
  Quand mon Tyran ſur mon aiſe enuieux,
  Le premier trait, emprunté de ſes yeux,
  Me ſit ſentir dedans mon ame épriſe.
Lors i'oubliay toute autre belle empriſe
  Où m'apeloit mon meſtier ocieux :
  Le petit dieu, mais grand maiſtre des dieux,
  Deſlors ſans fin me domte & me maiſtriſe.
Ie ſuis tout ſien, & de moy-meſme à moy
  Ne reſte rien qui ne ſoit en émoy.
  Car la cruelle, & le cruel, qui fouille
De traits agus mon cœur en vain mutin,
  M'ont mis à nu, comme pris en butin,
  Commune entre-eux partiſſans ma deſpouille.

Ces doux trompeurs, ces larrons de mon ame,
  M'ont esblouy de leur belle splendeur,
  Astres fataux, qui de malheur ou d'heur
Me vont comblant au plaisir de madame.
Au cœur d'hyuer vn printemps l'air embasme,
  Où ces soleils espandent leur ardeur :
  Et quelque part qu'ils baissent leur grandeur
Fleurist vn pré mieux odorant que basme.
Les chastes feux de ces astres iumeaux,
  Emmy l'effroy de l'orage & des eaux
  Par leur clarté de sauueté m'asseurent :
En leur saint feu mon viure est allumé,
  Mon viure, leur, qui sera consumé
  S'ils vont s'esteindre, & qui mourra s'ils meurent.

Depuis le iour que mon ame fut prise
  Par ces doux feux, ces trompeurs gracieux :
  Vn seul doux trait iusqu'ici de tes yeux
N'auoit ta grace à mon ardeur promise.
Elle auiourd'huy, par longue vsance aprise
  De se nourrir en trauaux soucieux,
  M'a quitté presque au goust delicieux
D'vn nouueau bien, dont ton œil l'a surprise.
O gaye œillade, œillade, qui vrayment
  As effacé tout cela de tourment,
  Que i'enduroy depuis celle premiere
Qui me naüra! puisse languir mon cœur
  Autant de temps de la mesme langueur,
  Pour resentir si benine lumiere.

Comme le roc encontre la menace
  Des flots hideux, contre le dur effort
  Des roides vents, tousiours estant plus fort,
Ferme planté, ferme dresse la face :
Mon cœur ainsi, quoy que l'enuie face
  Pour le plonger en triste deconfort,
  Sur ton honneur controuuant maint rapport,
Mesme à-iamais tiendra sa mesme place.

Ian de Baif. — I.

    Le camayeul peut bien eſtre caſſé,
      Mais le portrait dans la pierre traſſé
      Laiſſe touſiours de ſoy quelque apparence.
    L'ire d'Amour, du deſtin le mal-heur,
      Romproyent pluſtoſt en cent pieces mon cœur,
      Qu'autre amitié fiſt en luy demeurance.

    Ny ta fierté, gratieuſe guerriere,
      Dont ſe nourriſt ton dedaigneux courage,
      Ny le tourment, ny l'amoureuſe rage,
      Ny l'obſtiné d'vne longue priere,
    Ny les durs vents, ny la tempeſte fiere
      Iettans ma nef en perilleux paſſage,
      Ny de l'eſpoir l'appareillé naufrage,
      Ne tourneront mon penſer en arriere :
Non pour me voir, de ton amour atteint,
    Peiner en vain n'eſperant recompenſe,
    Tachant limer d'vn plomb vn diamant,
Mon feu premier ne ſera pas eſteint,
    Tant que le cœur me batra : car ie penſe
    Mourir heureux, de mourir en aymant.

Mets moy deſſus la mer d'où le ſoleil ſe leue,
    Ou pres du bord de l'onde où ſa flame s'eſteint :
    Mets moy au païs froid, où ſa chaleur n'ateint,
    Ou ſur les ſablons cuits que ſon chaud rayon greue :
Mets moy en long ennuy, mets moy en ioye breue,
    En franche liberté, en ſeruage contreint :
    Soit que libre ie ſoy, ou priſonnier rétreint,
    En aſſurance, ou doute, ou en guerre, ou en treue :
Mets moy au pié plus bas, ou ſur les hauts ſomets
    Des mons plus eſleués, ô Meline, & me mets
    En vne triſte nuit, ou en gaye lumiere :
Mets moy deſſus le ciel, deſſous terre mets moy,
    Ie ſeray touſiours meſme, & ma derniere foy
    Se trouuera touſiours pareille à la premiere.

      Si ie l'ay dit iamais,

        Que ie foy deformais
        Rebouté de fa grace,
        Sans qui, las! ie mourroy,
        Et viure ne pourroy
        D'vn feul moment l'efpace.
Si iamais ie l'ay dit,
        Que ie fois écondit
        Du bien où ie repofe :
        Mes deffeins, mes difcours
        Me voyfent au rebours
        De ce que ie propofe.
Si ie l'ay dit, le dieu
        Qui me fuit en tout lieu,
        S'efloigne de ma Belle :
        Defcoche contre moy
        Ses traits d'or pleins d'émoy,
        Ses plombez defur elle.
Si ie l'ay dit, le feu
        Dont mon cœur eft émeu,
        Toufiours plus grand fe face :
        Et contre mon ardeur
        Sa rebelle froideur
        Toufiours plus fe renglace.
Si ie l'ay dit, les dieux
        Et les hommes, les cieux
        L'air, la mer, & la terre,
        Me foyent pleins de rancueur,
        Madame de rigueur
        En plus mortelle guerre.
Si ie l'ai dit, mes yeux
        Priuez du iour des cieux
        Soyent en nuit eternelle,
        Iamais plus le fomeil
        Ne les ofte de dueil,
        Couuez deffous fon efle.
Si ie l'ay dit iamais,
        Defor ie me foumets
        A celle peine dure

Que Tantale là bas
Pres & loing du repas
Par ſon babil endure.
Si ie l'ay dit, l'horreur
De ce crime, en fureur
Sans repos me détienne :
Megere au chef hideux
D'vn flambeau depiteux
Troubler l'eſprit me vienne.
Mais ſi ie ne l'ay dit,
Le meſchant, le maudit,
Qui ces raports contreuue,
Sente preſentement
Ces maux dont iuſtement
Il merite l'eſpreuue.
Mais ſi dit ie ne l'ay,
Madame ſans delay
Me ſeréne ſa face,
Et me laiſſe le don
Du deſiré guerdon
Que tout amant pourchaſſe.
Or ie ne le dis onq,
Or la verité donq
Soit ferme ſans qu'elle erre :
Soit conuaincu le faux,
L'auteur de tant de maux,
Abyſmé ſous la terre.

Gentile fleur du meſme nom de celle
De qui les yeux par les miens traitrement
Darderent lors en moy premierement
La douce ardeur que ma poitrine cele,
Bien que l'honneur fus toute autre pucelle
De toute grace elle ait entierement :
Sois luy exemple à n'eſtre fierement
Encontre moy qui l'adore, cruelle.
Comme en ces fleurs ton beau luſtre vermeil,
Qui toſt fani doit perdre ſa vigueur,

Par son éclat leur violét efface,
Ainsi le temps doit abbatre l'orgueil,
  Qui de fiertez ores enfle son cœur,
  Ridant vn iour le poli de sa face.

Si ton seiour c'est le manoir des cieux,
  Qu'est-ce, ô cruel, qui en terre te meine?
  Comme aimes-tu de nous tenir en peine,
  Si ta mere est la plus douce des dieux?
Et pourquoy t'est le nectar odieux
  Au prix du sang de nostre race humaine,
  Te plaisant plus le dueil qu'elle demeine,
  Que des neuf sœurs le chant melodieux?
Tu n'es pas dieu, le ciel n'est ta demeure :
  Qui pour vn fils de deesse t'asseure,
  Sera par moy vrayement dementy.
Entre des rocs plustost d'vne lyonne
  Tu as tetté la tettasse felonne :
  Tel tel, cruel, ie t'ay ie t'ay senty !

Pourra donq bien de ma bouche partir
  Ce fascheux mot, mot qui desia me tue,
  Quand seulement ma langue s'éuertue
  De l'essayer pour le faire sortir
Tu deuois ciel ma veüe m'aneantir,
  Ciel tu deuois plustost m'oster la veüe,
  Que de mes yeux la beauté fust cogneüe,
  Qui doit causer si fascheux departir.
Puis que ce mot ma langue ne peut dire,
  Sus yeux meurdris larmoyez chaudement :
  Iette sanglots, triste cœur, & souspire :
Et toy ma main il te faut lourdement,
  Ce que ie tais, en ce papier escrire :
  Adieu, pour qui tant me plaist le tourment.

Quand le pilot voit le Nort luyre és cieux,
  La calme mer ronfler sous la caréne,
  Vn doux Zephyr soufler la voyle pléne,
  Il vogue, enflant son cœur audacieux.

Le mefme auffi quand le ciel pluuieux
  Des vents felons meut l'orageufe alene,
  Qui bat les flancs de fa nef incertene,
  Humble tapift fous la merci des dieux.
Amour ainfi d'vne affurance fiere
  Hauffa mon cœur, tandis que la lumiere
  De tes doux yeux me pouuoit éclairer:
Las! auiourdhuy que ie te pers de vue,
  Quelle ame vit d'amour plus efperdue,
  Quand fors la mort ne puis rien efperer?

De tes beautez & vertus
  Le bruit, Madame,
Ayant mes fens abatus
  Brufla mon ame.
Bien plus tes yeux m'ont épris,
  Qui de leur flâme,
Efblouiffans mes efpris,
  Bruflent mon ame.
Ton doux parler gracieux
  Mon cœur embâme,
Autant ou plus que tes yeux
  Bruflant mon ame.
De ce poil d'or fin & clair
  Le feu m'enflâme,
De rien moins que ton parler
  Bruflant mon ame.
Ce vif coral coloré
  Ma bouche affame,
Non moins que ton poil doré
  Bruflant mon ame.
Ton ris charmeur de mon mal,
  Ris qui m'efpâme,
Plus que ce naïf coral
  Brufle mon ame.
Ce col du chef le fouftien
  Que plus reclame,
Prefque autant que le ris tien

Brusle mon ame.
Ce sein d'amoureux vn ny,
    Ny plein de bâme
De mesme ton col vny
    Brusle mon ame.
De ma vie ceste main
    Qui tient la trame,
Autant que ton tendre sein
    Brusle mon ame.
Ton marcher d'vn doux souci
    Mon cœur entame,
De mesme ta main aussi
    Bruslant mon ame.
Ce que ie ne diray pas,
    De peur de blâme,
Autant ou plus que tes pas
    Brusle mon ame.
Tout ce qui est dedans toy
    Que ie tay, Dame,
Tout ce que ie ramentoy,
    Brusle mon ame.
Mais sus, mauuais Cupidon,
    Mon cœur desfláme,
Ou bien d'vn mesme brandon
    Brusle son ame.

   Tasse, ô par trop heureuse Tasse,
Qui reçois la plus grande grace
Que puisse desirer mon cœur
Pour alegeance à sa langueur.
   O Tasse heureuse, quand la bouche,
Dont le desir au cœur me touche,
De son vif coral coloré
Baise si bien ton bord doré :
Quand, te leuant en sa main blanche,
Ma Meline sa soif estanche.
O quel heur, si tu conoyssois
La grand'faueur que tu reçois !

Quel heur i'auroy, heureuse Tasse,
Si ie receuoy celle grace
Qu'on te fait! quand mesme ie voy
Que le vin qui rit dedans toy,
Monstre auoir quelque conoissance
De ton heureuse iouissance,
Lors qu'elle qui sa soif esteint
Du bout de sa leure l'ateint.
   Heureux moy, s' vne force estrange
Me faisoit, ô dieux, faire échange
Du corps ensemble & de l'esprit
Auec l'or & le vin qui rit :
Si que mon ame eust tant de grace
Que d'estre vin, & mon corps tasse,
Sans toutesfois aucunement
Perdre en ceci mon sentement :
Et que dessus les leures miennes
Ma Meline aioutant les siennes,
Beust, humant d'vn long & doux trait,
Hors de moy mon esprit soutrait.
   Mon ame adonq dans elle errante
Iroit deçà delà courante,
Iusqu'atant qu'elle paruiendroit
Là où la sienne se tiendroit.
Lors, ie croy, l'amoureuse flame
Se prendroit de l'vne à l'autre ame :
Lors de mon amoureux souci
Son ame auroit quelque merci,
Sentant de ma flame cruelle
La chaleur en soy mutuelle.
   Mais, fol Amour, tu me prométs
Ce qui n'arriuera iamais.
Car bien que les dieux me permissent
Que ces échangemens se fissent :
Bien que par le vouloir diuin,
Mon corps fust or, mon ame vin :
Et qu'en vin mon ame meslee
Par Meline fust aualee,

Si qu'à la fin elle eust cest heur
Que de se ioindre auec son cœur,
Si ne pourroit mon feu s'éprendre
En son ame, ainçois Salemandre,
Qui de mon feu se nourriroit,
Plustost qu'elle n'en periroit.
 Ou, si profit i'en pouuoy prendre
Sans que mon feu la peust éprendre,
Ce seroit que son cœur gelé
Rafraichiroit le mien bruslé.
Mais il ne faut que ie m'attende,
Que mon ardeur moins froide rende
Sa froideur, ny que sa froideur
Rende moins chaude mon ardeur:
Par trop & sa glace & ma flame,
Chacune maistresse en son ame,
Ont leur excés enraciné,
L'vne contre l'autre, obstiné.
 Sus quitton toute ceste peine,
Quitton ceste esperance vaine,
Quitton ces propos sans effét
Songeant ce qui peut estre fait.
 Puis que ie n'ay pas si grand'aise,
Qu'à souhait ainsi ie la baise,
Ainsi que toy (non enuieux
Dessus ton bon-heur, ce m'aist-dieux,
Ie di ceci) benine Tasse,
Au moins de ses leures la trasse,
Garde soigneuse sus tes bors :
Ou par dedans ou par dehors
Retien quelque goute sucrine
De sa rosee Nectarine,
Qui de ses leures coulera
Alors qu'elle te baisera.
 (Ainsi du Cnosse la couronne,
Qui luyt au ciel, place te donne :
Ainsi ton astre par mes vœux
Accroysse les celestes feux)

3*

Rétien quelque goute sucrine
De sa rosee Nectarine,
Qui de ses leures coulera,
Quand sa bouche te baisera,
Pour restaurer ma fraisle vie
Qui s'enfuit, & s'en va rauie
De la par trop lente longueur
De mon amoureuse langueur.

D'Amour d'Amour ie fu ie fu blessé,
  Et de mon sang la liqueur goute à goute,
  En tristes pleurs hors de mes yeux degoute,
  Et du depuis de couler n'ont cessé.
Tel trait d'Amour mon cœur a trauersé,
  Que peu-à-peu s'enfuit ma force toute :
  Quelqu'apareil qu'à ma playe ie boute
  Pour l'estancher, mon mal ne m'a laissé.
En tel estat ma blessure decline,
  Que Machaon de nul iust de racine
  N'en pourroit pas amortir la poison.
Mais pour guarir, Telephe ie deuienne,
  Toy faite Achil. douce meurtriere mienne,
  Qui me nauras, donne moy guarison.

Dont as tu pris ceste couleur naïue ?
  Comme as tu peint, Denisot, ce portrait,
  Contrefaisant tant au vif cest atrait,
  Qui dans son mort atrait de force viue ?
L'enfant cruel, qui de tous biens me priue
  Pour vn seul bien, qui de moy m'a soutrait,
  Ce vermillon destrampa de son trait,
  Dans la coquille où Venus vint à riue.
Se donne garde vn chacun regardant,
  Que ce portrait ne luy voyse dardant
  Vn feu si chaud qui luy cuise dans l'ame :
Et si ce mort luy embrase le cœur,
  Qu'il pense vn peu la piteuse langueur,
  Qui tient le mien par le vif qui l'enfláme.

O douce Venus, natiue
　　Des flots marins inhumains,
　　O combien la flame eſt viue
　　Que ton fils porte en ſes mains :
　　Combien poignant la ſagette
　　Que dans nos ames il iette ?
La rage en coule aux moëlles,
　　Et des veines la liqueur
　　Tariſt aux chaleurs cruelles
　　Qui nous eſprennent le cœur,
　　Bien que ſon aſpre pointure
　　N'ait point monſtre d'ouuerture.
Ce Garçon fait touſiours guerre
　　A tous par tout l'vniuers,
　　Par le ciel, & par la terre
　　Decochant ſes traits diuers :
　　Sa paix eſt nulle : & ſes treues
　　Sont cauteleuſes & breues.
Deſſous ſa main emperiere
　　Tout peuple il eſt enferrant,
　　De l'vne à l'autre barriere
　　Où le Soleil luit errant :
　　Qui vit qui n'ait cognoiſſance
　　De ſa felonne puiſſance ?
Les froides tropes marines,
　　Maugré la moiteur des eaux,
　　Bruſlent dedans leurs poitrines
　　De ſes chaleureux flambeaux :
　　Par l'air les bandes volantes
　　Sentent ſes torches bruſlantes.
Des ieunes la bouillante ame
　　D'vn feu plus chaud il ateint,
　　Et des vieillars il renflame
　　Le brazier preſques éteint,
　　Et leur chaleur conſumee
　　Forcene encor allumee.
Il ard les vierges nicettes
　　D'vn brandon follement chaut :

  Voire & fait par ſes ſagettes
  Les dieux deſcendre d'enhaut,
  Deguiſez ſous forme feinte
  Eſpoints d'amoureuſe atteinte.
Apollon en Theſſalie
  Compagnon des paſtoureaux,
  Pris de la douce folie,
  Mena paiſtre les toreaux,
  Par Amour contreint d'élire
  La muſette pour la lyre.
Et toy, qui hantes Cylléne,
  L'aile-pié courrier des dieux,
  De ce feu l'ame ayant pleine,
  Aux mons tu changes les cieux,
  Et à Dryope t'amie
  Des grans dieux la compagnie.
Voire & le dieu, dont la deſtre
  Fait les autres dieux branſler,
  Maiſtre d'amour ne peut eſtre,
  Forcé des cieux deualler,
  Quittant là ſon throſne digne,
  Ores Satyre ores Cygne.
Le mauuais, ſa mere meſme,
  Sa mere il n'eſpargne point:
  Ains rendant ſa face bleſme
  De l'œil d'Adonis la poind,
  Adonis, que la pauurette
  Six mois l'an encor regrette.
Dieu puiſſant, ie ne reculle
  Au feu aigrement ioyeux
  De ton flambeau puis qu'il bruſle
  Meſme les plus braues dieux:
  Et puis que Venus ta mere
  Sent ta pointe douçamere,
Voy, ie t'ouure la poitrine
  Pour bute, pour but le cœur:
  Mais fiche vne fleche orine
  En celle, dont la rigueur

Rit encor de ta puiſſance,
Pour n'en auoir conoiſſance.
Elle par toy ſurmontee,
Miſe nue en mes bras nus,
T'honorera plus dontee
Que ne fit onques Venus :
Car ie chanteray la gloire
De tant ſuperbe victoire.
Si tu m'oys de bonne oreille,
Deſor ie me voüe à toy,
Dés ceſte heure i'apareille
Vn vers que ie ramentoy,
Pour chanter en digne vois
L'arc, la fleſche, & le carquois.
Le carquois où fut choiſie
Fleſche de telle vertu :
Fleſche à qui doy la vie
Pour tel orgueil abatu :
Et l'arc qui fit ouuerture
Dedans vne ame ſi dure.
Voy deſia venir la Muſe
Qui s'apelle de ton nom :
Vrayment point ie ne m'abuſe,
C'eſt c'eſt la meſme Eraton,
Qui d'vne main me couronne,
De l'autre ſon lut me donne.
A voir ce menu fueillage,
C'eſt le Myrte Paſien,
Qui deſia deſia m'ombrage
Le front ceint de ſon lien,
Pour eſtre dés ma naiſſance
Le ſoneur de ta puiſſance.
Cupidon, ie te ſaluë,
O Dieu des Dieux redouté,
Puis que ta haute valuë
Mon vers n'a pas rebouté :
Puis que la Muſe ſacree
De mes chanſons te recree.

Iamais ne foit que ma bouche
Ne foit pleine de ton nom,
Iamais lut ma main ne touche
Que pour foner ton renom,
Puis qu'Amour, tu me fais digne,
De la couronne myrtine.

Amour Tyran, pourquoy me forces-tu
De fuyure ainfi ce qui m'eft plus contraire,
Sans que ie puiffe, ô doux mal, me retraire
Du piege fort qui me tient abbatu?
Où va fuyant celle braue vertu,
Par qui mon cœur efperoit fe foutraire
De ton beau mal, fans qu'il le peuft atraire?
Donc ce propos en vain il auoit eu?
Si pour auoir mefcogneu ta puiffance
I'en ay par trop cruelle cognoiffance,
T'ayant, Seigneur, follement irrité,
Bande ton arc, enfonce vne fagette
Au cœur mutin de ta fiere fuiette,
Qui fe gaudit de ta grand' deïté.

Belle, pour qui iour & nuit ie foupire,
De qui fans gré la fuperbe valeur
Me fait languir dedans vn beau malheur,
Viendray-ie point au fommet où i'afpire?
S'il ne te chaut de mon mal qui s'empire,
S'il ne te chaut d'éteindre ma douleur,
Au moins permé que de cefte chaleur
Par vn baizer tant foit peu ie refpire.
Ainfi difoy-ie, & tu me dis, Amant,
Ne fçais-tu pas que le baizer n'appaife
Le feu d'amour, mais pluftoft l'enflammant
Allume aux cœurs double amoureufe braife?
Ha, dy-ie lors, Amour le petit dieu
Auroit-il bien dans ta poitrine lieu?

Il m'échape vn iour de dire,

Que iadis pour le beau pris
Venus eut bien eu du pire
Dauant ſon iuge Paris,
Si Meline euſt été là
Pour debatre ce qu'elle a.
La Deeſſe par vengeance,
Oyant ce mien iugement,
D'heur me fit en recompenſe
Vn trop cruel changement :
Car ſes Amours aſſemblant,
D'vne voix d'ire tremblant :
Que me vaut, Enfans (dit-elle)
Auoir emporté l'honeur
D'eſtre des trois la plus belle,
Vn berger iuge & doneur,
Si dauant ce Poëte-cy
Meline me l'oſte ainſi ?
Que chacun vuide ſa trouſſe
De ſes traits les plus ardans,
Que d'vn roide arc on les pouſſe,
Qu'on les enfonce dedans
La poitrine, & dans le cœur
De noſtre beau blaſoneur.
Mais qu'elle ne s'atiediſſe
De nul trait d'or chaleureux,
Mais que ſon ſang s'afroidiſſe
D'vn trait de plomb froidureux,
Et qu'elle ait le cœur glaſſé
Dans vn glaçon enchaſſé.
Ainſi Venus depitee
Ses Amoureaux irrita :
Soudain la bande irritee
Contre moy ſe depita,
Et n'a pas ceſſé depuis
De me donner mille ennuis.
Deſlors, la braize s'enflamme
De mes os iuſques au fond :
Comme la cire à la flamme

Le meilleur de moy se fond.
Et toy dure à la façon
D'vn roc, au reste vn glaçon,
Tu te mocques, ô rebelle,
De l'ennuy de ton Amant,
Qui t'ayant faite trop belle
Des dieux les filles blamant,
Est pour ta grande beauté
Puni par ta cruauté.
Quitte ceste fierté dure
Aux ours, aux tigres, aux loups:
Gueri le mal que i'endure:
Soy d'entretien aussi doux,
Comme ta face rend seur
Tout home d'vne douceur.
Meline, la bouche tienne
Qui me cause plus de maux,
Vien ioindre auecque la mienne,
Vien aleger mes trauaux:
Boy dans ma poitrine vn peu
De la flame de mon feu,
A fin que toy languissante
D'vn tel feu de ton couté,
Et ce venin cognoissante
Dedans ma bouche gouté,
Par vn mutuel souci
Tu t'enclines à merci.
Ie ne croy pas, toute Belle,
Si tu goutes tant soit peu,
Combien la peine est cruelle
De mon chaud amoureux feu,
Que, douce, au mesme moment
Tu ne m'ostes de tourment.

Sus larmoyez Amourettes,
O Mignardises tendrettes,
Sus larmoyez tendrement:
Criés, plaignés aigrement

Le paſſereau de m'amie :
Le pauuret n'eſt plus en vie,
Le pauuret qu'elle aymoit mieux
Que la clarté de ſes yeux.
 C'eſtoit auſſi ſes delices,
Luy qui fut net de tous vices,
Qui fut ſi doux, tant humain,
Et qui ne fuyoit ſa main,
Mais luy pipioit ſans ceſſe,
L'auouant pour ſa maiſtreſſe.
 Bien loin d'elle il renuoyoit
Tout ſoucy qui l'ennuyoit,
Eſtant l'amour de la belle,
Le ſoin, le paſſetemps d'elle,
Fuſt qu'en place il ſautelaſt,
Ou fuſt qu'elle l'appellaſt,
Lors que ſon aile ébranlee
Feignoit prendre ſa volee.
 Bien qu'enſemble mille voix
De mille filles parfois
Tout au tour luy fiſſent feſte,
Touſiours la petite beſte
Droit à ſa Dame voloit,
Et d'autre ne luy chaloit,
(Tant ſon amour eſtoit forte)
La conoiſſant en la ſorte
Qu'vn enfant ſa mere fait.
 Que ſouuent, ſans ton mesfait,
Sur ton heur durant ta vie
Ie me ſuis enflé d'enuie,
Pauure oyſelet, pour te voir
Telles faueurs receuoir :
Dont ſi tant heureux ie fuſſe,
Que la moindre ie reçuſſe,
Ie me vanteroys heureux
Sus tous autres amoureux.
 O que i'ay ſouhetté d'eſtre
Ce que Dieu t'auoit fait naiſtre,

Quand elle dans ſon giron
Te dreſſoit alenuiron
De fleurs vne molle couche :
Quand du nectar de ſa bouche
Ta ſoif mignarde étanchoit :
Ou quand elle te cachoit
Entre ſes blanches mamelles :
Ou quand fretillant des ailes
Sur ſes cheueus te branchois :
Quand friand tu te panchois,
Beccant mon ame égaree
Dedans ſa treſſe doree.
 Mais qui d'entre tous les dieux,
Voyant cecy de ſes yeux,
N'euſt bien ſouheté le meſme ?
Toutesfois, hé ! la mort bleſme
De ce dard, qui tout ateint,
Ta vie & ton heur éteint.
Et tu prens la noire voye
Qui droit aux ombres conuoye,
D'où pour choſe ſeure on tient
Que iamais on ne reuient.
 O vous tenebres mortelles,
Qui nos choſes les plus belles
Dedans vous engloutiſſez,
C'eſt vous qui nous rauiſſez
Ceſte belle beſtelete
Que Meline tant regrete,
Qu'elle en a l'vn & l'autre œil
Tout gros & meurtri de dueil.
Soyez, ſoyez donc maudites,
Puis que tels ſont vos merites :
Puis que par voſtre moyen
Tout mal nous vient & nul bien.

A PIERRE DE RONSARD.

Moy qui d'vn vers enflé les changements diuers
    Des royaumes brouillez, sur la Françoise scene
    Vouloy dire, o Ronsard, or ne puis-ie qu'à peine
    Ramper peu courageux par ces bien humbles vers.
Amour si griefuement est venu me blesser
    Brisant d'vn grand despit ma hautaine entreprise,
    Comme quand il contreint la main de flame éprise
    Du pere aux dieux soudain son tonnerre laisser.
Ores ce petit dieu, qu'en mon cœur ie reçoy,
    Contre qui ne deffend escu ni double maille,
    Que son trait aceré dans la poitrine n'aille,
    Ne me laschant à rien, me traine tout à soy.
Et si ne me permet de chanter nullement,
    Ny la piteuse fin des vaillans Priamides,
    Ny le sang de Myrtil souillant les Pelopides,
    Ny du frere à ses fils le triste aueuglement.
Las! Meline me tient dans vn étroit lien,
    Que ny les charmes forts de la voix Circienne,
    Ny les ius pressurez par vne Atracïenne,
    Ne pourroyent denouer : tant amour me fait sien!
Les autres descriront les guerres & combats
    Des hardiz demi-dieux, en ayant ouy dire
    Sans en auoir rien veu : mais ie di sur ma lire
    De m'amie & de moy les éprouuez debats.
Bien qu'Homere ait chanté le camp d'Agamemnon,
    Et Virgile l'erreur du fils deuost d'Anchise,
    Apolloyne Iason, pource moins on ne prise
    Ceux qui ont ennobli de leur flamme le nom.
Saphon encore vit, & Phaon son souci :
    Horace a iusque icy fait bruire sa Lalage,
    Delie par Tibulle est maistresse de l'âge,
    Et Meline, ie croy, ne mourra pas aussi.

A MELINE.

Autre que moy s'égare en ſes diſcours,
    Non entendu, ny s'entandant luy meſme,
    Se feignant poind d'vne fureur extreſme,
    Mais furieux d'autre tan que d'amours.
Quand ie pleuroy n'ayant de toy ſecours,
    Vrayment alors ie failloys à mon eſme :
    Alors vrayment, pour ton amour tout bleſme,
    Ie lamentoy, Meline, tous les iours.
Mais auiourd'huy, que tu m'es adoucie,
    Que gayement ta douceur me ſoucie,
    De ta douceur ie chante ſeulement.
Sans feindre rien de l'amoureuſe playe,
    Cuiſante ou douce ainſi que ie l'eſſaye,
    Ie la depein en mes vers ſimplement.

FIN DV PREMIER LIVRE DE MELINE.

SECOND LIVRE

DES

AMOVRS DE MELINE

PAR I. A. DE BAIF.

Bouche *de bâme toute pleine,*
Qui me pais de ta douce aleine :
Bouche de roses & d'œillets :
Bouche de coraux vermeillets,
Frais, vigoureux, qui de nature
D'vn arc Turquois ont la vouture,
A qui deux rançs de blanches dents
Seruent de cordelle au dedans :
D'où la languete, qui se iette
Drillant dru, vaut vne sagette,
Qui d'vn seul coup naurant mon cœur,
Luy oste & luy rend sa vigueur :
De double amoureuse flechade,
Qui le fait sain & puis malade :
Malade d'vn bouillant desir,
Et sain d'vn long & dous plaisir,
Quand d'vne legere caresse
En apetit elle me lesse.
  O belle bouche cinabrine,
Ambrosiene nectarine,

De qui le ris nectarien
Ouure vn paradis terrien,
A qui la voit doucement rire.
  O que ne puis-ie bien decrire,
Comme elle entremontre en riant,
Pour faire cacher l'Oriant:
Et cacher & rougir de honte,
De voir vn trefor qui furmonte
Tous fes ioyaux les plus exquis,
Leur oftant leur grace & leur pris.
Comme fon ris a la puiffance
De donner aux morts renaiffance,
Et changer la trifte obfcurté
D'vne nuit en gaye clarté.
  Quand le fouuenir de fa grace
A fur moy la mefme efficace,
Ie croy, qui ma chanfon liroit
Les effects mefmes fentiroit.
  Bouche en qui Venus a confite
Vne de fes douceurs d'élite,
Departant du goût fauoureus
De fon dous nectar amoureus.
  O bouche, en qui la langue douce
Forme vne voix, qui tire & pouffe,
Par l'argentin de fes accents,
Hors de moy mon cœur & mes fens :
Tant fes accords, doux à merueilles,
Gliffent, larrons, en mes oreilles,
Atirans mon ame à leur bord,
Qui me laiffe en fi douce mort.
  Bouche tu peux rauir la vie,
La redoner l'ayant rauie,
Tu peus par vn contraire effort
Me donner la vie & la mort.
  Ma vie eftoit defefperee,
Mais vrayment tu l'as affeuree,
Quand ta voix me vint recourir,
Lors que i'eftoy preft à mourir.

Quand, recreu de trop longues peines,
Ie n'auoy plus de sang aux veines :
Et ton feu tant me trauailloit,
Que toute force me failloit.
　Ie sembloy de ma couleur palle
A ceux qu'en la tumbe on deualle :
Ie perdoy l'ame, mais tu l'as
Remise en moy, quand tu scellas,
O bouche, la sainte promesse
Qu'alors m'otroya ma princesse,
De ta fraische rose pressant
Ma bouche, desia s'effaçant
Aux traits piteux de la mort blême
Venant de mon amour extrême,
Qui desia de morte paleur
Eteignoit ma viue couleur.
Mais elle fut recoloree,
Apres la promesse asseuree
D'éteindre ce mortel soucy,
Receuant le don de merci.
　A iamais donques, chere Bouche,
Ton souuenir au cœur me touche :
Ainsi ta vermeille couleur
Ne se decolore en paleur
Comme la miene blemissante.
Mais tousiours fresche fleurissante
Puisses-tu de ton dous baiser
Ma grieue douleur apaiser.
　Vien bouche, de ta douce aleine
Refrechir la cuisante peine
Dont ton amour brusle mon cœur :
Ainsi ta vermeille vigueur
Puisse à-iamais fresche & vermeille
Viure aux chansons que i'apareille,
Pour te faire tousiours fleurir,
O belle bouche, sans mourir.
　Vien-t'en belle bouche diuine,
Vien donc amiable benine,

Vien de ton gratieus baiſer
Ma griefue douleur apaiſer.

Meline blanche garcete,
 Ceſte charnure doucete
 Le lait & le lis efface :
 Et ceſte vermeille face,
 Comme iuoyre en pourpre teint,
 La roſe incarnate éteint.
Montre ton beau front d'albâtre,
 Ton beau front que i'idolâtre :
 Montre, mignarde inhumaine,
 Tes ſourcils de noir ebene :
 Montre tes yeux eſtoyleʒ
 De deux cieux tant bien voyleʒ.
Montre moy ces deux oreilles,
 Ces deux ſeurs toutes pareilles.
 O mon Dieu que la nature
 S'ébat en leur reuouture :
 I'ayme bien tout, mais ſur tout
 I'en ayme ce petit bout.
Montre tes temples, maiſtreſſe,
 Montre ta blondete treſſe,
 Plus que le fin or blondete :
 Montre ta gorge reféte
 Montre penchant à coſté
 Ce col de lait cailloté.
Montre tes mammelles blanches,
 Ou pluſtoſt deux pommes franches,
 Doubles pommes nouuelétes,
 Encor toutes verdelétes :
 Montre moy ton ſein vni,
 De Cupidoneaux vn ni.
Ca tes épaules polies,
 Ca tes coudes, que tu plies,
 Lors que tu formes ton geſte
 D'vn maintien plus que celeſte :

Ça des mains l'iuoyre blanc,
Qui m'osta le cœur du flanc
Montre ta grassète iouë
 Où l'œillét sus du lait nouë :
 Montre ces gentes fossétes,
 D'où mille ardentes sagétes
 Saillent au cœur tout épris,
 De qui te voit quand tu ris.
Tes couraux montre & les ouure,
 Et me les ouurant decouure
 Deux rancs vnis de perletes
 Blanches pareilles & nettes
 Pousse entre ces belles dents
 La friande de dedans.
Ie te pry ne me soy chiche
 Des biens dont tu es si riche :
 Ne m'épargne point doucete
 Les tresors de ta bouchete,
 Ie dy cent mille douceurs
 De tes baisers rauisseurs.
Ten-moy ten-moy tost Meline,
 Ten ta bouche coraline :
 Baise moy en colombelle :
 Mon sang tu susses rebelle,
 Tes baisers pleins de langueur
 Me percent iusques au cœur !
Pourquoy me suçant, goulue,
 M'as tu mon ame tolue ?
 Cache ces blanches mammelles,
 Cache ces pommes iumelles,
 Ces pommes qui ne font qu'or
 Commencer à poindre encor.
De toy mille plaisirs partent,
 De ton sein mille s'écartent :
 Cache ceste blancheur, cache,
 Qui vif ainsi me dehache :
 Ha ! mauuaise tu as tort
 De me laisser demi-mort !

4.*

Baise moy tost, & reserre
   Tout ce qui me fait la guerre,
   Ces beautez qui trop fleurissent,
   Qui hors de moy me rauissent,
   Las, pour estre trop heureux,
   (Quel heur?) ie suis langoureux
 Si le plaisir, non la peine,
   Bien pres de la mort me meine,
   Si t'ayant aimable & douce
   Tels sanglots des flancs ie pousse,
   Et si, par estre content
   A souhait, i'endure tant :
 Que feroy-ie, miserable,
   Si tu m'estois mal traitable,
   Si tu repoussois arriere
   Mon seruice & ma priere :
   Que feroy-ie, puis que l'heur
   Me donne tant de douleur ?

 Dovble ranc de perles fines
   Choysi dedans l'Inde mer,
   Doubles léures coralines,
   Vous par mon ardent aymer
   Peustes mon ame enfermer,
   Qui s'anassa dedans vous
   A l'apast d'vn sucre doux.
 Mais quel homme se peut dire
   Auoir esté plus heureux,
   Que ie fu, dessous l'empire
   Du Tyran des amoureux ?
   A qui, baisers sauoureux,
   Fut permis, vostre mercy,
   Mourir de ioye transi.
 O le bien, ô la grand'ioye
   Qu'en te baisant ie reçoy,
   Quel miel ta langue m'enuoye ?
   Mais, douce langue, dy moy

Si, quand l'ame est apar soy,
  Ou que sa demeure soit,
  Telle ioye elle reçoit?
Dieux, si ne laissez arriere,
  Ainçois vous touche le soin
  De la deuote priere
  Que nous faisons au besoin :
  D'icy ne me tirés loin,
  Car sans vous vn plaisir tel
  Me peut bien faire immortel.
Mais que me vaut telle ioye,
  Puis que ie va perissant
  En ceste embucheuse voye,
  Où ma vie est finissant,
  Par ta douceur rauissant?
  Mais bien sot est ce remord
  Puis que ie vi par la mort.
Helas vous m'ostez la vie,
  O baisers delicieux !
  Puis tost, mon ame rauie,
  Me rendez plus gracieux.
  O que ie crein que les cieux,
  Enuieux sur nostre bien,
  Tournent ce grand aise en rien !
Onq vne si belle rose,
  Aus rayons d'vn beau soleil
  Ne fut si fresche declose :
  Oeillet ne fleurit pareil
  A ce vif sanguin vermeil
  De ta bouche, qui éteint
  Des fleurs tout le plus beau teint.
On ne suce point encore
  Vne si douce liqueur,
  Par les doits rosins d'aurore
  Mise sur la tendre fleur,
  Durant la verte vigueur,
  Du beau printemps odoureux,
  Comme est ce miel sauoureux.

J'ay sucé la fleur doucéte
　Du buissonnier cheure-fueil,
　Et de la soigneuse auéte
　Le laborieux recueil :
　Mais ton baizer nompareil
　Le cheure-fueil flétrira,
　Et le miel afadira.
O moy sot ! que veu-ie faire ?
　Hé, que ie suis de loysir !
　Vaudroit-il pas mieux me taire,
　Que d'ainsi me dessaisir
　D'vn si doucereux plaisir,
　De qui tout le meilleur fruit
　En le racontant me fuit ?

　　Vivons, Mignarde, viuons,
　　　　Et suiuons
　Les ébats, qu'Amour nous donne,
　Sans que des vieux rechignez
　　　　Renfrognez,
　Le sot babil nous estonne.
　　Les iours qui viennent & vont
　　　　Se refont,
　Le Soleil mort se reléue :
　Mais vne trop longue nuit,
　　　　Las ! nous suit
　Apres vne clarté bréue.
　　Tandis que nous la voyons,
　　　　Employons
　Ce doux viure, ô ma Meline :
　Ca donq mignonne, vien ten,
　　　　Et me ten
　Ta bouchette coraline.
　　Mais atten atten vn peu
　　　　Car ie veu
　Voir ceste trogne mignarde.
　Ha, traistresse ie la voy :

Mais pourquoy
Ton œil vn tel feu me darde?
O quelle œillade! ô quel ris!
Mes efpris
Sont rauis d'vne fecouffe.
Baife moy, baife : ie meur :
Non : mon cœur
Sent defia ta manne douce.
Par le baifer ie reuy,
Qui rauy
M'auoit ores de moy-mefme.
Ie reuy : mais ie remeur
De douceur
D'vne ioye trop extrefme.
Mon dieu! la la! quels repas :
Quels appafts
Entre deux leures tu ferres?
O mon vray dieu, que de fleurs,
Que d'odeurs
De ces coraux tu deferres!
Mais quel nectar eft ce-ci,
Qui ainfi
De plus en plus me conuie?
Plus la foif perdre i'en doy.
Plus i'en boy,
Moins s'en paffe mon enuie.
Quelle Ambroifie des dieux,
S'eft des cieux
Dedans ta bouche rangee?
Plus ie cuide en eftre plein,
Plus i'ay faim,
Moins elle foule mangee.
En la forte Eryfichthon,
(Ce dit-on)
Par Ceres dame imployable,
Pour fon bois faint entamé,
Affamé
Mourut de faim non-foulable.

  Luy plus de fois il beuuoit
    Moins treuuoit
Fin à sa soif vehemente,
Luy de cent mille repas
    N'emplit pas
Sa faim, qui tousiours augmente.
  La faim, par vn lent effort,
    Mit à mort
La langoureux Triopide :
Pour une mort qu'il souffrit,
    Mon esprit
Hors de moy mille fois vide.
  Ca, sans plus me recourir,
    Fay mourir
Tous mes sens, ô douce folle.
Baise moy, vien apaiser
    D'vn baiser
La chaude amour qui m'affolle.
  Atten, ie te veux reuoir
    Pour sçauoir
Comme tu fais bonne mine.
Las, tes yeux lassifs noüans
    Se roüans,
Ta mort annoncent voysine.
  Ha, tu meurs à ce que voy
    Comme moy.
Donq tu meurs, mon amourette !
Pour me laisser en douleurs
    Ha, tu meurs !
Hé, tu meurs sans moy pauurette !
  Tu me fais mourir ainsi
    Tout transi
De tes grandes douceurs yure :
Puis, aussi tost que ie meurs,
    Tes douceurs
Tout à coup me font reuiure.
  Or, pour te resusciter,
    T'exciter

Ie vois vn baiser de l'ame,
Te rendant tes sens rauis.
  Ha! tu vis:
Et toy reuiuant, ie pâme.
 Ie voy l'erreur, ie la voy:
  Quand i'auoy
Dedans moy l'vne & l'autre ame,
Adonques morte tu fus.
  Ie n'ay plus
L'vne ny l'autre : & ie pâme.
 Donc iouisson par moyen
  D'vn tel bien,
Puis que l'excés fait dommage :
Et contenton de plaisirs
  Nos desirs,
L'vn & l'autre fait plus sage.
 Quand mon ame ira dans toy,
  Baille moy
Soudain la tienne en eschange,
Que toutes deux, laissans morts
  Nos deux corps,
De Styx ne voyent la fange.
 Et quand la tienne i'auray,
  I'enuoyray
Tost dans les leures la mienne,
Que toutes deux volans hors
  De nos cors
Ne passent l'eau Stygienne.

Dieu gard le bois, dieu gard l'ombre :
 Dieu te garde aymé Fouteau,
Sous qui loing de tout encombre
 Ie vy luire vn iour tant beau,
 Fait d'amoureux languissant
 Vn bien-heureux iouissant.
Sans blessure de coignee
 Puisses-tu reuerdoyer :

Par mainte & par mainte annee
Sous toy se puisse ombroyer,
Fuyant du chien le flambeau,
Le berger & son troupeau.
Iamais ne soit que i'oublie
Combien fidelle tu fus,
Quand à ma nymphe iolie
I'apry les ieux de Venus,
Quand Amour sus toy branché
Nous aguignoit my-panché :
Quand vuidant toute sa trousse
De ses traits d'or émoulu,
Dardoit mainte flamme douce,
D'vn feu doucement goulu,
Nous enflammant le desir
De nous souler de plaisir.
Iamais ne soit, chere plante,
Que, moy d'Amour le soneur,
En mes rymes ie ne vante
Ton merite & ton honneur.
Soit, pour mes temples lier,
Et mon myrte & mon laurier.
Ie veux m'ombrager la teste
De tes rameaux bien-heureux,
Et que ma Muse t'apreste
Vn beau ditier amoureux,
Dont entailler ie te doy
Louant ma mignonne & toy.
Ton nom est de miel, garcette,
De miel ton baiser mignard,
De miel est ta voix doucette,
Et de miel ton doux regard :
Douce Meline ce n'est
Que miel ce qui de toy naist.
De fin or est ceste tresse,
Où me fut le rét tendu :
Rét qui m'a de toy, Maistresse,
L'heureux esclaue rendu :

*Ce front d'yuoire bruny
Rond en son relief vny.*
*Ceste delicate ioüe
 En son vermeil verdelet,
 Semble la rose qui noüe
 Dessus la blancheur du lét.
 Dessous deux arcs ébenins
 Sont mussez deux yeux benins :*
*Deux yeux, dont amour alume
 Les fleches qu'il veut tirer,
 Quand d'vne douce amertume
 Le cœur il vient martyrer,
 A qui se met au hazard
 De soustenir leur regard.*
*Plus bas le nés va descendre
 Traitif en belle teneur,
 Sur qui n'auroit que reprendre
 Non pas le dieu repreneur.
 La bouche fresche plus bas
 Aux œillets ne quitte pas.*
*Là deux rancs de perles fines
 Sont egallez en longueur,
 D'où les parolles benines
 Mollissent tout rude cœur :
 Et le ris diuin, tandis
 Qu'il dure, ouure vn paradis.*
*Ta belle gorge refette
 Est d'albastre rebondi,
 Et ta poitrine grassette
 D'albastre en large arondi :
 Deux pommes d'albastre blanc
 Au dessus tiennent leur ranc.*
*D'où ces bras en long s'estendent
 Comme deux souples rameaux,
 Qui vers le fin bout se fendent,
 En cinq ramelets nouueaux,
 Qui encor sont finissans
 En cinq roses fleurissans.*

Ian de Baif. — I.   5

Mais quoy? le marbre tairay-ie
 De l'vn & de l'autre flanc,
 D'où ce mont de viue neige
 En rondeur s'esleue blanc?
 En tairay-ie le sommét
 Qui dehors de moy me mét?
Quand le voyant ie repanse
 Le doux amoureux lien,
 Qui en heureuse alliance
 Tint l'homme-femme ancien,
 Lors que l'amante & l'amy
 N'aloit questant son demy.
Mais tairay-ie la valee,
 Où Venus & ses trois sœurs
 La fontaine ont recelee
 Du nectar de leur douceurs?
 Nectar qui vrayment peut bien
 Mettre au ciel vn terrien.
Tairay-ie ces cuisses blanches
 Qui semblent faites au tour,
 Et de ces marbrines hanches
 Le bien arondy contour?
 Ces iarrets & ces genoux
 Douillets, grasselets, & mouls.
Ces deux colonnes greslettes
 Le soustien de tant de dons,
 Et ces greues rondelettes
 Sur deux rondelets talons?
 Tairay-ie ces pieds petis,
 Pieds argentins de Thetis?
Qui font fleurir vne prée
 De cent & cent mille fleurs,
 Par la place diaprée
 De l'émail de cent couleurs,
 Esclatans de toutes parts
 D'où marchante tu depars.
O graces, ô beautez saintes
 Que i'emprain dans ce Fouteau,

Vous estes bien mieux empraintes
Dans vn bien autre tableau,
Tableau de mon ferme cœur,
Dont Amour fut le graueur.
Chanson, si par cest ombrage
 Quelque passant amoureux
Euitant du chaud la rage
 S'adresse à ce tige heureux,
  Auec plaisir te lisant
  De nous aille bien disant.
Et s'il le peut te retienne,
 Au moins (s'il est tant pressé)
De ce verset luy souuienne
 A la Deesse adressé,
  Qui brusle en pareil esmoy
  Ma Meline auecque moy.
Voici l'ombre où de Meline
 J'eu le present de mercy :
A Venus douce & benine
 Est sacré cest arbre cy :
  Bucheurs, qui le blessera,
  La Deesse offensera.

Veu que ton teint tendrelet
 En blancheur gaigne le lait,
Qui fait qu'vne rose noüe
Dessus l'vne & l'autre ioüe?
 Qui a teint en écarlate
 Ceste bouche delicate?
  Et d'où vient que sont orins
  Les crespillons de ces crins?
Mais qui a si bien noircy
 L'archét de ce beau sourcy?
  Qui meit en ces yeux la flâme
  Qui peut tant dessus mon ame?
   O doux repos plein de peine!
   O peine de repos pleine!

O plaisant mal, facheux bien!
Sans qui ma vie n'est rien.

S<small>I</small> *bien, safrette fillette,*
  Ta douillette
 Charnure, & ton œil friand :
Si bien ta fresche bouchette,
  Ta languette,
 Si bien ton attrait riant :
Lors que la trompeuse grace
  De ta face
 Me rauit tous mes espris :
M'ont d'vne bruslante flâme,
  L'œil, & l'ame,
Le cœur, la poitrine épris,
Qu'il me conuiendroit descendre
  Tout en cendre
 Dans ce brazier si cuisant
 N'estoyent les pleurs qui me baignent
  Et m'esteignent
Le plus de ce feu nuisant.
Voire & tant & tant ie pleure
  Depuis l'heure
 Que t'aimay premierement,
Qu'en liqueur ma vie toute
  Goute à goute
 S'enfuyroit entierement,
N'estoit, safrette fillette,
  Ta douillette
 Charnure, & ton œil friand :
N'estoit ta fresche bouchette,
  Ta languette,
 N'estoit ton atrait riant :
N'estoit la trompeuse grace
  De ta face
 Qui rauit tous mes espris,
 Qui m'ont d'vne chaude flâme

*L'œil & l'ame
Le cœur la poitrine épris.*

Ma petite Cytheree,
  La seule image sacree
  A moy deuôt idolátre,
  Assi toy sus mes genoux :
  Au ieu des baisers, folâtre,
  Comme hier remetton nous.
Voy voy du temps la carriere
  Iamais ne tourner arriere :
  Voy apres l'enfance, comme
  La ieunesse ores nous tient :
  De pres la suit l'age d'homme,
  Et puis la vieillesse vient.
Vson de ceste verdure
  Ce pendant qu'elle nous dure :
  Trop helas l'hyuer est proche !
  Employon ce beau printemps,
  Et gardon nous de reproche
  D'auoir fait perte du temps.
Ca donc cent baisers, mignarde :
  I'en veux autant qu'Amour darde
  De traits en mon cœur, Meline :
  Autant qu'il y a de fleurs,
  Sus ta bouche nectarine,
  De vermeillettes couleurs,
Autant que tes yeux me dardent,
  (Quand friands ils me regardent,)
  De morts ensemble & de vies :
  Autant que de foins menus
  Mes plaisances sont suiuies
  Aux faux ébats de Venus.
En me baisant, mignonnette,
  Di, di moy mainte sornette,
  Mainte blandice murmure
  D'vn doux babil sisleté :

  Non ſans la douce morſure,
  Non ſans le ris affeté.
Comme, quand la motte dure
 Se reſout de la froidure,
 Les tourtourelles iaſardes,
 Le bec au bec, hauement
S'entre-vont baiſant tremblardes,
 Drillant d'vn dru mouuement :
Qu'on me baiſe en meſme ſorte :
 Puis, pamee à demy-morte,
 Penchant ſus la face mienne,
 Tes yeux floter tu feras :
 Lors di que ie te fouſtienne
 Euanouye en mes bras.
Lors te tenant embraſſee,
 D'vn tiede eſtomach preſſee,
 De froid ta poitrine pleine,
 Peu à peu rechauferay,
 Et reuiure par l'aleine
 D'vn long baiſer te feray :
Iuſques à tant que mon ame
 En ces baiſerets de báme
 Me laiſſera tout en glace,
 Et que diray plein d'émoy
 Me paſmant deſſus ta face,
 En tes bras ramaſſe moy.
A l'heure auſſi m'embraſſante,
 D'vn tiede eſtomach preſſante
 De froid ma poitrine pleine,
 Peu à peu m'eſchauferas,
 Et reuiure par l'aleine
 D'vn long baiſer me feras.

M<small>A</small> *vie, mon cœur, mon ame,*
 Mon miel, ma roſe, mon báme,
 Toſt mon cou ſoit enlaſſé :
 Que mes deſirs on apaiſe

  Que tant de fois on me baiſe
   Qu'en fin i'en tombe laſſé.
Mille baiſers ie demande,
  Et mille & mille, friande.
  Quoy, friande il ne t'en chaut ?
  Sus doucette, ſus mignonne,
  Que deux cent mille on m'en donne :
  Cent mille encor il m'en faut.
I'en veu mille, i'en veu trente,
  Trois mille, ſix cent, quarante :
  Penſes-tu que ce ſoit tout ?
  Quoy ? dedaigneuſe, il t'ennuye ?
  Ia ta languette n'eſtuye,
  Tu n'es pas encor au bout.
Veux-tu ſçauoir, quelle bande
  De baiſers Baïf demande,
  Qui te le rendra contant ?
  De cent milliers ſon enuie
  Ne ſeroit pas aſſouuie,
  Non d'vn million contant.
Autant que l'humide plaine
  Sous la Zephirine aleine
  Iette d'ondes à ſes bords :
  Autant qu'au printemps la terre
  De ſon grand ventre deſſerre
  De fleurs & d'herbes dehors :
Autant que d'aſtres enuoyent
  Icy leurs rayons, & voyent
  Des cieux par la claire nuit
  Nos deſrobees ſegrettes
  Pour embler nos amourettes,
  Teſmoings à noſtre deduit :
Autant de baiſers, mignonne,
  Ie veu ie veu qu'on me donne :
  Adonq en auray-ie aſſez,
  Quand nul ne ſçara que monte
  En vne ſomme le conte
  De nos baiſers entaſſez.

Trois & quatre fois heureux,
　Meline, les amoureux,
　Qu'Amour d'vne couple lie,
　Qui ne ſe laſchera pas
　Non à l'heure du treſpas
　Quand tout autre bien s'oublie.
Lors s'oublie tout deſir,
　Non pas l'amoureux plaiſir :
　Les flames bien alumees.
　En deux cœur non vicieux,
　Pour tout le lac oublieux
　Ne ſe verront conſumees.
Dans les champs Elyſiens
　Sont les amants anciens
　A meſme mille amouretes
　Par-my les preʒ verdelets
　Les dames des chapelets
　Leur vont tiſſant de fleurettes.
De tortis enuironneʒ,
　Et de chapeaux couronneʒ
　Auec elles couronnees,
　Main en main s'entretenans
　Et deux-à-deux ſe menans
　Sans ſoing paſſent les iournees.
Les vns danſent aux chanſons,
　Les autres aux plaiſants ſons
　Des luts ioints aux épinettes,
　Les autres laſſeʒ du bal
　S'écartent dedans vn val
　Auecques leurs mignonnettes.
Sous les myrtes ombrageux
　Ils font demenans leurs ieux
　En toute ioye aſſouuie :
　Là, morts, nous ferons ainſi,
　Puis que à ces ieux dés icy
　Nous employons noſtre vie.

Comme d'vn pouſſe ſçauant,
　O douce eſperance mienne,
　Tu guidois courbe en auant
　L'aiguille palladienne,
　Vn traitre trait de tes yeux
　Trompeuſement gracieux,
　D'vne œillade detournee
　A mon ame ſubornee.
Mon ame rauie en moy
　De raiſon me laiſſe vuide,
　Et me rempliſſant d'émoy
　Mes ſens forcenez debride,
　Qui d'vn courir dereglé
　Me tranſportent aueuglé,
　Iuſqu'à te rauir, mon ame,
　Vn baiſer confit en bâme.
Vn baiſerét plus ſucré
　Que la ſucree ambroſie
　Mais t'ayant outre ton gré
　De ce baiſer deſſaiſie,
　(O peu durable deduit
　Pres de l'ennuy qui le ſuit!
　O la douceur courte & brieue
　Pres de l'amertume grieue!)
Mon cœur genné s'en reſent
　Plus d'vne heure en deplaiſance:
　Et fu contreint innocent
　Me purger de mon offence,
　Comme par mon larmoyer
　Ie veu ton ire ployer:
　Mais tant plus ie me lamente,
　Tant plus ton ire s'augmente.
Et tandis tu me perdois
　Torchant ta bouche mouillee,
　De chacun de tes beaux doits,
　Comme s'elle eſtoit ſouillee
　De quelque reſte gouteux

De ce baiserét moyteux :
Come si ta douce leure
Eust baisé quelque couleure.
Depuis tu n'as point laissé
D'estre vers moy plus cruelle,
Et m'a fieure n'a cessé,
Se paissant de ma moëlle
Sans se pouuoir apaiser :
Et ton ambrosin baiser
Se fait plus amer, Meline,
Que n'est l'amere aluyne.
Puis que mon feu violant
De ces tourments tu guerdones,
Plus ne seray si bruslant
(Si de gré tu ne m'en dones)
A tes baisers : ô mon cœur
Adoucy moy ta rigueur :
Ca ça baise moy sus l'heure,
Si tu ne veux que ie meure.

Comme ie veu, Meline,
Pour ma flamme appaiser,
Ta bouche cynabrine
Outre ton gré baiser,
I'oubli mon ame dans
Le blanc clos de tes dents.
Puis quasi hors de vie
Ie l'atten plein d'émoy :
Elle n'a plus enuie
De retourner à moy,
Chetif, alangouré,
Sans ame demouré.
Mon cœur i'enuoye adonques
Pour mon ame rauoir :
Bien mieux i'eusse fait d'onques
Ne te le faire voir :
Ainsi ton dous atrait

D'auec moy l'a diſtrait.
Et n'euſt eſté la fláme
Qu'en baiſant ie humé,
Qui me ſoutient ſans ame,
L'on euſt veu conſumé
En ce dernier moment
Ma vie & mon tourment.

Tovsiovrs ne me donne pas
Des baiſers de moyte bouche,
Ny toufiours entre mes bras
Comme mourant ne te couche :
Souuent l'aiſe trop ioyeux
Rend le plaiſir ennuyeux :
Le trop de miel a coutume
De tourner en amertume.
Lors que ie t'en demandray
Tout en vn bloc trois fois quatre,
Quant plus ie m'y attendray,
Dix tu me dois en rabatre,
Et ne m'en bailler que deux
Qui ne ſoyent longs ne moyteux :
Tels que la fille à ſon pere
Ou la ſeur donne à ſon frere.
Et de moy fuy-ten à-tant :
Dérobe toy de ma face,
Et cour d'vn pié nouetant :
Fuy trotignant par la place :
Va hors de mes yeux chercher
Vn coignet où te cacher :
Mets toy pour ſeure cachéte
Derriere quelque couchéte.
Ie m'ennuyray demeurant
Sans toy, ma douce eſperance :
Puis, deça delà courant,
Feray toute diligence

Par tous coignets te chercher,
    Où tu te pourrois cacher :
    Et derriere la couchéte,
    Ie trouueray ta cachéte.
Là tout foudain ie viendray,
    Et iettant ma forte deftre
    Sur ma proye, la tiendray
    Refté le vainqueur & maiftre.
    Le faucon non autrement
    Tient fa proye fierement,
    Quand l'humble colombe prife
    Dedans fa main il maiftrife.
Mais alors me fupliant,
    O pauuréte furmontee,
    Et mon cou vainqueur liant
    Etroit de ta main dontee,
    Humblement tu te rendras :
    A ma bouche te pendras
    Et voudras d'vne dizeine
    De baifers payer ma peine :
Quand dix fois dix m'en feras
    Pour auoir efté fuytiue :
    Et fi ne m'echaperas
    Demeurant toufiours captiue,
    Sinon que t'oye iurer,
    Que tu voudrois endurer
    Souuent pour offence telle
    Vne peine ainfi cruelle.

Lors que i'eftoy glorieux,
    Me penfant victorieux
    En la meflee amoureufe
    Contre toy, douce guerriere,
    Las, cefte victoire heureufe
    De mon cofté ne fut guiere.
Si toft que tes yeux ardans
    S'ouurirent fur moy, dardans

Les traits de leur flamme viue,
　　Quand ie te penſoy dontee
　　A coup mon ame captiue
　　Fut mieux par toy ſurmontee.
Comme la neige ſe fond
　　Deſſus l'eſchine d'vn mont,
　　Lors que la chaleur bruſlante
　　Du nouueau Soleil s'y iette :
　　Comme la cire coulante
　　Se reſouſt au feu desfette :
Ainſi ſe desfit mon corps
　　Par dedans & par dehors :
　　Mon ſang tarit en mes veines :
　　Tes douces flames cruelles
　　Aux os de mes iambes vaines
　　Firent fondre mes mouëlles.
Comme le lis arraché,
　　Qui plus d'vne heure caché
　　Au ſein de la garce blanche,
　　Par elle au iour ſe manie,
　　A coſté reflechi panche
　　Tout mou ſa teſte fanie.
Ma vigueur faillant ainſi
　　Sus toy ie tombay tranſi :
　　Ma couleur me laiſſa : voire
　　Ie perdy la vie & l'ame :
　　Et ne voyant que nuit noyre
　　Mon œil demi-mort ſe pâme.
Veinqueur m'en aloy mourir,
　　Mais tu me vins ſecourir :
　　Par vn chaud ſoupir ta bouche
　　Vn doux reſtaurant excite :
　　Au cœur ſa chaleur me touche,
　　Et ſoudain me reſuſcite.
Cruellement ie ſuis deu
　　Touſiours à ce plaiſant feu :
　　Tout ainſi qu'on dit renaiſtre
　　Le foye à l'aigle paſture,

Ie ne reui que pour eſtre,
Hé! d'vn feu la nourriture.

Qvelle *furieuſe rage*
　　Ton courage
　Epoinçone tellement,
A mordre quand ie te baiſe,
　　Ha, mauuaiſe,
　Ma langue cruellement?
Quoy? tant-&-tant de ſagettes
　　Que tu iettes
　Dans moy ne ſuffiſent pas,
S'encor à tes dents felones
　　Tu ne dones,
　Fiere, ces cruels repas?
O rebelle, quelle enuie
　　Te conuie
　A ſanglanter de tes dents,
Celle qui en toute place
　　De ta face
　Bruit les honeurs euidents?
Qui dans le lit, qui en l'ombre,
　　Soit nuit ſombre,
　Ou ſoit eclairci le iour,
Eterniſe la memoire
　　De ta gloire,
　Qui te vante ſans ſeiour?
C'eſt c'eſt la langue, ô meurtriere,
　　Qui naguiere
　Hauſſa la louange aux cieux,
De nos ardeurs amoureuſes,
　　Plus heureuſes,
　Par ſus les flammes des dieux.
Qui de ſa chanſon folâtre,
　　Ton albâtre,
　Ton or, tes perles, vantoit:
Qui tes ioües vermeillettes,

Tes foſſettes,
Tes yeux, ta gorge chantoit:
Qui t'apeloit, mon doux báme,
Ma chere ame,
Ma douceur, mon ſeul plaiſir,
Ma clarté, mon amourette,
Ma fleurette,
Mon attente, mon deſir.
Et qui t'apeloit, Meline,
Sa beline,
Entre mille ieus menus:
Sa Tourterelle, ſa belle
Colombelle,
Sa princeſſe, ſa Venus.
Eſt-ce la pourquoy, cruelle,
Tu mors celle
Qui pour nul coup odieux,
Ne pourroit laiſſer à dire
Pleine d'ire,
La louange de tes yeux?
Encore qu'elle begaye
De ſa playe,
Elle n'oublira pourtant
La perle en ſon ſang mouillee,
(Mais ſouillee)
Son blaſon rebarbotant.

Melinelle *plus douillette,*
Que la roſe vermeillette,
Qu'vn Zephire vigoureux,
Hors du bouton éclos pouſſe,
L'ouurant d'vne aleine douce
Sus le roſier odoureux:
La roſe durant l'Aurore
De ſon vermillon honore
Ses raincelets verdoyans:
Si toſt que ſur la fleurette

Le soleil du midy iette
　　　Ses chauds rayons flamboyans,
　La pauurette languissante
　　　Plaint sa gloire perissante
　　　Triste penchant à costé :
　　　Tout le bouton en peu d'heure
　　　Sans cheuelure demeure
　　　Nu de son honeur osté.
Ainsi florist la ieunesse :
　　　Mais quand la courbe vieillesse
　　　Nous prendra, (quelle douleur !)
　　　De la claire & belle face,
　　　Que la laide ride trace,
　　　Mourra la viue couleur,
La teste en or iaunissante
　　　En argent va blanchissante,
　　　La rouille encroûte les dents :
　　　Les durs tetins plus ne tirent,
　　　Mais flacs au sein se retirent,
　　　Par la poitrine pendans.
Quand les neiges de la teste
　　　Ne permettront qu'on s'arreste
　　　Aux mignardises d'amour :
　　　Que les ébats on oublie
　　　De la ieunesse iolie :
　　　Que le soin regne à son tour.
Doux euantoir de la flame,
　　　Qui est éprise en mon ame,
　　　De tout chagrin mocquon-nous :
　　　Iouon, folâtron, mignone :
　　　Suiuon la Princesse bone,
　　　De qui les ieus sont si doux.
Deuant que de la vieillesse
　　　La trop seuere sagesse
　　　Rompe nos doux passetemps,
　　　Comme nous faisons, ma vie,
　　　Cueillon la rose épanie
　　　De nostre fleury printemps.

Mais que cet iuoyre blanc
    De ces bras mon col embraſſe,
    Mais que l'albaſtre i'enlaſſe
    Auſſi du tien à mon ranc :
Comme la vigne l'ormeau,
    Comme la tortiſſe chaiſne
    Du lierre, tient le cheſne
    Etreint d'vn eſtroit rameau :
Et qu'en cet embraſſement
    Vn baiſer long temps durable
    Fuſt à mon feu deſirable
    Vn doux rafraichiſſement :
Du repos ne du repas
    La faim la ſoif ny l'enuie,
    Hors de ta bouche, ô ma vie,
    Ma bouche n'oſteroit pas.
En ces baiſers nous mourrions :
    Deux amants en bateau meſme
    Paſſez au royaume bleſme
    A iamais nous demourrions.
Emmy ces champs odorez,
    Vn beau printemps en toute heure
    Embelliſt ceſte demeure
    De riches fleurons dorez.
Les anciens amoureux,
    Là, parmy leurs amoureuſes,
    Vont menant danſes heureuſes,
    En ces manoirs bien-heureux.
Ils y chantent tour-à-tour
    Sous la myrtine valee,
    Qui de leur chant emparlee
    En retentiſt alentour.
Yuer, eſté, iour & nuit,
    Vn heureux viure ſans peine,
    En tout aiſe on y demeine,
    Et rien de mal ne leur nuit.
De la force de ſes mains

Nul n'y tourmente la terre,
Et nul fus les vagues n'erre,
Comme nous autres humains.
De sa franche volonté
Du coutre aigu non blessee,
La terre n'est point lassee
De porter fruis à planté.
L'emeraude verdoyant,
Dessus la greue iettee
La ronde perle lettee,
Et le rubi flamboyant.
Par les ruisseaux ondoyans
L'or roule à val des montagnes,
Des prez les peintes campagnes
De fleurs d'or sont blondoyans.
Si là nous allons tous deux,
D'vn accord l'heureuse tourbe
Nous salura toute courbe,
Nous metant au plus haut d'eux.
Nous serons au plus haut lieu
Sur des sieges verds, Meline,
Faits, toy nouuelle heroïne,
Et moy nouueau demi-dieu.

MA *petite mignonnette,*
Melinette,
Gaye prison de mon cœur,
C'est ton ris, c'est ta minette
Sadinette,
Qui me iette en telle ardeur.
Et ta grace & ta valeur,
En chaleur
Me font transir ainsi blême,
Lors que ie pame & ie meur,
Sans douleur
Estant raui de moy-mesme.
La flamme & l'amour extrême,

   Dont ie t'ayme
Veut, me commande, & m'enioint,
Qu'entre les homes ie féme,
   De quel esme
A ton cœur le mien est ioint :
Et que ie n'oublie point
   Vn seul poinct,
De tes atraits, toute belle :
Ce maintien aymable & coint,
   Qui m'époint,
Et forcé vers toy m'apelle.
Mais la fleur, o Venus, quelle
   Sera t elle,
Que ie triray de ton pré,
Qui sur les autres excelle,
   Et soit celle
Dont le front soit diapré
De ce chant à toy sacré ?
   Mieux à gré
Ne t'est plus que l'autre l'vne :
Dame ton plaisir sucré
   Est ancré
Egallement en chacune.
Chaque donq nous soit commune,
   Gente brune,
Et n'y vison de si prés :
Puis qu'vne egalle fortune
   Hors rancune
Les tient en egalle paix.
Muse faison les aprets
   Tout expres
D'vne chanson non fenee,
Qui puisse fleurir après
   Par longs traits
De mainte & de mainte annee.
Bien heureuse la iournee,
   En qui nee
Ceste creature on vit !

O l'*estoyle fortunee*,
  Qui tournee
En doux regard y luyfit!
Amour ses flambeaux y mit,
  Et les fit
Ioindre leurs feux à sa flamme :
Et sa mere, qui dou-rit,
  Accomplit,
De son mieux le corps & l'ame.
O le traistre œil qui m'enflamme !
  Las, ie pame
Sous ses esclairs éblouy.
Ha la, ma petite dame,
  Ha, quel bame,
Quels baisers dont ie iouy !
Las, ie tombe euanouy :
  I'ay ouy
L'accent de ta voix mignarde :
Son doux flair épanouy
  Ie fouy
Dans ta bouche babillarde :
O languete fretillarde
  Qui me darde
Mille vies mille morts :
O bouche ô bouche flatarde
  Qui retarde,
Dans le pourpre de ses bors,
Mon ame, par doux efforts
  L'ostant hors
De ma blemissante bouche,
Lors que restant vn vain corps
  Ie m'endors,
Ne sentant rien qui me touche.
Mon corps est comme vne souche,
  Et ia prouche
De moy i'auise Charon,
Me borgnoyer d'vn œil lousche,
  Tout farouche

Raclant l'oublieux giron,
Ecumant sous l'auiron,
Enuiron
Sa barque à riue tiree.
Mais, du fin bord du felon
Acheron,
Ma chere ame est retiree.
Par ton aleine sucree,
Qui recree
Tout mon perdu sentiment,
Des tenebres deliuree,
Reliuree
Elle m'est presentement :
Quand plein d'ebaïssement,
Bassement
Ce beau viure ie regrette,
Et pres mon trepassement
Doucemènt
Ie fy ceste plainte aigrette.
O vagabonde amelette,
Doucelette,
Compagne, hostesse du corps,
Vas-tu vers la blemelette
Troupelette,
Des foybles, nuds, palles morts,
En des lieux noirs, salles, ords
Saillant hors
D'vne lumiere si nette?
Hé, rien ne t'y suiura fors
Les remords
De mainte & mainte amourette!

Ne sou ne las, du plaisir rauissant
 Que donne Amour, ie ne suis pas encore :
 Voicy desia la trop hatiue Aurore
 M'oster de l'aise où ie suis languissant.
Mere à Memnon, ton char d'or iaunissant

Arreste vn peu : si tost nos cieux ne dore,
Affin qu'encor mil douceurs ie deuore,
Cent mille aigreurs pour vne adoucissant.
Ainsi te soit tresloyal ton Cephale,
  Son cœur ainsi t'ayme d'ardeur egale,
  Pour ton amour oubliant sa Procris.
Ha, tu mets donque à neant ma requeste?
  Iamais courber ne puisses tu la teste,
  Qu'entre les bras de ton Tithone gris.

O doux plaisir plein de doux pensement,
  Quand la douceur de la douce meslee,
  Etreint & ioint, l'ame en l'ame meslee,
  Le corps au corps d'vn mol embrassement,
O douce vie! ô doux trepassement!
  Mon ame alors de grand' ioye troublee,
  De moy dans toy cherche d'aller emblee,
  Puis haut, puis bas s'écoulant doucement.
Quand nous ardants, Meline, d'amour forte,
  Moy d'estre en toy, toy d'en toy tout me prendre,
  Par cela mien, qui dans toy entre plus,
Tu la reçois, me laissant masse morte :
  Puis vient ta bouche en ma bouche la rendre,
  Me ranimant tous mes membres perclus.

T<small>ANDIS</small> *que ces antres coys,*
  Et ces boys,
Siflent d'vn serain Zephire,
Et ce ruisseau clair-coulant
  Se roulant
Par ce pré ses ondes vire :
Ie pourray, sans rien douter,
  Hors bouter
Le dueil de ma peine dure,
Et decharger la langueur
  Que mon cœur,
Las, pour vne ingrate endure.

Felonne, qui, pour le fiel,
  Le doux miel
 De ton nom, quittes & laiſſes,
 Par où doy-ie commencer
  D'auancer
 Tes fiertez & tes rudeſſes?
Puis qu'ores, par ton refus,
  Tout confus
 I'erre priué de ta grace,
 Moy à qui, des plus heureux
  Amoureux,
 On ſouloit donner la place.
Qu'eſt-ce que i'ay tant forfait?
  Qu'ay-ie fait
 Pour te changer en la ſorte?
 Helas, helas, en vn rien,
  Pourroit bien,
 Pourroit ta flamme eſtre morte?
Dea! depuis que tu m'aymois,
  Par neuf mois
 La Lune n'eſt retournee :
 Et (pariure mauuaitié!)
  L'amitié
 De ton cœur laſche eſt tournee.
Mais moy, bien que i'aye eſté
  Tout l'eſté
 Sus les bords de la Charante,
 Toy où la Marne ſe perd
  Au flot verd
 De la Sene ſe meſlante :
Tant plus de toy i'eſtoy loin,
  Plus le ſoin
 De toy croiſſoit en mon ame :
 Et plus ſans te voir i'eſtoy
  Ie ſentoy
 Dans mon cœur plus chaude flame.
Quelcun (que ſoit-il maudit)
  T'a-il dit

Qu'ay fait maiſtreſſe nouuelle?
Les Xantongeois arbriſſeaux
Et ruiſſeaux
Certe en teſmoings i'en appelle.
Maint nouailleux chaſteigner
Témoigner
Pourra mon amour qui dure,
Là où ton nom engraué
Eſt caué
En mainte & mainte écriture.
Les rocs, les antres, les bois,
De ma voix
Encor' auiourdhuy reſonnent,
Dont auec les paſtoureaux
Les toreaux
Aux riues du Tré s'eſtonnent.
Sont-ce point les demy-dieux
De ces lieux,
Et les Nymphes mignonnettes,
Qui ſe vont ore ébatant
Rechantant
Mes apriſes chanſonnettes?
Las! i'ay bien eu le pouuoir
D'émouuoir
A pitié leur bande ſainte :
O combien de fois elle a
Par dela
Preſté l'oreille à ma plainte!
Non pas elle ſeulement,
(Tellement
Mes chants eſtoyent larmoyables)
Mais les ſauuages oyſeaux,
Et des eaux
Les habitans pitoyables.
Voire & les rocs quand & moy
Mon émoy
Sembloyent plorer & mes peines,
Mainte liqueur repandant,

Ce pendant
Que mes yeux font deux fontaines.
Pendant que contre les cieux
Enuieux,
Ie degorge mes complaintes,
De ce que mon propre bien
N'eft pas mien,
Contre l'ordre des loix faintes.
Bien? que me vaut tout ceci?
Quoy? d'ainfi
T'eftre loyal & fidelle?
Que fert où que i'aye efté
Fermeté
Auoir fuyui d'vn tel zele?
Puis que ie trouue ton cœur
En rancueur,
Sur le mien non variable,
En lieu que me prometoy
Que de toy
I'auroye acueil amiable.
Voicy donc de tant de maux,
Et trauaux
La condigne recompenfe!
Donc, du feruice fidel,
Sera tel,
Le loyer que de l'offenfe?
Mais, Meline, ô le bon heur,
O l'honneur,
O le ioyau de noftre age,
En douceur change foudain
Ce dedain,
Change ce felon courage:
Et me fay changer auffi
Mon fouci
En plaifir, ô ma deeffe,
Et de mes triftes chanfons
Les durs fons
En doux accents de lieffe.

AVX MVSES ET A VENVS

Deesses *Pieriennes,*
   Saintes vierges, gardiennes
   De la fontaine au cheual :
   Qui tenez celle campagne,
   Que l'eau de Permeſſe bagne,
   D'Helicon roulant à val :
Où vous dreſſez voſtre dance
   Sous la nombreuſe cadance
   De la harpe d'Apolon,
   Frappans ſans que pas vne erre
   D'vn accord d'vn pied la terre,
   Et trouſſans vn pront talon.
O de l'écume la fille,
   Qui dans la creuſe coquille
   Pucelle à Cytheres vins,
   Preſſurer ta treſſe blonde
   Encores moite de l'onde,
   L'oignant de parfums diuins.
Là les Graces te receurent
   Quand les belles t'aperceurent,
   Belle nager à leur port :
   L'air rioit, la terre, & l'onde.
   Là tout d'odeur douce abonde,
   Où la nacre vient à bord.
O vous Deeſſes aimees,
   Vous tant de fois reclamees
   Par voſtre chantre ſacré,
   Si iamais i'ay ſceu élire
   Telle note ſur ma lyre,
   Qu'elle fuſt à voſtre gré :

Faites dés ceste heure mienne
La guiterre Teienne,
Par moy viue de rechef:
Eternisez ma Meline:
Plissez la branche myrtine,
Et m'en couronnez le chef.

FIN DES AMOVRS

DE MELINE.

PREMIER LIVRE

DE

L'AMOVR DE FRANCINE

PAR I. A. DE BAIF.

Afin que pour iamais vne marque demeure,
 A l'age qui viendra, comme voſtre ie ſuis,
 Ie vous fay vœu du peu, mais du tout que ie puis,
De peur que la memoire auec nous ne s'en meure.
Ie vous donne de moy la part qui eſt meilleure:
 C'eſt l'eſprit & la voix, qui, meneʒ & conduis
 Sous le flambeau d'Amour, des eternelles nuits
Saueront voſtre nom parauant que ie meure.
Et, ſi aſſeʒ à temps ie n'ay pas commencé
 De m'employer pour vous, puis que la deſtinee,
 Qui vous cachoit à moy, m'en a deſauancé:
Ie feray, comme fait le deuôt Pelerin,
 Qui s'eſtant leué tard, pour faire ſa iournee,
 Regagne à ſe haſter le temps & le chemin.

Amans, qui cognoissez le Dieu, dont le pouuoir
 Maitrise hommes & dieux dontez sous son empire,
 D'vn qu'il donte le plus les plaintes venez lire,
 Vos amoureux desirs aux siens venez reuoir.
Et, si vous le voyez faire mal son deuoir
 De poursuiure vn propos, au gré de son martyre:
 Et, comme son amour ou le pousse ou l'atire,
 Sans auoir nul arrest çà & là s'émouuoir:
Vous sçaurez l'excuser, qui auez cognoissance,
 Et qu'Amour ne voit point, & qu'il est en enfance:
 « Bien aueugle est celuy, qui vn aueugle suit.
Quel auis arresté seroit bien en tel age,
 Veu qu'il n'est qu'vn enfant? est-il rien plus volage?
 Plus volage est celuy, qui par luy se conduit.

Si quelque fois Amour, d'vne fláme gentile
 Pour vne grand' beauté, saisit vn gentil cœur,
 Ie sen mon cœur saisi d'vne gentile ardeur,
 Qui m'oste le penser de toute chose vile.
O bien-heureuse ardeur, si vne fois mon stile
 Pouuoit estre pareil à la belle fureur
 Dont ta beauté m'ateint! mais ta rare valeur
 Tariroit toute l'eau qui d'Helicon distile.
Francine, ta beauté plus qu'humaine vaut bien
 Que Troye vne autre fois le feu Gregeois resante,
 Et qu'encor mille naus soyent dix ans à la rade
Atendans leur destin dans le port Sygien :
 Et vaut bien qu'vn Homere vne autre fois te chante,
 Ainsi que pour Helene, vne braue Iliade.

Vn iour, quand de l'yuer l'ennuieuse froidure
 S'atiedist, faisant place au printemps gracieux,
 Lors que tout rit aux champs, & que les prez ioyeux
 Peingnent de belles fleurs leur riante verdure:
Pres du Clain tortueux sous vne roche obscure
 Vn doux somme ferma d'vn doux lien mes yeux.
 Voyci en mon dormant vne clairté des cieux
 Venir l'ombre enflámer d'vne lumiere pure.

Voyci venir des cieux fous l'efcorte d'Amour,
  Neuf Nymphes qu'on euft dit eftre toutes iumelles:
  En rond aupres de moy elles firent vn tour.
Quand l'vne, me tendant de myrte vn verd chapeau,
  Me dit : Chante d'amour d'autres chanfons nouuelles,
  Et tu pourras monter à noftre faint coupeau.

Si toft que i'apperceu ta diuine beauté,
  Et qui feule m'eft belle & fur les belles belle,
  Mon cœur, qui parauant auoit efté rebelle
  Contre Amour, fut d'amour d'vn clin d'œil furmonté.
Soudain d'vn feu nouueau ie me fenty donté :
  Soudain de vene en vene vne chaleur nouuelle
  Coula par tout mon corps : & ie ne vy que d'elle :
  Car d'Amour mon feigneur telle eft la volonté.
Depuis celle, par qui Amour fe delibere
  *Montrer tout fon pouuoir, par ne fçay quelle gra_*
  Que dire ie ne puis, mais dont ie fen l'effect,
D'vn femblant fi benin fe montre à moy contraire,
  Que, bien que de fouffrir tant d'ennuis ie me laffe,
  Quand i'en cuide parler, muet elle me fait.

O bien-heureux celuy, qui borne fon defir
  « En tant qu'il peut auoir entiere iouiffance !
  « O bien-heureux celuy, qui felon fa puiffance,
  « Vn fait affez aifé fagement fçait choifir ! »
Quant à moy, ie me fuis banny de tout plaifir
  Pour vn plaifir efleu : & par outrecuidance,
  A mon grand deshonneur i'employe ma vaillance,
  Où fans rien auancer il me faudra moifir.
Ainfi va, qui par trop en vn autre fe fie.
  Moy fot, qui promettois aux fiecles à venir
  Vn exemple affez beau d'vne amour acomplie.
Mais ie le depromé : qui mes plains viendra lire,
  Voyant celle rigueur que tu me veux tenir,
  Abhorrera l'amour d'horreur de mon martyre.

Si à dire l'honneur de ta rare beauté,
 (Qui est bien du plus beau qui soit en tout ce monde)
 La parolle defaut où le sugét abonde,
 A qui veut éclercir sa luysante clerté :
Quel chant egaleroit de l'esprit arresté
 D'vn sens meur en sa fleur, la sagesse profonde ?
 Vrayment & la Romaine, & la Greque faconde
 A peine luy rendroyent son honneur merité.
Que fay-ie donc ? i'embrasse & ne puis rien étreindre.
 Mais, bien que ie ne puisse où ie pretan ateindre,
 Qui oseroit blasmer ma bonne affection ?
Car, si mon stile bas n'encommence qu'à peine,
 Tant s'en faut qu'il finist mon entreprise vaine.
 Tout mon defaut me vient de ta perfection.

Si tost d'vn vent à gré ayant la voile pleine,
 Le nef ne fend la mer : de la corde lachee
 Si tost ne froisse l'air la fleche decochee,
 Qu'à voler à sa fin nostre vie est soudaine.
Mais si, docte Dorat, par vne noble peine
 L'esprit rare rauist sa memoire arrachee
 Du gosier de la Mort, qui, depite & fachee,
 Craque comme vn mastin d'vne machoire vaine :
Que ne decouures-tu ton immortel ouurage,
 Que des neuf doctes sœurs la bande fauorable
 T'a donné de la mort pour ne creindre l'outrage ?
Nul mieux que toy, Dorat, les vers ne sçait confire
 D'vn Nectar Hyblien. Vien amy secourable,
 Vien auec moy l'honneur de ma Francine dire.

I'atteigny l'an deuziesme apres vne vintaine :
 Et desia plus épais de barbe se frisa
 Mon menton blondoyant, quand Amour m'atisa
 Vn feu par le bel œil d'vne douce inhumaine.
Parauant ie chantois afranchy de sa peine :
 L'Enfant sous vn nom feint écriuant m'auisa
 De luy sans le cognoistre : & mes vers il prisa,
 Et pour me faire sien à Francine me meine.

Soudain ie fu furpris : foudain dedans mon cœur
  D'vn clin d'œil ie fenty s'allumer fon ardeur :
  Et de chanter de luy depuis ie ne fay ceffe :
Et fi bien fa fureur fous foy me fait ployer,
  Que, fi m'égarant i'ofe autre chant effayer
  Et le propos me faut, & la voix me delaiffe.

Comme le fimple oyfeau, qui cherche fa pafture,
  Lors qu'il n'eft iour ne nuit (quand le veillant berger
  Si c'eft ou chien ou loup ne peut au vray iuger)
  Ne penfant au danger, mais à fa nourriture,
S'empeftre en la pantiere : ainfi moy qui m'affure,
  Libre de tout lien, fans foupçon de danger,
  En paffant mon chemin droit ie me vin ranger
  Dans vn fi doux filet qu'en fortir ie n'ay cure :
Ny n'en fçay le moyen : le mois deuant Auril
  I'entray à l'impourueu dedans ce doux peril.
  Sur le foir i'entreuy tant feulement la belle.
Ce fut deuant fon huis : fi toft que ie la vy,
  Auffi toft me perdant, de moy ie fu rauy,
  Et de me recouurer il n'eft plus de nouuelle.

Veux tu voir vn amant, qui ferme en inconftance,
  Se plaift en fon amour, & foudain s'y deplaift,
  Entr' efperance & peur ? Veux tu voir comme il eft,
  Heureux & mal-heureux en douteufe balance ?
Veux tu voir la beauté, la valeur, l'excellance,
  La grace, la vertu, l'ornement qui reueft
  Sa dame, ainçois Deeffe, en qui le ciel fe plaift
  De verfer le meilleur de fa riche influance ?
Vien lire ces chanfons : & quand tu les liras
  Entre ioye & pitié (ie fçay bien) tu diras,
  Si ton cœur couue en foy d'amour quelque eftincelle :
Ny vne autre beauté n'eft digne de ceft heur,
  En maiftreffe quelconc, d'auoir tel feruiteur :
  Ny autre feruiteur d'auoir maiftreffe telle.

Iean de Baif. — I. 7

Si dans la face gaye vne triste paleur,
    Si à tenir propos la bouche touſiours cloſe,
    Si ta bouche ſans fin à ſangloter decloſe,
    Si tantoſt eſtre en ioye & tantoſt en douleur :
Si prendre & puis laiſſer, l'eſperance & la peur,
    Si chanceler volage en ce qu'on ſe propoſe,
    Et ſi n'acheuer rien, commencer toute choſe,
    Ce ſont ſignes certains d'amoureuſe langueur,
Ie dois eſtre amoureux : Amour auec ſa mere,
    Ayant du tout quitté le ſeiour de Cythere,
    D'Amathonte, & d'Eryce, eſt logé dans mon cœur.
L'vn & l'autre à l'enuy, l'vn de fleches mortelles,
    Et l'autre tour à tour de flammes immortelles,
    Me gennent ſans pitié en extreme rigueur.

Rien que genne & tourment ton nom ne me promet :
    Ie preuoy bien mon mal par maint triſte preſage,
    Ie preuoy bien ma mort, toutefois à la rage
    De mon aueugle amour ma raiſon ſe ſoumet,
Si flateuſe eſt l'erreur qui hors de moy me mét !
    A peine ay-ie le pié dans le premier paſſage
    Où i'entre de mon gré : mais ie per le courage,
    De me ſauuer du mal, qui pend ſur mon ſommet.
Si doux acueil me ſont tes beautez & tes graces,
    Par qui, Dame, mes peurs tu tournes en audaces,
    Douce m'encourageant au meſpris du danger,
Qui me creue les yeux. Puis que donc, ma Deeſſe,
    A l'entrer du peril tu donnes hardieſſe,
    Au milieu te ſouuienne à pitié te ranger.

Ny la mer tant de flots à ſon bord ne conduit,
    Ny de nége ſi dru ne ſe blanchiſt la terre,
    Ny tant de fruits l'Automne aux arbres ne deſſerre,
    Ny tant de fleurs aux prez le printemps ne produit.
Ny de tant de flambeaux la nuit claire ne luit,
    Ny de tant de formils la formiliere n'erre,
    Ny la mer en ſes eaux tant de poiſſons n'enſerre,
    Ny tel nombre d'oyſeaux trauerſant l'air ne fuit,

Ny l'yuer pareſſeux ne fletriſt tant de fueilles,
  Ny le thym ne nourriſt en Hyble tant d'abeilles,
  Ny tant de ſablon n'eſt en Libye eſpandu,
Comme pour toy, Francine, & de penſers ie penſe,
  Et ie ſouffre d'ennuis, & de ſouſpirs i'élance,
  Et ie reſpan de pleurs, ton amant éperdu.

Ie veu chanter d'amour en façon ſi nouuelle,
  Qu'vn amour mutuel i'allume dans ſon ſang,
  Que mil ſouſpirs le iour i'arrache de ſon flanc,
  La faiſant douce autant comme elle m'eſt cruelle :
Qu'elle bagne en pitié de pleurs ſa face belle,
  Reſpendant larmes d'yeux, bien que tard, à ſon ranc :
  Qu'elle face rougir ſon bel iuoyre blanc
  D'auoir eſté ingrate autant que moy fidelle :
Que mon cœur de ſon faix ie puiſſe décharger,
  Degorgeant tout l'ennuy que ſon amour me donne,
  La forçant par pitié de mon mal m'aleger.
Et que ſes grands beautez (qui d'amour forcené
  Font rocher qui les voit) douce elle m'abandonne,
  Tant qu'enfin ie ſoy fier d'eſtre en ſon áge né.

Gracieux, doux, humains, honteuſets, amoureux,
  Beau ſeiour des amours, o beaux yeux, ſi ma vie
  Toute de vous depend, ſi i'ay touſiours ſuyuie
  Voſtre clarté pour guide, & ie m'en tien heureux :
O beaux yeux, ſi pour vous tout tourment douloureux
  Pour vous m'eſt à plaiſir : ſi mon ame rauie
  Vit en vous non en moy; ne me portez enuie
  De voir voſtre clarté, dont ie meur deſireux.
Quelque rayon diuin de voſtre ſainte flame,
  Peut eſtre, vne fureur m'allumera dans l'ame,
  Que me fera chanter, mille chanſons de vous.
Et bien que ie ne ſoy pour tel euure entreprendre,
  Etant pouſſé d'amour ſi pourroy-ie vous rendre
  Quelque beau monument qui parlera de nous.

Puis qu'à mon foible cœur toute force est faillie,
  Et que mon vouloir est si fort qu'il me transporte,
  Et puis que ma raison, à mon grand besoin morte
  De mes sens effrenez la bride ne manie :
Amour ma plainte au moins de ma douce ennemie,
  Au moins aille fraper les oreilles, de sorte
  Qu'elle, qui d'vn seul bien mon mal ne reconforte,
  S'elle ne l'est de moy, de pitié soit amie.
Amour, s'elle ne veut la cruelle rien faire
  Ny pour toy ny pour moy, que pour soy elle face :
  Au moins qu'elle ne soit à son honeur contraire :
Comment alauenir sera t elle estimee
  Quand on lira mes vers? quel honeur luy sera-ce
  D'auoir haï le plus vn qui l'a plus aymee ?

Non iamais ne pourroit vostre gentile grace
  Me monstrer vn semblant si fier audacieux,
  Qu'en rien de vous aymer ie deuinse oublieux,
  Ou que de son desir mon cœur ie depouillasse.
Perdre ie vous pourray, mais quoy que lon me face
  Vous ne pourrez me perdre : vn tel trait de vos yeux,
  Me fit vostre si bien, que ie n'ayme rien mieux
  Qu'auoir en vostre cœur quelque petite place.
Amour me prit mon cœur, & d'vn si grand desir
  L'alluma, que depuis, vif & mort, autre dame
  Qui dispose de moy ie ne pourroy choisir.
Viuant ie seray vostre, & quand mort ie seray,
  Ie seray vostre encore, & deuant vous en ame,
  Tout tel comme ie vy, ie me presenteray.

Si vostre intention, Madame, est de me faire
  Quiter mon entreprise, en vous montrant cruelle,
  Tout autant que peu douce, autant peu soyez belle,
  Lors vous me conuaincrez, & si me ferez taire.
Mais iamais nul repos à mon mal ie n'espere,
  Car vous m'estes tousiours trop rebelle & trop belle :
  Et qui voudroit iamais me deffendre, si celle
  Qui me deuroit ayder m'est la plus aduersaire ?

Or dame d'autant plus, que d'vne fierté vaine,
  Amour vous cuyderiez de mon cœur rendre estrange,
  Plus amour gronde en moy, ô mon indigne peine!
Et dit, Ne pense pas que de place ie change,
  Combien que mille fois le iour ton inhumaine
  Contreuue contre toy des tourments à rechange.

O ma belle ennemie, & pourquoy tellement
  Vous armez vous d'orgueil contre moy, dedaigneuse,
  Contre moy qui parlant de façon gracieuse,
  Autant comme ie puis, m'offre à vous humblement?
O si mon deconfort & mon cruel tourment,
  Madame, tant soit peu vous peut rendre ioyeuse,
  La peine ny la mort ne m'est point ennuieuse :
  Car pour l'amour de vous ie m'ayme seulement.
Mais si par le labeur de mes œuures ma vie,
  Maistresse, vous peut bien quelque honneur aporter,
  D'elle vous chaille vn peu qu'elle ne soit rauie.
Autrement celle histoire à vostre nom vouee,
  Si mon peu de loysir vous me venez oster,
  Mourroit entre mes mains deuant que d'estre nee.

Moy, qui me prometoy de viure en liberté,
  Et d'Amour n'essayer la flamme que par feinte,
  Armant mon cœur d'vn glas qui la rendroit éteinte,
  Amour me brulle tout, & me tient garoté.
Vn soir i'allois en ville, & i'ouiz à costé
  Vne dame parler : mon ame fut ateinte
  De son diuin propos : mon cœur libre de creinte,
  D'vne seule parole à coup fut surmonté,
Ie l'ouy seulement, & sa douce parole,
  Qui me persa le cœur, la nuit me fit veiller,
  Douteux si ce parler venoit de bouche humaine.
O que le lendemain mon ame en deuint fole!
  Et ne faut s'esbaïr, mais faut s'émerueiller,
  Si chacun qui la voit n'en est en mesme peine.

Si ce n'eſt pas Amour, que ſent donques mon cœur?
    Si c'eſt Amour auſſi, pour dieu quelle choſe eſt-ce?
    S'elle eſt bonne, comment nous mét elle en detreſſe?
    Si mauuaiſe, qui fait ſi douce ſa rigueur?
Si i'ars de mon bon gré, dou me vient tout ce pleur?
    Si maugré moy, que ſert que ie pleure ſans ceſſe?
    O mal plein de plaiſir! o bien plein de triſteſſe!
    O ioye douloureuſe! o ioyeuſe douleur!
O viue mort, comment peus-tu tant ſur mon ame,
    Si ie n'y conſen point? mais ſi ie m'y conſen,
    Me plaignant à grand tort, à grand tort ie t'en blame.
Amour bon & mauuais, bon gré maugré, ie ſoufre :
    Heureux & malheureux & bien & mal ie ſen :
    Ie me plain de ſeruir où moy meſme ie m'ouffre.

Que ſen-ie dedans moy? quel mal dans moy commence?
    Ie ſuis en feu, ie croy. Mais mais ce feu comment
    Peut-il eſtre la ſource (ô trop diuers tourment!)
    D'vn tel fleuue de pleurs qui de mes yeux s'elance?
Francine, en tel eſtat ta belle cognoiſſance
    En tel eſtat m'a mis! ainſi diuerſement
    Par vn trait de tes yeux en vn petit moment
    Pour iuſqu'à ta mercy tu m'outras ſans offence.
Ie ſuis vn Mongibel qui n'a fin de bruſler,
    Ie ſuis vn Nil de pleurs qui n'a fin de couler,
    Et d'ardre & de plourer ie ne ſay iamais ceſſe.
O larmes mes ſoupirs bruſlans aſſoupiſſez,
    O ſoupirs de vos feus mes larmes tariſſez,
    Ou la flamme ou bien l'eau dedans moy ſoit maiſtreſſe.

Quelcun faiſant parler le François échauffaut
    Pretande le chapeau du Tragique Lierre,
    Vn autre à fin qu'vn Roy ſon front de laurier ſerre
    Chante les faits de Mars d'vn vers brauement haut.
Le peuple ny les Rois contenter ne me chaut :
    Par mes vers ie ne veux autre couronne aquerre,
    Que plaiſant à Francine auoir fin de la guerre
    Que fait ſa chaſteté contre mon deſir chaut.

Si ie suis aymé d'elle, & si lisant ma rime
  De son iugement docte elle en fait quelque estime,
  Des Poëtes amans ie suis le plus heureux.
Mais si elle daignoit de sa belle main blanche,
  Me mettre sur le front du doux myrte la branche,
  Ie toucheroy le ciel de mon front amoureux.

Rossignol amoureux, qui dans ceste ramee,
  Ore haut, ore bas, atrempant ton chanter,
  Possible comme moy essayes d'enchanter
  Le gentil feu qu'allume en toy ta mieux aymee :
S'il y a quelque amour dans ton cœur allumee
  Qui cause ta chanson, vien icy te ietter
  Dans mon giron, à fin que nous puissions flater
  La pareille douleur de nostre ame enflammee.
Rossignol, si tu l'es, aussi suis-ie amoureux.
  « C'est vn soulas bien grand entre deux malheureux
  « De pouuoir en commun leurs douleurs s'entredire.
Mais, oyseau, nos malheurs (ie croy) ne sont egaux,
  Car tu dois receuoir la fin de tes trauaux,
  Moy ie n'espere rien qu'à iamais vn martyre.

Quand auray-ie tant d'heur, que de reuoir encore
  Ceste beauté tant douce, & ce tant doux maintien,
  De ma douce cruelle ? heure douce reuien,
  Heure, dont le desir doucement me deuore.
Ie verray la beauté qui les beautez honore,
  I'orray de son parler le diuin entretien,
  Et lors ie ne voudroy quiter vn si grand bien,
  Pour l'or qui de Pactol le sablon riche dore.
Las, mais ce bien me tue ! & pour vn court plaisir,
  Qu'en aise ie reçoy, las, ie me sen saisir
  De mille longs regrets, qui me tiennent en peine.
Tel malheur, moy chetif, me vient apres le bien !
  L'autrier en deuisant ô que tu disois bien,
  « Que le bien apres soy tousiours le mal ameine !

Amour donne moy tréue auecques ces beaux yeux
  Qui de me foudroyer n'ont aucune relâche :
  Ou bien fay que leur foudre encontre moy se lâche
Vn petit moins cruel s'il n'est plus gracieux.
Mais, Seigneur, mais de qui me doy-ie plaindre mieux,
  Ou des yeux ou du cœur ? Mon cœur l'ennemi cache
  Qui le done à l'ingrate, & hors de moy l'arrache :
Et mes yeux l'ont receu traitrement enuieux.
Par vous, yeux, dans mon cœur vint la poison amere :
  Et toy cœur, par mes yeux tu la receus dans toy :
  Dans vous toutes traisons contre moy se vont faire.
Mais, si par vous i'ay mal, vous en souffrez la peine,
  En vos pleurs & soupirs. Plaindre donc ie me doy
D'Amour, qui vous & moy si fierement demeine.

En haine i'ay mon aise, en amour mon ennuy,
  Ie souhaitte n'aymer, & ne veu m'en distraire,
  La chasteté ie loue, & fay tout le contraire,
  Là ie veu commander, où serf ie me reduy,
Ie desire l'absent, lequel present ie fuy.
  Ie flate & i'amadoue, où ie suis plus colere.
Ie fay plus que ne puis, & si ne puis rien faire,
I'ayme ensemble & ie hay, ie fuis & ie poursuy.
Mon Dieu quelle inconstance en vn constant courage !
  « Ha ie suis amoureux ! Amour est vne rage,
  « Vrayment c'est vne rage, où vaut peu la raison !
Mais, Amour, ô des dieux & des hommes le pire,
  « Ou le mal comme beau ne nous fay plus élire,
  « Ou bien adoucy nous ton amere poison.

Si ie suis deuant toy, prest à te raconter
  Le mal de ton amour, ie ne te puis rien dire :
  Mais mon cœur, gros d'ennuys, qui tristement souspire,
  A mes yeux langoureux les larmes fait monter.
Francine, tu me viens alors solliciter,
  De deceler le feu de mon cruel martyre :
  Moy ne pouuant parler, le mal tu ne veux lire,
Que mon cœur par mes yeux dehors cuide ietter.

Ma langue sans mouuoir, dans ma bouche est muette.
 Que veux-tu qu'elle die? elle ne pourroit pas
 Non dire seulement vn mot de sa harangue.
N'ois-tu point les sanglots que mon triste cœur iette?
 Vois-tu pas en mes yeux le pleur qui roule à bas?
 « Croy-les : les yeux sont plus à croire que la langue.

Voy, voy, Madame, voy, que mon amour est forte!
 Ie me hay pour t'aymer : & bien que mille ennuis,
 Pour t'aymer ardemment, ie soufre iours & nuits,
 De les souffrir pour toy cela me reconforte.
Au moins, si ton amour autre fruit ne m'aporte,
 Que les tristes langueurs, dont langoureux ie suis,
 Et si d'autre faueur me vanter ie ne puis,
 Montre moy que tu sçais l'amour que ie te porte.
Mais ie croy tu le sçais, & n'en veux rien monstrer,
 Tant tu creins qu'vn remors ton cœur te vinst outrer
 Si tu me confessois ma douleur de ta bouche.
Ne crein pas pour cela me monstrer la sçauoir :
 « Car vn plus grand remors on ne pourroit auoir,
 « Que celuy que lon cele, & qui dans le cœur touche.

Pres de madame assis, ie vin à soupirer,
 Et mon soupir ardant passa contre sa face :
 Ie luy demande adonc : Dame, di moy de grace,
 Sens-tu, quel feu me brusle, à mon chaud soupirer?
Tiede estoit ce soupir, que tu viens de tirer,
 Me répond-elle alors : ç'a donc esté ta glace,
 Qui l'auroit atiedi, comme pres d'elle il passe,
 Ce luy dy-ie, voulant sa reponse empirer.
Elle soudain se rit, & ma sotise blame :
 Quoy? penserois-tu bien que sentisse ta flame
 Moy, qui suis endurcie en extreme froideur?
N'as-tu iamais esté surpris de la froidure
 Aux plus froids iours d'yuer, quand la glace est plus dure
 Que tu ne sentois point du plus chaud feu l'ardeur?

Dauant qu'Amour se fist Roy de mon cœur,
　Ie me mocquoyz & de l'arc & des fleches,
　Et du carquois, des flambeaux & flammeches,
　Par qui de nous on le vantoit vainqueur :
Mais, las helas, ie sen bien sa rigueur :
　Or sçay-ie bien, de ses traits quelles breches
　Il fait aux cœurs ! dedans nos veines seches,
　Or sçay-ie bien, combien peut son ardeur !
Amour est tel que les Poëtes le feignent :
　Il est tout tel que les peintres le peignent :
　Las i'en ay fait vn miserable essay !
Ie me dedy : pardon Amour : ta gloire,
　I'annonceray : ie criray ta victoire,
　Chantant partout ton pouuoir que ie sçay.

Coutaux verds d'arbrisseaux, de qui le pendant bas,
　D'vn contour recourbé la prairie enceinture,
　Qui d'vn train de serpent se traine en sa verdure,
　Par detours recelez, des Nymphes les esbas :
Las, oyrrez vous sans fin les cris de mes helas ?
　Vous seray-ie ennuyeux des ennuis que i'endure,
　Tousiours sans chanter rien que de ma peine dure,
　De laquelle chanter ie ne suis soul, mais las ?
Ne viendra point le iour que sous vostre ramee,
　I'écarte à mon souhait, tout seul, ma mieux aymee,
　Cueillant de mes trauaux le beau fruit sauoureux ?
Ne viendra point le iour que plus ie ne soupire ?
　Que ie cesse ma plainte auecques mon martyre,
　Vous chantant mille vers du plaisir amoureux ?

Sous ce verd chateigner de ces drus regettons,
　Michon, dressons vn lit reployans leur ramee :
　Chacun couché dessus chante sa mieux aymee,
　Qu'ardemment l'vn & l'autre icy nous souhaittons.
Toy tu diras ta Ianne aux sourcis noiretons,
　Et de Francine moy l'ardeur frais-allumee,
　Qui d'autant plus cruelle en mon ame enflammee,
　Ma liberté rauist qu'en vain nous regrettons.

Tu es serf librement, ayant vraye asseurance
  D'estre aymé de ta Ianne. O l'heureuse alliance!
  Tu l'aymes, elle t'ayme, elle est tienne, & toy sien.
O rebelle Francine! en doute ie suis d'elle,
  Helas, trop asseuré de luy estre fidelle.
  Mais s'elle m'ayme ou non, helas, ie n'en sçay rien!

Que le siecle reuinst de celle gent doree,
  Quand les ruisseaux de vin par les prez se rouloyent,
  Les sourgeons de doux lait hors des roches couloyent,
  La terre portoit tout sans estre labouree.
Quand l'amant & l'amie en franchise asseuree,
  Par les bocages frais sans soupson s'en aloyent:
  Ou mussez sous l'ombrage, à l'heure qu'ils vouloyent,
  Ils flatoyent de plaisir leur ame enamouree:
Souuent Dieux de ces bois auecques ma Francine
  Vous me verriez icy. O Nymphe Iobertine,
  Souuent tu nous verrois nous lauer de tes eaux.
Mais ô siecle de fer qui l'amour desassemble,
  Ta mauuaise façon nous garde d'estre ensemble,
  Et seul me fait languir parmy ces arbrisseaux.

Errant parmy ces bois, où que mes yeux ie iette,
  Tousiours ie pense voir celle là qui me fuit:
  Et si pres ou si loin i'oy quelque petit bruit,
  Celle ie pense ouir, hé, qui si mal me traicte.
Ainsi, quand plus ie fuy, sous l'ombre plus segrette,
  La cause de mon mal, plus le mal me poursuit:
  Et la cause du mal, qui partout me conduit,
  I'ay tousiours en mes yeux, quelquepart que me mette.
Ce n'est que feinte, non, tout cela que ie voy,
  Ce n'est que feinte aussi, que tout le bruit que i'oy,
  Lors qu'abusé ie cuide ouïr ou voir Madame.
Mais comment se peut donc ainsi d'vn abus feint
  S'engendrer vn tourment, si vrayement empreint
  Par mes sens mes trompeurs, au profond de mon ame?

Toy Baïf qui foulois ton mal feulement plaindre,
   Tu plains ores le mal de celle qui te occift,
   Et tu en as pitié : elle ne s'adoucift,
   Pour te voir de fon mal fi triftement ateindre.
O que la fieure au moins, là peuft au moins contreindre
   De confeffer l'ennuy d'vne ardeur qui tranfift,
   A fin qu'ainfi l'effay de mon mal la flechift
   Iufqu'à tant qu'enuers moy fa rigueur deuinft moindre.
Ou que fa fieure fuft comme celle que i'ay,
   Et comme de la mienne elle a la guerifon,
   En moy la guerifon fuft auffi de la fienne.
Si ie la lui donnoy, O qu'atort i'étrangeay,
   (Me diroit-elle alors) de moy toute raifon,
   Tant que me montray chiche à ton mal de la mienne.

Beaux étuis des beaux doits de ma belle maiftreffe,
   O gans, ô qu'il me plaift les foucis apaifer,
   Que pour elle ie pren, de voftre doux baifer,
   Ores que d'elle loin des leures ie vous preffe,
Ha, que ie deuroy bien vous faire autre rudeffe,
   Quand vous gardez la main, qui m'empefche d'ofer
   Metre la mienne au lieu, où ie fçay repofer
   Le gracieux repos de ma longue detreffe.
Mais ie ne pourroy pas en rien vous offenfer,
   Puis qu'elle vous auoue : & vous n'en pouuez mais
   Si vous gardez fa main contre mon heur rebelle.
Moy qui me plain de vous, ie n'oferoy penfer
   De refufer la garde (à qui ie me foumets)
   De fon amour, combien qu'elle me foit mortelle.

Las que fais-tu Madame ! où paffes-tu le tems ?
   Dis-tu point ? Pleuft à Dieu qu'ores en cefte place
   Le chetif, qui fe peine apres ma bonne grace,
   Fuft pour nous faire deux heureufement contents.
O fouuenir heureux, ô heureux paffetemps
   Où le iour peu m'ennuye, ayant toufiours ta face,
   Toufiours deuant mes yeux ! mais tout mon temps ie paffe
   Francine, trop heureux fi mon mal tu entens,

Ou pluſtoſt mon grand heur : car trop grand heur ie penſe,
  D'eſtre en peine pour toy pour ſi grand recompenſe,
  Que d'auoir ton amour, ineſtimable don.
Ie ſuis aymé de toy : ſi i'ay quelque detreſſe,
  Ce m'eſt heur de l'auoir pour ſi belle maiſtreſſe,
  Où l'honneur de ſeruir en ſeroit le guerdon.

Eſt-ce cet œil riant le ſoleil de ma vie,
  Flambeau duquel Amour allume ſon flambeau ?
  Eſt-ce cet or filé de ce beau poil ſi beau
  Qu'il decolore l'or du las d'or, qui le lie ?
Eſt-ce ce ris ſerain qui les ames deuie,
  Les bienheurant de l'heur d'vn paradis nôuueau ?
  Eſt-ce ce doux parler, dont le mieleux ruiſſeau
  Bagne l'eſprit tiré par l'oreille rauie ?
Qui m'ont amors, qui m'ont apaſté doucement,
  Qui m'ont ainſi lié plein d'ébaïſſement
  Dedans le gentil feu que Francine m'atiſe ?
Si c'eſt cet œil, cet or, ce parler ou ce ris,
  Au vray ie n'en ſçay rien : mais d'amour tout ſurpris
  I'en ſen la chaude flamme en mes veines épriſe.

Quelle eſt ma paſſion ? mais hay-ie ou bien aymé-ie ?
  Pourroy-ie bien haïr ce que tant ie deſire ?
  Pourroy-ie bien aymer cela qui me rempire
  Sans mercy mes ennuis, & d'vn ſeul ne m'allege ?
Qui me fait deſirer, ce qui mon bien abrege ?
  Et qui me fait aymer cela qui me martyre ?
  Ie ſen ce que ie ſen : & ne puis vous en dire,
  Sinon qu'vn mal ie ſen, qui ſans ceſſe rengrege.
Mais, qui ſouffre auiourdhuy paſſion plus diuerſe,
  Que celle qui mon cœur d'outre en outre trauerſe ?
  Pour Dieu voyez Amans que ma peine eſt cruelle !
Par force il faut haïr l'innocent, ſi ie m'ayme :
  Ou ſi ie veu l'aymer, faut me haïr moy-meſme :
  Quel conſeil puis-ie prendre en vne doute telle ?

Touſiours ſi pres ta douceur fuit ton ire,
  Ton ire fuit de ſi pres ta douceur,
  Que ie ne ſçay, lequel m'eſt le plus ſeur,
  Ou d'eſtre en ioye, ou me voir en martyre.
Si i'ay du bien, en ce bien ie fouſpire,
  Creignant bientoſt ta voyſine rigueur :
  Si i'ay du mal, i'eſpere ta faueur,
  Qui doit flater le mal qui me martyre.
Si i'ay du bien ie n'en iouis en rien,
  Ayant le mal de creindre pour ce bien,
  Le mal prochain qu'il faudra que i'endure.
En mon amour, le mal i'ayme donc mieux,
  Puis en mon mal ie me flate, ioyeux
  Du bien qui vient apres la peine dure.

Aneau, qui m'es plus cher que ce qui m'eſt plus cher,
  Pour t'auoir eu des mains d'vne qui m'eſt plus chere,
  Que ne m'eſt du ſoleil l'amiable lumiere,
  O quel plaiſir ce m'eſt des leures te toucher!
Aneau ie ne voudroy de mon doy t'arracher,
  Tant me plaiſt voir en toy mon amour couſtumiere :
  D'or, le metal plus pur, eſt ta pure matiere,
  Et de ma pure foy rien ne peut aprocher :
En parfaicte rondeur ta belle forme eſt faicte,
  Mon immuable foy eſt entiere & parfaicte :
  Ces mains tiennent vn cœur, Madame tient le mien :
Mais ſemblable par tout ma foy de toy differe,
  En tant que le feu peut te diſſoudre & deffaire
  Et dans le feu d'amour ferme ie l'entretien.

Helas, mon Tahureau, ſi amour quelque fois
  Dans ton cœur tendrelet a fiché ſa ſagette,
  Tahureau, ie te pry, deuant mes yeux, ne iette
  Les tiens ſur la beauté, de qui ſerf tu me vois.
Tu as la tienne à qui ton œillade tu dois :
  Regarde-la mauuais, el' languiſt la pauurete,
  Pour te voir trop laſſif embler mon amourete,
  Mais d'elle ny de moy l'ennuy tu n'aparçois.

Et tu t'oses vanter, voyre en nostre presence,
  De Madame auoir eu, tout ce que mien ie pense,
  Ie dy le seul guerdon d'estre ainsi langoureux :
Ie dy ce doux baiser, que sa langue emmielle,
  Le voulez-vous tous deux? au moins qu'on le nous cele.
  « Trop grief est le tourment des ialoux amoureux.

Ennuyé du trauail que ie souffre pour elle,
  J'estoy deliberé luy remontrer le tort,
  Le tort qu'elle me fait, me refusant la mort,
  Et deniant la vie, en son amour cruelle.
Mais si tost que ie fu deuant ma fiere belle,
  Elle ietta sur moy vn seul regard si fort
  Qu'il eust bien fait lacher, par son puissant effort,
  Le dard à Jupiter de sa main immortelle.
Ie m'arrestay tout court : son gracieux parler,
  Et de ses yeux brillans, vn clair estinceler,
  M'épama deuant elle en vne froide image.
Ie ne luy peu rien dire, & ne l'eusse voulu :
  Et depuis ce moment, qui à moy m'a tolu,
  Mon mal mon bien i'estime, & mon gain mon domage.

Guiterre, dous confort de ma peine cruelle,
  Qui romps tous mes soucis, & trompes doucement
  L'ennuy, que ie reçoy de l'amoureux tourment,
  A la mienne joignant ta plainte mutuelle,
Que n'ay-ie, moy chetif, pour donter ma rebelle
  D'vn Orphee la main, qui d'ébaissement
  Rauit les bois oyans, qui molit tendrement
  Le dur cœur de Pluton, iusqu'à rauoir sa belle!
A ma piteuse voix i'attramperoy tel son,
  Que ie pourroy gagner auecque ma chanson,
  Celle qui à grand tort contre moy se depite :
Et si ie la gagnoy, à mon dieu Cupidon,
  Amour l'enfant archer, ie t'apendroy pour don,
  Auec vn écriteau témoin de ton merite.

Me blame qui voudra de trop d'outrecuidance
 D'oſer pouſſer au iour ces écris amoureux,
 En l'honneur de Francine, où tant d'eſprits heureux
 Honorans leurs amours chantent par noſtre France.
Si me doy-ie enhardir, puis qu'en claire excellence
 Sur leurs dames reluiſt ſon printemps vigoureux :
 Et ce que de ſon feu ie chante langoureux,
 Auec eux ne creindray le metre en aparance.
Elle a dedans ſes yeux vne celeſte ardeur,
 Qui d'vn de ſes rayons, en diuine fureur,
 Vn eſprit le plus trouble empliroit de lumiere :
Et quand bien Apolon ma Muſe n'ayderoit,
 Ma belle au dernier lieu ne la deleſſeroit,
 Puis que le ciel l'a fait des dames la premiere.

Ne plorez plus mes yeux : rabaiſſez voſtre bonde,
 Pour retenir le cours de mon ſang qui s'enfuit :
 Ou bien, flámes du feu qui ma poitrine cuit,
 O ſoupirs, retenez voſtre angoyſſe profonde.
Soupirs, ſi vous ceſſez, poſſible dedans l'onde
 De mes pleurs, ſe noyra mon viure qui me nuit :
 Larmes, ſi vous ceſſez, tout en cendre reduit,
 Par le feu des ſoupirs, i'iray hors de ce monde.
Mais ny pleurs, ny ſoupirs, en moy vous ne ceſſez,
 Ny mon cœur, ny mes yeux, en repos ne laiſſez,
 Empeſchans de ſur moy d'entre vous la puiſſance.
Ainſi dans le tourment & de l'onde & du feu,
 Ie meur cent fois le iour, à cent mors cent fois deu,
 Pour n'auoir d'vne mort vne fois iouïſſance.

  Que t'ay-ie fait, ſinon que trop aymer,
   Qui ta rigueur ait ainſi deſſeruie ?
   De quoy peux-tu mon innocente vie,
  Sinon d'amour exceſſiue, blámer ?
  Mais ſi c'eſt mal, tu me vins enflámer :
   Sot, ie la boy, & tu ſis la folie.
   Si ce n'eſt mal, pourquoy languiſt punie
  Mon innocence, en tourment ſi amer ?

Cruelle, mais que pourrois tu pis faire
 A l'ennemy, quand tu es si contraire
 A celuy la qui te veut plus de bien?
Quoy? est-ce cy la recompense belle
 De l'amitié d'vn amant trop fidelle,
 Qui t'aimant trop n'aime ny soy ny rien?

Las ie me meur, las ie me meur, cruelle!
 Autre que toy sauuer ne me pourroit:
 Sauue moy donc : Quel bien t'arriueroit
 Si ie mouroy par ta coulpe, ô rebelle!
Laisser mourir, mourir de façon telle
 Celuy qu'vn rien de la mort recourroit,
 Ton seruiteur, celuy qui ne mourroit,
 Si ton amour ne luy estoit mortelle?
Donne moy donc, donne moy donc ce bien,
 Qui ne lairra pour ce moins d'estre tien,
 Bien que de gré ta grace me le donne.
Tout tien ie suis : & si fort n'est à toy
 Ce qui est tien que ce qui est à moy :
 Seras-tu chiche à ta propre personne?

Somme, que ie te hay, vray frere de la mort,
 Qui mes sens assoupis ennubles de ta nue,
 Lors que plus ententif, penser ie m'éuertue
Mon doux mal : & du mal mon plus doux reconfort.
C'est grand heur de sentir d'vne beauté l'effort,
 Qui doucement fait viure & plus doucement tue :
 Mais celuy ne sçait pas, qui cette cy n'a vue,
Comme Amour sauue & tue, ensemble rit & mord,
Ce bon-heur ie reçoy, quand ie suis deuant elle,
 Qui me blesse & guerist, tost douce, tost cruelle :
 Voire absent i'ay cet heur d'vn penser gracieux,
Quand ie pense en veillant, tantost sa belle face,
 Tantost son doux parler, tantost sa bonne grace :
 Mais somme de mon heur tu m'es seul enuieux.

Ian de Baif. — I.

Toufiours l'efté bruflant ne tarifl les fontaines,
  Ny les pluies toufiours ne deualent des cieux :
  Mais iamais de plorer ne prennent fin mes yeux,
  Ny mon cœur de brufler de flammes inhumaines.
Mille penfers trompeurs, mille efperances vaines,
  Me forcent à cherir ce malheur ennuieux,
  Et me trompent fi bien que rien ie n'aime mieux,
  Que de fouffrir fans fin pour vn bien mille peines.
Pour vn bien, que me garde vne Maiftreffe riche,
  Qui me le peut donner, mais qui en eft fi chiche
  Qu'en vain (ie le fçay bien) i'efpere de l'auoir.
Si l'efpere-ie auoir : &, bien que tard, ie penfe
  Auoir de mon malheur l'heureufe recompenfe :
  Ainfi ie ne me puis de mon mal demouuoir.

Ny m'efloigner du long des plus lointains riuages,
  Ny par les monts deferts, tout feulet, m'efcarter,
  Ny dans les bois obfcurs tout le iour m'arrefter,
  Ny entrer dans les creux des antres plus fauuages,
Ne m'oftent tant à moy, que de toy mille images
  Ne viennent à mes yeux par tout fe prefenter,
  Où que ie foy caché, me venant tourmenter,
  Naurans mes yeux de peur, mon cœur de mille outrages.
Si l'œil ie iette en l'eau, dedans l'eau ie te voy,
  Tout arbre par les bois me femble que c'eft toy,
  Dans les antres, aux monts, me recourt ton image :
Or il faut bien qu'Amour foit aiflé comme on bruit,
  Quand par tout où ie fuy, leger il me pourfuit,
  Toufiours deuant mes yeux remetant ton vifage.

Comme l'homme feru d'vn chien qui a la rage,
  Quoy qu'il face, où qu'il foit, tout par tout penfe auoir
  Le chien deuant fes yeux : toufiours le cuide voir,
  Soit au lieu frequenté, foit au defert fauuage :
Tout ainfi moy, qu'Amour bleffa d'vn beau vifage,
  (Dont i'ofay, mal acort, dans mon cœur receuoir
  Le portrait mon meurdrier) ie ne puis me mouuoir,
  Que n'auife par tout, ce qui fait que i'enrage.

Soit que ie foy veillant, par tout celle ie voy
 Qui caufe ma fureur, & dans ce que ie boy,
 Et dans l'air, & dans l'eau qui coule en la riuiere :
Soit qu'vn trifte fomeil me ferme les deux yeux,
 En fonge, à mon grand mal, ie la voy toufiours mieux :
 Et ma rage fe fait toufiours toufiours plus fiere.

Quand i'aurois autant d'yeux, qu'on voit d'aftres en haut,
 Flamber au ciel ferain, ie ne pourroy comprendre,
 Tant & tant de beautez, qui me viennent furprendre,
 Voire qui furprendroyent l'Vlyffe le plus caut.
Quand cent bouches i'aurois, & cent langues dedans,
 Si ne pourroy-ie pas me faire affez entendre
 Criant tous les tourments, dont ne puis me defendre :
 Amour m'allume au cœur mille braziers ardans!
Cent oreilles cent fois ne te pourroyent fufire,
 Francine, à bien ouïr le mal que i'ay pour toy,
 Ny dix mille yeux à voir mon infiny martyre.
Quel loyer doy-ie donc attendre de ma foy,
 Puis que ma grande amour nous garde, moy de dire,
 Combien eft grand mon mal, toy de l'ouïr de moy ?

 Las, ny pour moy les Zefirs ne ventellent :
  Las, ny pour moy ne gazouillent les eaux :
  Ny pour moy, las, maintenant les oyfeaux
  Se degoifans plaifamment ne querellent.
 Ce n'eft pour moy que les prez renouuellent :
  Ny de verdeur pour moy les arbriffeaux
  Ne parent pas leur fleuriffans rameaux :
  Aux champs pour moy les cheureaux ne fautelent.
 Ny le berger de fes gayes chanfons
  Sur fon flageol ne reueille les fons,
  Pour moy, chetif, que nul plaifir ne flate.
 Mais, fans auoir confort de mes douleurs,
  I'vfe ma vie, en cris, foufpirs, & pleurs,
  Fait feruiteur d'vne maiftreffe ingrate.

Les beaux yeux, qui au cœur me blesserent, de sorte
    Qu'eux mesmes gueriroyent la playe qu'ils m'ont faite :
    Et non medicament, ny nul art de Tolete,
    Ny pierre qu'à nos ports des Indes on aporte :
M'ont fait sentir l'effet de leur puissance forte,
    Tel que mon ame serue & de son gré sugette,
    Toute à leur playe entend : & faut, de la pauurette,
    Que pour vn seul penser, tout autre penser sorte.
Ce sont ces beaux yeux-cy, qui font victorieuses,
    D'amour en tout endroit les belles entreprises,
    Mais dans mon gauche flanc bien plus qu'en autre place.
Car de ces beaux yeux-cy les flámes gracieuses,
    Furent si doucement dedans mon cœur éprises,
    Que de les rechanter iamais ie ne me lasse.

    Pour tes beaux yeux ie suis en ce tourment,
        O inhumaine, ó cruelle meurdriere !
        Pour tes beaux yeux, ma felonne guerriere,
        Du feu ie n'ay relache vn seul moment ?
    Ie mourray donc, meurdriere ? mais comment ?
        Souffriront bien tes yeux de leur lumiere
        Me voir mourir, sans reflechir arriere ?
        Souffriront-ils que meure les aimant ?
    Ie mourray donc ? & ta felonne vuē
        Tu souleras de ma vie perduē ?
        Ie mourray donc ? Ie veu mourir aussi :
    Ie veu mourant faire mourir ma peine.
        Si i'en ay dueil c'est pour toy, inhumaine,
        Qui me pers tien, & du tien n'as souci.

    I'ay blasphemé meurdriere te nommant,
        Et toutesfois sans fin tu me martires,
        Et toutesfois de gennes tousiours pires
        Mon cœur tu viens sans cesse consumant.
    Bien, i'ay cessé de t'aller blasphemant :
        Douce, benine, apaise donc tes ires :
        Les apaisant més fin à mes martyres :
        Fay qu'à bon droit ie cesse te blasmant.

Quoy ? toufiours donc tu te montres plus fiere,
  Et n'oferay t'appeler ma meurdriere,
  Bien qu'à ton fait le nom ne foit egal?
Quoy ? toufiours donc ie languiray ? Quoy fiere ?
  Ie n'oferay t'appeler ma meurdriere ?
  Ie n'oferay me plaindre de mon mal ?

Dame, ou vien guerdonner d'vne amour mutuelle,
  Mon amour enuers toy, t'acordant de m'aimer :
  Ou fi tu ne veux pas d'vne amour t'enflâmer,
Me faifant te hayr, foy moy du tout cruelle.
Ainfi ie te prioy quand tu choifis, rebelle,
  Me faire te hayr, commençant à changer,
  Et propos & maintien, à fin de m'eftranger
De l'amour qui m'obftine enuers toy, fiere belle.
Mais ô doux fier maintien ! O douce cruauté !
  O peu cruelle grace, en fi douce beauté !
  Las, que tu forçois bien ta grace naturelle !
Onc ie ne t'aimay tant. Puis que donc tu ne peux
  Me faire te hayr, faifant l'autre des deux,
  Guerdonne mon amour d'vne amour mutuelle.

Songe heureux & diuin, trompeur de ma triftefſe,
  O que ie te regrette ! ô que ie m'éueillay,
  Helas, à grand regret, lors que ie deffillay
Mes yeux, qu'vn mol fomeil d'vn fi doux voile prefſe.
P'enferray bras à bras nu à nu ma maiftrefſe,
  Ma iambe auec fa iambe heureux i'entortillay,
  Sa bouche auec ma bouche à fouhet ie mouillay,
Cueillant la douce fleur de fa tendre ieunefſe.
O plaifir tout diuin ! ô regret ennuieux !
  O gracieux fomeil ! ô reueil enuieux !
  O fi quelcun des dieux des amans fe foucie !
Dieux, que ne fiftes vous, ou ce fonge durer,
  Autant comme ma vie, ou non plus demeurer,
  Que ce doux fonge court, ma miferable vie ?

Amour de ſes beaux yeux les éclairs m'atiſoit,
  Faiſant ſi doucement mouuoir leur clarté belle,
  Que depuis ie n'ay peu la voir encores telle,
  Comme douce vers moy lors elle reluiſoit.
Sa cheuelure d'or en ondes ſe friſoit,
  Voletant au Zefir, qui mollement ventelle :
  Son angelique voix n'eſtoit choſe mortelle,
  Ny mortel le propos dont elle deuiſoit.
Ie ne ſçay ſi c'eſtoit choſe vraye ou menſonge,
  Ce qu'à l'heure ie vy : mais ie fu deſſus l'heure
  Hors moy-meſme rauy de diuine ſplendeur.
Et ſoit qu'il fuſt ainſi ou que ce fuſt vn ſonge,
  Vrayement ie fu pris : & faudra que i'en meure
  Vrayement conſumé dans cette folle ardeur.

Le dieu Mome chagrin admiroit de Francine,
  Tót les yeux azurins, deux aſtres amoureux,
  Tót de ſon teint vermeil le naif vigoureux,
  Tót de ſon front benin la mageſté diuine,
Tót de ſes beaux ſourcis la courbure ebenine,
  Tót ſon ris, qui me fait heureux & malheureux,
  Malheureux, s'elle rit de me voir langoureux :
  Heureux, s'elle me rit d'vne faueur benine :
Tantót ſa douce bouche & ſon diuin parler,
  Tót ſon corſage beau, tantót ſon bel aller,
  Ses bras, ſes belles mains, ſon ſein, ſa gorge tendre :
Quand ſe tournant vers moy, ſi à ta loyauté,
  Elle n'vſoit (dit-il) de ſi grand' cruauté
  Sur elle tout confus ie n'auroy que reprendre.

Bellay, d'Aniou l'honneur, ains de toute la France,
  A qui tout l'Helicon s'étale tout ouuert :
  Si en vers amoureux tu nous as decouuert,
  Quelque flamme d'amour, d'vne claire aparance.
Si d'Oliue le nom metant en cuidance
  Des branches d'Oliuier ton front tu as couuert,
  Oſant le faire egal au Lorier touſiours verd,
  Ne dedagne écouter ces ſouſpirs que i'eſlance,

Ne dedagne œillader ces vers, que sur le Clain
 Amour me fait écrire en l'honneur de Francine,
 Et, si quelque pitié touche ton cœur humain
Sur les bords ou du Tybre ou de l'eau, dont l'humeur
 Premiere m'abreuua, fay que ta voix diuine
 Les Nymphes d'Italie émeuue en ma faueur.

Amour, las de naurer les hommes & les dieux,
 Vn iour se reposoit dessous vne Aubespine,
 Où le somme le prit : Il fut veu de Francine,
Comme il ronfloit bouché d'vn bandeau sur les yeux.
D'aguet elle s'aproche, & se gardant le mieux
 Qu'ell' peut de l'éueiller, prend dessus sa poitrine
 Son arc encor tendu : & de sa trousse orine
Ayant pris tous ses traits, s'enfuit le cœur ioyeux :
Et l'éueille de loin des brocars qu'ell' luy iette :
 Amour se voit sans arc, son carquois sans sagette,
 Il voit sa larronnesse, & n'ose s'en douloir,
Tant luy mesme creint l'arc, dont les autres il donte :
 Amour demeure ainsi nu d'armes, plein de honte,
 La cruelle en moy seul ses armes fait valoir.

O moment trop heureux, où ie vy decouuerte
 Sa cheuelure d'or ! Mais, ô moment heureux,
 Iouissant d'vn tel heur, moy bruslant amoureux,
I'ay dedans leurs filets de mon ame fait perte.
O qu'heureux ie pâmay, baisant à bouche ouuerte
 Les liens de ma vie ! O plaisir doucereux,
 Voir comme elle estendoit gentiment dessur eux,
Vn propre scofion ouuré de saye verte !
O que ie fus heureux de la voir recoifer,
 De la voir gentiment son beau chef atifer,
 De mordre le fin bout de sa mignarde oreille !
Non autrement Adon mignardant sa Venus
 Se pâme de plaisir, lors que ses cheueux nus
 Decoifee elle agence en plaisante merueille.

Celle, qui à ſoy ſeule, à nulle autre ne ſemble,
  Par ne ſçay quel deſtin, deuant moy ſe trouua,
  Et nul premier que moy vrayement n'éprouua
  Quelle puiſſance auoyent tant de graces enſemble.
Si toſt que ie la vy, hors de moy mon cœur s'emble,
  Qui rauy par mes yeux à ſes yeux arriua,
  Et du tout me laiſſant, de ſoy il me priua :
  Tout amour en ſon lieu dedans mon flanc s'aſſemble.
Ie ſen mille amoureaux en ſa place grouler,
  Et mille par mes yeux ie ſen touſiours voler
  Vers mon cœur, luy offrans de luy rendre ſa place :
Le traitre n'en tient conte, & ne veut retourner :
  Felon à ſon ſeigneur, ne veut abandonner
  La dame qui le tient, pour grace qu'on luy face.

  Non en vain, non, au haut d'vne montagne,
    Les anciens ont logé la vertu,
    Qu'il faut gagner par maint monſtre abatu,
  Qui le chemin de noble ſang enſagne.
  Nul ſans trauail vn braue honneur ne gagne,
    Nul ſans peiner vne grandeur n'a u :
    Et toy mon ame oiſiue cuides-tu
  Auoir tant d'heur ſans laiſſer la campagne ?
  Endure, ſouffre, & cele ta langueur,
    Obſtine toy, roidy ſous la rigueur,
    Par qui Francine a le nom de cruelle.
  Ie voy le iour, que douce elle te met
    Aiſe & contant au plus heureux ſommet,
    Où puiſſe ateindre vn ſeruiteur fidelle.

  Mon dieu, que c'eſt vne plaiſante peine,
    Que ſe pancher ſous le ioug amoureux !
    Mon dieu que c'eſt vn tourment bien heureux,
  Que de languir ſous vne Dame humaine !
  O que l'amant ſon viure heureux demeine
    Heureuſement, qui du miel douceureux
    (Ayant eſté tout vn iour langoureux)
  D'vn doux baiſer comble ſa bouche pleine ?

Ie le sçay bien : ce soir d'vne faueur,
 Ma dame douce a guery la langueur,
 Où tout le iour m'auoit tenu sa grace.
Il faut pener d'vn languissant desir,
 Pour mieux gouter tant sauoureux plaisir :
 « Qui sçait le bien qui par le mal ne passe ? »

Souuent, Ronsard, pour l'amitié sincere,
 Qui nous conioint, tu dis m'amonnestant,
 Qu'en mes amours ie ne decoure tant
De mon sçauoir, que ie pourroy bien faire.
Las amy las, las de quelle matiere
As tu le cœur, si Cupidon autant
 Qu'il fait mon cueur, le tien est pincetant,
 Et tu flechis si doctement ta fiere ?
Mais i'oubly tout, tout ce que ie sçauoy,
 Tout ce qu'apris par la Muse i'auoy,
 Et semble encor qu'elle me fuit depite.
Et le Garçon, qui à ses pieds soumét
 Mon chef foulé, chanter ne me permét,
 Que comme enfant, ce qu'enfant il me ditte.

Non tant heureux n'est pas aux champs Elysiens,
 Le plus heureux Heros auec son Heroine,
 Sous les ombrages frais de la forest Myrtine,
 Sauourant les douceurs des dons Veneriens :
Que ie fu receuant le comble de tous biens,
 Quand i'eu tant de faueurs de ma douce Francine,
 Que sucer le nectar de sa bouche ambrosine,
 Posant mon chef heureux dessus les genoux siens.
Me mirer de ses yeux dedans la clarté verte :
 Baisoter tout mignard sa gorge decouuerte :
 Engouler son tetin, me rendent bien heureux.
Mais ainsi l'auoir vuë, au momon hazardante
 Son cœur contre le mien d'vne amour euidante,
 Me fait le plus heureux des heureux amoureux.

             8*

Ma dame en vn iardin amaſſoit des fleurettes,
 Pour en faire vn bouquet, & tapy ſous les fleurs
 Amour elle trouua, qui verſant tiedes pleurs,
 Seulet contre Venus pouſſoit plaintes aigrettes.
Ma mere tu te dis, Mere des amourettes,
 Mais la mere pluſtoſt tu es de tous maleurs,
 Quand chagrine touſiours tu remés tes douleurs,
 Sur moy qui n'en puis més, & que ſi mal tu traittes.
Ce diſoit Cupidon de Venus ſe plaignant,
 Quand de ſes belles mains Francine l'empoignant,
 Le nicha dans ſon ſein. Amour dedans ſe ioue͏̈,
 Et s'eſcrie en ces mots : Ma mere tu n'es plus,
 C'eſt Francine qui l'eſt : Cherche belle Venus,
 Cherche vn autre que moy qui ton enfant s'auoue͏̈.

Quelcun liſant ces vers renfroignera ſa mine,
 En diſant que ie per le temps bien follement,
 D'employer mon eſtude à ſi bas argument,
 Faiſant de choſe humaine vne choſe diuine.
Mais qu'il s'en vienne voir les graces de Francine,
 Et ie ſçay bien alors, plein d'ébayſſement,
 Il me confeſſera : Ie ne penſoy vrayment,
 Que de ſi grand' beauté noſtre terre fuſt dine.
Et me dira, Pauuret, la charge que tu prens,
 Pourroit bien de ſon faix acabler les plus grans,
 Et pourroit bien forcer les plus forts de ſe rendre.
Toucher à ceſt honneur Petrarque n'oſeroit,
 Homere ny Virgil ſufiſant n'y ſeroit :
 Or en œuure ſi grand c'eſt aſſez d'entreprendre.

 De mon amour qui n'eſt imaginee
  Par vn heur feint le mal n'eſt adouci.
  C'eſt trop languir pour vn don de merci :
  N'abuſe plus mon ame forcenee.
 Aſſez & trop elle s'eſt obſtinee
  Pour te gagner : aſſez plein de ſouci,
  Ars aux glacons, au feu me ſuis tranſi,
  Pour ton amour en debas demenee.

Si ie te play, di-le moy sans delay.
  Ce n'est pas moy, qui, d'amour sur-humaine,
  Aime en Idee, entrepris ie ne l'ay.
Me blasme donc qui m'en voudra blasmer.
  Si lon ne m'aime amour me donte à peine,
  Aussi r'aimé ie sçay bien contr'aimer.

Nymphette Iobertine, ô si tu as fait preuue
  Quelque fois de l'amour, fourny moy de ton eau,
  Pour rafraichir le feu qu'Amour de son flambeau
Allume dans mon cœur, par vne œillade neuue.
Las, si quelque secours dedans les eaux se treuue
  Contre le feu d'amour, d'vn remede nouueau
  Esteindre ie le veu, tarissant ton russeau,
Qui ces prez florissans de tes ondes abreuue.
Plustost que mon ardeur ie ne puisse alleger,
  De ton eau iusqu'au bout ie me veux engorger :
  Voire iusqu'à tarir ta source parannelle.
Nymphe, que di-ie helas! Cuidé-ie consumer
  De vostre onde le feu, qui pourroit alumer,
  Dans vos plus froides eaux, la Nymphe plus rebelle!

Vn soir Amour voulant d'aguet me faire sien
  De celle à qui ie suis delaça la coiffure,
  Et fit pendre alentour sa belle cheuelure,
Puis dans ses yeux se mit le traistre Cyprien.
Elle de ses beaux doits destordant le lien,
  Renoüa ses cheueux en belle entrelassure,
  Et mon ame dedans. Tandis mainte blessure
Se faisoit à mon cœur, non, mais sien, non plus mien.
Tant de traits ce faux dieu (qui fut en embuscade
  Caché dedans ses yeux) dans mon cœur débandoit
  Par mille & mille éclairs dardez de son œillade.
Mon cœur souspirotant dans ma froide poitrine,
  Mon ame retenuë en vain surattendoit,
  Et mes yeux languissoyent sur les yeux de Francine.

Si ie pouuoy vous deceler ma peine,
　　Vous lacheriez bien toſt voſtre rigueur :
　　Vrayment bien toſt vous me rendriez mon cœur,
　　Ou pour le moins luy ſeriez plus humaine.
De tant d'ennuis ma triſte vie eſt pleine,
　　Pour vous aymer, que d'vn an la longueur
　　Me defaudroit à conter ma langueur,
　　Euſſé-ie encor de tous les vents l'aleine.
Grand eſt mon mal, grande eſt voſtre rigueur,
　　Mais bien plus grande eſt ma chaude langueur.
　　O que ie puſſe à nù vous la décrire !
Ie ſuis certain que mon mal moliroit
　　De ſa rigueur la rigueur de voſtre ire,
　　Qui tel qu'il eſt vous le découuriroit.

Ie ne le puis, ny ne voudroy pouuoir,
　　Vous deceler la peine que i'endure :
　　Puis qu'il vous plaiſt, bien qu'elle ſoit bien dure,
　　Ie ne voudroy, Madame, ne l'auoir.
De la montrer ie feroy mon deuoir,
　　(Car vn grand feu ne cele ſon ardure)
　　Mais ie m'en tien : par ce que ie m'aſſure,
　　Que vous plaiſez en tel eſtat me voir.
Puis que mon mal, Dame peu pitoyable,
　　Comme ie voy, vous eſt tant agreable,
　　Ie ne voudroy vous prier de mon bien.
Ie ne voudroy en mon humble requeſte,
　　Quand ce ſeroit pour mon grand heur, en rien
　　Contant mon mal vous en rompre la teſte.

Sophiſtes vous mentez, qui dites que l'amour,
　　Eſt vne paſſion dedans vne ame oiſiue :
　　Sophiſtes vous mentez : car eſt-il rien, qui viue
　　Plus franc d'oiſiueté, par tout ce bas ſeiour,
Que l'eſprit d'vn amant ? qui, veillant nuit & iour,
　　N'euite nul trauail, de tout repos ſe priue,
　　Vogue par mille mers, iamais ne vient à riue,
　　Mille perils diuers eſſaïe tour à tour.

Au contraire dans moy, qui oisif souloy viure,
  Amour, depuis qu'il m'a commandé de le suiure,
  Recueille mes espris paresseux parauant.
Depuis éclercissant de sa luisante flâme
  La sommeilleuse nuit, où languissoit mon ame,
  Mille gentils pensers me fait mettre en auant.

O si mon dur destin permettoit que ma vie
  Sauue se peust trainer par telle maleurté,
  Iusqu'à voir de tes yeux éteinte la clarté,
  La rose de ton teint en lis blesme fletrie :
Ta cheuelure d'or en argent deblondie :
  Iusqu'à te voir quiter auecques ta fierté,
  Tous ces mignots atours, ce verd de gayeté,
  Et ces abits seans à ton âge fleurie.
O s'amour me donnoit, à tout le moins, le cœur
  De te representer ta cruelle rigueur,
  Dont tu aurois traité, mes ans, mes iours, mes heures :
Lors si le tems estoit contraire aux beaux desirs,
  Qui somment les amans aux amoureux plaisirs,
  Ie ne croy pas qu'au moins soupirant tu ne pleures.

De ce petit tableau, en qui vit ma peinture,
  Ie t'étreine, Francine : & iamais nul portrait
  Ne suiuit mieux du vif, & le teint & le trait,
  Qu'on peut voir ma semblance en cette portraiture.
I'ay blême la couleur, palle est cette figure :
  Elle n'a point de cœur, le mien tu m'as soutrait :
  Elle ne parle point, & moy ie suis muet
  Si tost que ie te voy, miracle de nature.
Mais semblables en tout nous differons d'vn point :
  Car de si âpre flamme il ne bruslera point,
  Comme est âpre le feu, qui dans moy vient s'éprendre,
Ou s'il s'y éprenoit (comme rien ne pourroit
  Se sauuer de ton feu) c'est qu'il ne demourroit
  Si long tems en langueur, mais s'en iroit en cendre.

Mais que me vaut en amour periſſant
    Blâmer les cieux de ma triſte naiſſance,
    Et maugreer des grands dieux la puiſſance,
    Si ie ne ſuis de rien moins languiſſant?
Si pour mes cris, de leur courroux puiſſant
    Ie n'en ſen pas l'amiable vangeance :
    Si de leurs feus la iuſte violance,
    Deſſus mon chef ne chet me puniſſant ?
Que pluſt aux dieux, que, vangeans mes blaſfemes,
    Ils miſſent fin à mes peines extremes,
    Me renuerſans de leur foudre là bas.
Ah! ie cognoy qu'il n'en font point de conte,
    Eſtans vengez par le mal qui nous donte,
    Et nous fait pis que cent mille treſpas.

Cette belle ennemie, & d'Amour, & la mienne,
    Sans treue nous guerroye. Amour en vain l'aſſaut :
    Car elle de ſes traits rebouchans ne ſe chaut,
    Se fiant au bouclier de la chaſteté ſienne.
Et combien que mes coups plus forte elle ſoutienne,
    Outre ſe depitant en ſon courroux plus chaut,
    Mille coups me redouble ; & contre elle peu caut,
    Eſtant vaincu, i'atten que ma reuanche vienne.
Amour, comme faché de n'en eſtre vainqueur,
    Ainſi qu'à ſon ſoldat me hauſſe tant le cœur,
    Qu'encor (eſtant vaincu) i'eſpere la victoire.
Mais ſuis-ie pas bien ſimple en ce foible combat,
    Que d'eſperer honeur, où le dieu qui abat
    Sous ſoy les autres dieux n'a ſceu garder ſa gloire?

L'effét de deux beaux yeux Amour m'a fait ſçauoir,
    Par leſquels il me tue : & ſi ie m'en lamente,
    Au lieu de me guerir au double il me tourmente :
    I'en meur, & ſi ie fein de nul mal n'en auoir.
Vn ſeul rayon ietté de ces yeux a pouuoir
    D'atiedir en printems la ſaiſon plus gelante :
    Leur dame a tel orgueil en ſa grace excellante,
    Qu'ell' ſe deplaiſt de plaire à qui oſe la voir :

De ce dur Diamant, qui tout son cœur emmure,
  Ie ne puis rien oster, quelque mal que i'endure :
  Le reste de son corps, c'est vn marbre viuant,
Si sçais-tu bien Amour, que iamais ma maistresse,
  Ne pourra m'empescher, pour toute sa rudesse,
  Que ie n'espere mieux, mon doux mal poursuyuant.

Mon dieu ie m'ébay, comme ainsi d'vne glace
  Peut naistre vn feu si chaud : comme si chaude ardeur
  S'allume extremement d'vne extreme froideur ;
Sans que le glas moins froid, le feu moins chaud se face.
Plus i'échaufe mon cœur, plus le tien ie renglace :
  Plus tu geles le tien, plus tu brusles mon cœur :
  O fiere mon amour, plus fiere ta rigueur !
D'vn froid & chaud extrême vne tiedeur compasse.
Dame, ie ne croy pas que tu n'endures mal.
  Dedans cette froideur, au mien presques egal :
  Si tu n'as soin de moy, ayes soin de toy-mesme.
Mais tu ne sens nul mal : en vain ie dy cecy.
  Quel mal pourroit sentir celle à qui sont ainsi
  Tous les sens empeschez d'vne froideur extrême ?

  Qui veut cueillir de la rose la fleur,
    Sans le danger de la ronce épineuse :
    Et sans souffrir la piquure saigneuse,
  Qui veut serrer l'abeilline liqueur ?
  Premier il faut passer par sa rigueur,
    Premier il faut la sentir dedaigneuse,
    Que de sentir sa dame mielleuse,
  Que de gouter tant exquise douceur.
Apres auoir souffert mainte pointure,
  Mainte amertune & mainte rigueur dure,
  L'heure viendra, qui hors de ces maleurs
Te fera dieu, quand tu prendras la rose
  De son printems : quand à bouche declose
  Tu te paitras du miel de ses douceurs.

Et bien heureux l'ombrage, où Madame est couchee:
Et l'herbe bien heureuse, où son corps elle étand :
Et l'arbre bien heureux, qui dessus elle tand
De ses rameaux fueillus la verdure panchee.
Bien heureux l'air qui bruit sa voix emmiellee :
Et plus heureux encor celuy la qui l'entant.
Soit qu'elle parle à luy, soit qu'elle aille chantant
Quelque chanson d'amour, que i'aye façonee.
Bien heureux le Zefir qui alene son teint :
Bien heureux l'oysillon, qui deuant elle pleint
L'amour, qui me tourmente absent de la cruelle.
Bien heureux ces beaux chams, bien heureux tout cela
Qui en ces chams demeure, & la voit par delà :
Moy malheureux icy pour estre éloigné d'elle.

Le tonnerre du ciel vos deux testes acable,
Malheureux, qui deuez tout mon heur receuoir :
Que iamais vos maisons vous ne puissiez reuoir,
Acheminez aux chams sous destin miserable.
Vous allez voir Madame : elle donc, amiable,
Vous viendra recueillir? & ie ne l'iray voir,
Pour la crainte de vous? Ne pouuez vous sçauoir
L'vn & l'autre combien luy est desagreable?
Elle me l'a bien dit : mais (ô trop cher honeur!)
Elle ne vous pouuoit refuser mon bon heur.
« O fausse Opinion des hommes tromperesse!
Tu fais qu'icy seulet, remply de triste soin,
Comblé de tout malheur, de tout heur mis au loin,
Ie meur, tandis qu'vn autre est pres de ma maistresse. »

Helas, que ie suis las de repenser, comment
De tant de vains pensers n'est lasse ma pensee!
Et comment ma poitrine encore n'est lassee
De tant de vains souspirs, en si cruel tourment!
Comment ma foible main d'escrire incessamment
Tant de diuers discours de mon ame étonnee :
Comment ma pauure langue, en son mal obstinee,
De crier tant d'ennuis n'est lasse nullement :

Comment mes pieds ne font tous recreus de te fuiure,
　Perdans fans nul profit leurs miferables pas :
　Comment, veu mon malheur, ie ne fuis las de viure.
Moy las de viure, & toy comment tu n'es point laffe,
　(Comme par ta rigueur de viure ne fuis las)
　De me faire mourir par faute de ta grace!

Petis coufins aiflez, ô d'amour les trompettes,
　Qui la nuit trompetans tout alentour de moy,
　Me reueillez enfemble auecques mon émoy,
　Allez, trauerfez l'air, déployez vos aiflétes.
Volez, & fi d'amour quelque conte vous faites,
　Faites conte, oyfelets, pour ma fi rare foy,
　De ce que ie vous veu. Si tant d'heur ie reçoy,
　Les bons heraus d'amour à tout-iamais vous eftes :
Allez pres de Poytiers, fur vn valon pierreux,
　Droit au dos d'vn coutau, qui fur vn champ regarde :
　Portez à ma Francine vn meffage amoureux.
De ce mot dans fon lit allez la reueiller,
　(Pour guerdon baifez-la, O quel malheur m'en garde!)
　Baïf pour ton amour ne fçauroit fommeiller.

Francine aquiton-nous, pour ta fanté renduë,
　Aux dieux de noftre veu. Nuls autres ioyaux tels,
　Si riches ne fi beaux n'honorent vos autels,
　Que cette ofrande (ô dieux) qu'elle vous a tonduë.
Du cœur que vous auez ma priere entanduë
　Prenez ce veu de nous, dieux benins immortels,
　De nous prenez ce veu, de nous pauures mortels,
　Qui fans voftre fecours la vie auions perduë.
Baif pour fa Francine, ayant eu fon recours
　Avs neuf feurs & leur dieu, deux braffelets leur voué
　Retors de ces cheueux, s'il gaignoit leur fecours.
Francine fe guerift, tond ces cheueux, & d'eux
　Levr tord ces braffelets : Baïf le faint cœur louë,
　Vne vie fauuant d'en auoir fauué deux.

　　Ieαn de Baif. — I.　　　　　　　　　　　9

Heureux les pignes chers qui ces cheueux pignerent,
   Qu'vne main blandiſſante aplaniſſoit en bas :
   Heureux leurs ſcofions, & bien heureux leurs las :
   Heureux le digne chef que ces cheueux ornerent :
Heureux les doits mignons, qui à l'or les donnerent :
   Heureux l'or, qui les lie en egaux entrelas,
   Or, qui en eſt orné & ne les orne pas :
   Heureux les doux ciſeaux qui pour moy les roignerent.
Heureux le iour ſerain, qu'ils furent cordonnez
   En ces deux braſſelets, doux liens de ma vie :
   Et le beau iour heureux qu'ils me furent donnez,
Ou que leur fu donné : mais moy bien plus heureux,
   Que cet heureux lien ſi heureuſement lie,
   Dans l'heureuſe priſon des heureux amoureux.

Doux liens de mes bras, braſſelets, que Francine,
   A tors de ſes cheueux, d'or filé meliez,
   Pour dedans me lier : beaux cheueux déliez,
   Heureux l'heur qui me fait de vos doux liens dine.
Beaux cheueux tortillez d'entrelaſſure orine,
   Vous eſtes à cet or gentiment alliez,
   L'ornement de grand pris de l'or que vous liez,
   Comme d'vn aneau d'or quelque emeraude fine.
Bien que ſoyez oſtez d'auec vos compagnons,
   Pour en lier mes bras, pourtant n'ayez enuie,
   Si vos freres aymez reparent ſon beau chef.
Ils deuiendront chenus, mais vous mes chers mignons,
   Receurez de mes vers vne immortelle vie,
   Qui vous garentira de ce triſte mechef.

Eſperon mieux mon cœur, puis que i'ay ce beau gage,
   De l'amour de Francine. O braſſelets aimez,
   Ça ça que ie vous baiſe, ô cheueux embamez,
   Puis que vous me donnez ce bien heureux preſage.
Mon cœur eſperon mieux d'vn plus certain courage.
   « *Par ceux qui ſont d'amour vrayement enflammez,*
   « *Et qui d'vn trait heureux ont les cœurs entamez,*
   « *Ne peut s'éſperer tant qu'ils n'ayent d'auantage.*

Esperon mieux mon cœur. Qui est ce qui dira
  Que Francine ne m'ayme, & qui d'auoir eu d'elle
  Vne telle faueur iamais s'orgueillira?
Mon cœur esperon mieux : Il est bien malheureux,
  « Qui vit en desespoir obstinément fidelle :
  « Malheureux qui n'espere & qui est amoureux.

Me téray-ie de vous? non, ie ne puis m'en taire,
  Brasselets, mon confort : car ie vous ayme tant,
  Que du plus beau ioyau, que ie visse éclatant,
  Ie ne pourroy iamais si grande estime faire.
Brasselets, si ie suis quelque fois solitaire,
  Vous baiser, beaux cheueux, Francine regretant,
  Vn tel plaisir me donne, & me console autant,
  Comme tout mon desir en vne autre parfaire.
Et quoy, si ie la baise? & quoy, si tant ie puis
  Quelque fois que de gré sa grand douceur éface,
  D'vn doux contentement tous mes passez ennuis.
Et l'heur d'Endymion, & l'heur d'Iasion,
  A mon heur cederont, dautant que les surpasse
  De mon heureuse ardeur l'heureuse afexion.

A dieu Poytiers, à dieu, qui me fuis en arriere :
  A dieu Nymphes du Clain, qui pouuez temoigner
  Que les pleurs & soupirs par tout m'acompagner
  N'ont cessé depuis l'heure, où ie vi ma meurdriere.
Non ma meurdriere, non, mais celle belle fiere,
  Qui tient ma vie en main. Qui me fait vergogner,
  Quand ie pense auoir peu par elle dedaigner,
  Pour vos fatales eaux, de Seine la riuiere.
Mais ce m'est grand honeur de ma rime honorer
  La ville & la riuiere où Francine seiourne,
  Qui pour vn peu les peut à iamais decorer :
Et, si les Muses seurs n'ont mes vers à dedain,
  Poytiers, tu seras fier (bien que ie ne retourne)
  Du peu que i'ay changé ma Seine auec ton Clain.

Pour hanter les combats ie ne fay m'eſtimer,
　Aux palais pleins de bruit ie ne me mets en vente,
　Ie ne veu ſur la mer blêmir pour la tourmente,
　Ny en quelque autre eſtat me faire renommer.
M'en louë qui voudra, ou m'en vienne blamer,
　Vne choſe me plaiſt, dont l'honeur ſeul me tante,
　C'eſt de pouuoir vn iour, pour mon amour conſtante,
　Me voir autant aymé comme ie puis aymer.
Tout autre eſtat mondain il me deplaiſt de ſuyure :
　Si lon m'oſte l'amour, ſans pouuoir faire rien,
　Par force & nuit & iour oyſif me faudra uiure.
Mais ſi i'ayme touſiours ma ſçauante pucelle,
　Ie ne veu d'auoir bruit chercher autre moyen,
　Que d'exceller en foy, comme en grace elle excelle.

Si quand elle me montre vne benine face,
　Ou quand elle me tient vn propos de douceur,
　Ou quand elle me rit d'vn ſouris rauiſſeur,
　Elle fait que pamé ſur le champ ie trepaſſe :
S'elle change vne fois, las, mon dieu, que ſera-ce,
　Ou ſoit par malencontre, ou ſoit par mon erreur?
　Que ſera-ce, mon dieu, s'elle entre en ſa fureur,
　Me baniſſant du tout hors de ſa bonne grace?
Que feray-ie, mon dieu, quand ie pren defiance
　De cela qui deuroit m'oſter de toute peur?
　« Si l'heur me deſaſſeure où prendray-ie aſſeurance?
Amour que tu es faux & rempli de malice,
　« O vieil ſinge, peruers, cauteleux & trompeur,
　« Qui fais le bien du mal, & la vertu du vice!

Pleuſt à dieu, maintenant que fuſſes bien certaine
　Du mal, où ton amour me tient abſent de toy!
　Mille ſoupſons poureux me tiennent en émoy,
　De crainte qu'vn malheur quelque mal ne t'ameine.
O vray dieu que l'amour eſt vne choſe pleine
　« De creinte ſoucieuſe! O qu'vne ferme foy
　« Donc beaucoup d'ennuy! Ie le ſçay bien par moy :
　Tu en as le plaiſir, & i'en ſoufre la peine!

Au moins fay tant pour moy, en quelque heure du iour
  Que de moy te fouuienne : & lors bien employee
  l'eftimeray pour toy, ma peine & mon amour :
Fay moy cognoiftre au moins, fi ie n'ay le pouuoir,
  Te monftrant mon amour, de t'en rendre ployee,
  Que ce n'eft par defaut d'en faire mon deuoir.

Toufiours deuant mes yeux celle porte reuient,
  Où ie laiffay Francine, ains me laiffay moy-mefme :
  Ie regoute toufiours celle douceur extréme
  De fon dernier baifer, quand il m'en refouuient.
Ie m'ébaï de moy, que moindre ne deuient
  Ma grande afexion. Plus ie faus à mon éfme,
  Plus ápre ie le fuy. O mon vray dieu que i'ayme!
  I'ayme tant que d'aymer me haïr me conuient.
Ie m'ébaï de moy, veu le lointain efpace
  De tems & de païs que me fuis abfenté,
  Que mon afexion autrement ne fe paffe.
Ainfi le Cerf feru d'vne fleche volante,
  Dont le fer venimeux dans fon flanc eft planté,
  Plus fuit auec fon mal, plus fon mal il augmente.

Qu'il n'y ait dans les prez vne feule fleurette,
  Qu'il n'y ait d'herbe vn brin, qu'il n'y ait goute d'eau,
  Qu'il n'y ait fueille d'arbre, ou grauail de ruiffeau,
  Qui ne fente le feu que ma poitrine iette.
O ruiffeau cler coulant, ó pure fontainette,
  Qui refraichis le teint de fon vifage beau,
  Qui laues de fes yeux l'vn & l'autre flambeau,
  En retirant à toy vne clarté plus nette.
O païs bien heureux où Francine fe tient :
  O les chams fortunez où fes pas elle laiffe :
  O les rochers heureux où fa voix fe retient.
Certes deffus voftre heur ie ferois enuieux,
  N'eftoit que ie fçay bien que de voir ma maiftreffe,
  Amoureux comme moy, vous n'auez de rien mieux.

Repenſant à par moy ma foy touſiours conſtante,
　Ie m'atten d'en auoir le loyer merité :
　Mais penſant à l'ingrate à qui ie la preſante,
　Ie demeure confus par ſa grand cruauté.
Amour ainſi me tient en douteuſe penſee,
　Sans que ie ſçache en rien ce que croyre i'en doy :
　Entre les deux ainſi mon ame balancee,
　Doutte de tout, ſinon de n'eſtre plus à ſoy.
Or combien que douteux ſa cruauté me face,
　Eteingnant tout eſpoir de mon bien à venir,
　Mon merite ſi grand renflamme mon audace.
Mais quelque fin qu'amour à ma foy doiue mettre,
　« *Où l'heur peut auſſi toſt que le mal auenir,*
　« *Il vaut bien mieux le bien que le mal ſe promettre.*

Toute choſe impoſſible on pourra voir ſe faire,
　Ains que ie face fin de louër & blamer,
　Celle qui me meurdriſt : d'en haïr & d'aymer
　La playe, que ne puis ny decouurir ny taire.
Non ie ne m'atten pas trouuer fin à ma peine,
　Si ce n'eſt en la mort : non non, ie n'atten pas,
　De mon mal le repos, ſi ce n'eſt au trepas :
　Ie conoy bien mon mal, toutesfois il m'emmeine.
La terre bien pluſtoſt montera dans les cieux,
　Qu'autre que ma meurdriere ou la mort me gueriſſe
　La playe, qu'à mon cœur me firent ſes beaux yeux.
Pour dieu voyez, Amans, à qui i'ay mon recours!
　« *Quand pourroy-ie eſperer qu'en bataille vainquiſſe,*
　« *Puis qu'en mon ennemie eſt mon dernier ſecours?*

Il me faudra quitter cette ennuieuſe vie,
　C'eſt force il le faudra, ſi Amour mon ſeigneur
　Ne me vient auertir d'vn autre auis meilleur,
　Puis que de telle peur ia mon ame eſt tranſie.
Plus le deſir eſt fort, l'eſperance afoyblie,
　Plus ſe ront dedans moy, faiſant place à la peur :
　Las ainſi ie deſire (ô faux amour trompeur)
　Cela dequoy du tout l'eſperance eſt rauie!

Non ie n'espere plus : & iamais toutesfois
  Ie ne desiray tant ny d'vne ardeur si forte,
  Ce qu'en vain (ie le sçay) ie voudrois esperer.
Amour dieu des amans, qui mon cœur sçais & vois,
  Ou fay reuiure en moy mon esperance morte,
  Ou bien ne me fay plus sans espoir desirer.

Lors que plus ardemment rauir d'elle ie pense
  Le guerdon de ma foy, & d'vn si doux courroux,
  Ma belle me repousse, & d'vn dedain si doux,
  Eteignant tout desir de toute recompense,
Que ie luy quitte tout, aussi contant sur l'heure,
  D'vn baiser que ie pren, que si tout i'auois eu.
  Mais aussi tost, helas, que ie l'éloigne vn peu,
  Ce faux contentement dans moy bien peu demeure.
Car mon feu coutumier ie sen se rémouuoir
  Et me poindre le cœur d'vne aigre repentance,
  D'auoir en tel moyen fait si mal mon deuoir.
Et me blamant adonc, ie promé faire mieux,
  D'vn courage asseuré : mais toute ma vaillance
  Ne pourra soutenir vn seul clin de ses yeux.

Iamais aucun Amant n'eut le vouloir plus fort,
  De iurer vn amour d'vne asseurance telle,
  Amour iusque à la mort, & plus outre immortelle,
  Si quelque feu d'amour nous reste apres la mort.
Mais que sert de ma part faire tout mon effort
  D'acomplir cette amour, d'vn cœur nét & fidelle,
  Si Francine tousiours contre ma foy, rebelle,
  Refuse de sa part d'asseurer cet acord ?
Francine, il ne faut pas, encor que ie t'aymasse,
  Autant qu'on peut aymer, penser aucunement,
  Que moy seul vne amour parfaite ie gardasse.
Si l'on veut acomplir vne amour pure & nette,
  « Il faut que deux amans s'ayment egallement :
  « Quand l'amour n'est qu'en vn, l'amour est imparfaite.

O Brinon, ſi-quelcun a ſenty la rigueur
   D'amour, celuy ie ſuis, & n'ay peu l'échaper :
   Le cruel iuſqu'au vif mon cœur à ſceu fraper,
   Dont encores la main i'en eſtan ſus mon cœur.
En mon coſté ie ſen vne ſi grand' douleur,
   Que i'en atten la mort, qui s'en vient me haper :
   De l'eſtat où ie ſuis, nul ie ne puis tromper,
   Qui verra mon maintien, mon parler, ma couleur.
Quel cruel Canibal ne ployroit de pitié,
   Voyant mes yeux cauez, où ſe loge la mort ?
   Et madame l'y mét auare d'amitié.
Ie ſçay qu'elle pourroit me doner gueriſon,
   Mais craintif, i'ayme mieux endurer de ſon tort,
   Que de metre en auant contre elle ma raiſon.

Bien qu'autant que i'ay peu, langue, ie t'ay ſauuee
   De honte & vilenie : & de tout mon pouuoir,
   Pour te metre en honeur, i'aye acquis du ſçauoir :
   O qu'auiourd'huy ie t'ay bien ingrate trouuee !
Car au tems que deuoy puſtoſt voir éprouuee
   Ta vertu de parler, tu n'as fait ton deuoir
   De demander mercy, te taiſant ſans mouuoir,
   Ou parlant d'vne voix begayment prononcee.
Et vous larmes auſſi, toutes vous me fuyez
   A mon plus grand beſoin, qui tant que la nuit dure,
   M'acompagnez ſi fort que vous m'en ennuyez.
Et lors vous vous trainiez en pareſſe & langueur,
   O vous ſoupirs ſi pronts au tourment que i'endure :
   Mon teint ſeul ne taiſoit la peine de mon cœur.

Nous ne ſommes pas dieux, dieux Panjas nous ne ſommes :
   Eſt-ce faillir à nous, faillir auec les dieux ?
   Ce dieu qui fait trembler de ſon foudre les cieux,
   N'a dedaigné l'amour des fillettes des hommes.
Et bien que dans les cieux, Iunon, tu te renommes
   Son eſpouſe & ſa ſeur, toutesfois oublieux,
   Deeſſe, de ton lit, la femme il ayme mieux,
   Encores que ialouſe en vain tu te conſommes.

Ce grand dieu foudroyeur, tantôt sous le plumage
 D'vn colomb, & tantôt sous Diane se cele,
 Contreint d'vn dieu plus fort deux fillétes aymer.
Si tu es amoureux de ta Diane sage,
 Et si tu l'es, Panias, de ta colombe belle,
 Et qui d'en aymer deux oseroit te blamer?

Nul ie ne veu blamer d'écrire à sa façon,
 Ou soit que trop enflé le langoureux il feigne,
 Ou soit que son amour froidement il depeigne,
 Nul, ma Francine, aussi ne blame ma chanson.
Si ie chantoy pour eux ils me pourroyent blamer:
 Mais si ie leur deplays, il me plaist leur deplaire,
 Francine, en te plaisant. Qu'ay-ie aux autres afaire?
 I'ay tout ce que ie veu si tu veux m'estimer.
Ce que i'écry te plaist, tu aymes bien mon stile:
 Aussi i'écry pour toy: c'est pour toy que ie chante.
 Vn autre au gré de tous se péne de chanter:
Moy qui brusle du feu de ton amour gentile,
 D'auoir touché le but de mes vers ie me vante,
 Si mon chant amoureux est pour te contanter!

Las mon dieu desormais, helas, que doy-ie faire!
 Car helas, si deuant ma maistresse ie suis,
 Et que ie la regarde, auiser ne la puis,
 Sans auiser ma mort, qui de ses yeux éclaire.
Et si i'ose craintif loin d'elle me distraire,
 Plus ie fuy mon malheur, helas, plus ie le suis:
 Et plus ie sen dans moy s'acroitre mes ennuis,
 Plus ie cuide estre loin de ce qui m'est contraire.
Si ie touche sa main, ma meurdriere ie touche:
 Si ie voy ce coral, en qui rougist sa bouche,
 Ie voy le traitre apát, qui m'amorce à ma mort.
Mais i'ayme mieux languir en ce plaisant martyre.
 Or la mort que i'atten bien heureuse il faut dire,
 Quand ie vi de l'espoir de son doux reconfort.

9*

Qui se voudroit fier en toy, Madame,
 Puis que tu pers le meilleur de ton bien,
 Ne faisant cas de ce qui est plus tien?
 N'en creins-tu point receuoir de diffame?
La iuste loy bien pouruoyante blâme
 Celuy seigneur qui abuse du sien :
 Et tu te plais, sans m'estre douce en rien,
 A me griller de ta meurdriere flâme :
A me genner en penible tourment,
 Sans me donner relasche d'vn moment :
 Tu prens plaisir, riant de mon martire,
A bourreler moy ton serf, qui de gré
 Me suis fait tien, ô plaisir execré!
 De mon tourment prenant cause de rire.

Tant que le clair soleil dessus la terre éclaire,
 Tant que l'obscure nuit obscurcist le beau iour,
 De plaindre & de plorer ie ne fay nul seiour,
 Y donnant tout mon temps sans autre chose faire.
I'amenuise mon cœur d'vne poison amere,
 En pleurs ie fon mes yeux. Si bien le fier Amour,
 Et de traits & de feux, me genne tour à tour,
 Sans qu'vn rien de repos tanseulement i'espere.
O que mon mal est grand, quand les iours & les nuits
 Ne peuuent pas fournir à plaindre mes ennuis!
 O qu'amour mè meurdrist en vn cruel martire!
Hé, ie ne me plain tant, non mesme de mourir,
 Que d'vne ie me plain, qui me peut secourir,
 Et voit ma mort voisine, & ne s'en fait que rire.

Celuy qui tient ses yeux obstinément fichez,
 Contre le clair soleil, sans les tourner arriere,
 En peu d'heure aueuglé sous la grande lumiere,
 D'vne éblouisson trouble a les sens empeschez.
Celuy qui tant soit peu les tenoit atachez
 Sur le regard hideux de la Meduse fiere,
 Tout soudain alourdy d'vne estrange maniere
 Trouuoit ses membres froids roidement enrochez :

Moy, quand ie my mes yeux sur ta face diuine,
  Dés le premier regard que ie te vy, Francine,
  Aueuglé de clarté, ie deuin vn rocher.
Depuis, comme le roc qui pleure dans Sipyle,
  Moy vif rocher, vn pleur de mes yeux ie distile,
  Qui par la seule mort se pourroit estancher.

Dame, dont la beauté que sus terre on admire,
  Fait foy, à qui rauy fiche ses yeux en elle,
  De la grande beauté qui reluist eternelle,
  Au grand Dieu, qui des cieux tient l'eternel Empire.
Faites, comme fait Dieu, qui le cœur sçait élire
  De celuy, qui plus chaud l'aime d'vn ardent zele,
  Non d'vn, qui chaud dehors, de froid au dedans gele :
  Ne dedaignez le cœur qui bouillant vous desire.
Ma Dame & ma Deesse, ayez égard de mesme,
  Entre les seruiteurs, dont maistresse vous estes,
  D'aimer vn qui tout autre à vous aimer surpasse :
Et, si d'vn chaud desir par sus tout ie vous aime,
  Du bon & iuste Dieu suiuant l'exemple, faites
  Que par sus tous ie sois en vostre bonne grace.

Si la mort quelquefois à quelcun a deu plaire,
  Elle doit plaire à moy pour mon cruel martire,
  Qui mon mal importable incessamment souspire,
  Qui vne vie vy plus que la mort amere.
Celle qui par ce temps comme vn soleil éclaire,
  A qui amour donna de moy l'entier empire :
  Celle, qu'amour me fit pour ma maistresse élire,
  Mais de qui i'atendrois en vain quelque salaire,
Fait ma peine autant rare comme elle est rare & belle :
  Ainsi criant la mort en vain ie me consume,
  Et voy tous mes espoirs s'écouler en fumee.
Ainsi le papillon reuole à la chandelle :
  Tout ainsi le Fenix pour renaistre s'alume.
  Et ie meur & ie nay mille fois la iournée.

Ce fut le dard bruſlant, que vos beaux yeux darderent
 Dans mon cœur par mes yeux, qui d'amour m'aluma,
 Quand voſtre grand' beauté fichez ils regarderent,
Qui viue dans mon cœur par mes yeux ſe forma.
Ie ſenty bien alors mes ſens qui ſe troublerent
 En mes yeux, & mon cœur de leur force s'arma :
 Quand mes ſens, qui enſemble en mon cœur deualerent,
Tous enſemble vaincus vne amour enfláma.
Comme quand l'ennemy d'aſſaut la ville a priſe,
 Ceux de dedans fuyans la fureur du vaincueur,
 En franchiſe s'en vont enfermer dans l'Egliſe :
Où l'ennemy cruel poudre & feu ſur eux iette,
 Sans pitié ny mercy : Tout ainſi dans mon cœur,
 Voſtre œil bruſla mes ſens, en leur vaine retrette.

Et qu'eſperé-ie plus, ſinon de plainte en plainte
 Aller touſiours ſautant de l'vn en l'autre ennuy ?
 Et tout me vient d'Amour, las, tout me vient de luy,
Qui au cœur m'a fiché ſa trop piquante pointe.
Mais combien qu'en mon ſang ſa ſagette il ait teinte,
 Si le ſuyz-ie touſiours : las, touſiours ie le ſuy !
 Et de celle, ó moy ſot, ie fay mon ſeul apuy,
De qui le bel œil fier me donna cette ateinte,
Et ſans qui ie mourroy : qui fait qu'vn tafetas,
 Et que ſes belles mains, & que ſes beaux cheueux,
 (Qui, ſans ordre eſpandus deſſus ſa face belle,
Me cachent ſes beaux yeux) non ie n'excuſe pas,
 Cruelle, quand ie veu (mais point tu ne le veux)
 Si grand' ioye auoir d'eux, qu'il n'en eſt point de telle.

Bourrelle des Amans, chagrine ialouſie,
 Qui, comme le ſerpent par les belles fleurettes,
 Te tapis ſous les fleurs des gayes amourettes,
Bourrelle de toy-meſme, ó la ſœur de l'enuie :
De quel bourbier d'enfer, ſorciere, es tu ſortie,
 A fin d'empoiſonner de tes peſtes infettes,
 Monſtre hideux infét, les amours les plus nettes,
Troublant le doux repos de noſtre heureuſe vie ?

Hydre, sale Harpie, où tu es rencontree
  Tu obscurcis le iour, & ta puante aleine
  Par où tu vas passant, empeste la contree.
Retourne t'en là bas : iamais de moy n'aproche :
  Et n'est-ce pas assez pour me tenir en péne,
  D'amour, qui tous ses traits contre mon cœur décoche?

Si i'auoy le pouuoir, comme i'ay le courage,
  De chanter ta valeur ainsi qu'elle merite,
  En vn stile plus haut on la verroit écrite,
  Qui d'icy à mille ans en portroit temoignage.
En vain ie n'auroy vu ce beau iour de ton age :
  Amour n'auroit en vain, d'vn de ses traits d'élite,
  Pour toy nauré mon cœur : car ny la mort dépite,
  Ny le temps sur nos noms n'auroyent point d'auantage.
Mais lise, qui voudra, les liures pour aprendre
  Des autheurs anciens la science immortelle,
  D'æsles se garnissant pour voler à la gloire :
Quant à moy sans cela i'ose bien entreprendre
  Guidé de tes beaux yeux & de leur clarté belle,
  Dresser de nostre amour assez longue memoire.

La belle, qui me fait vne guerre mortelle,
  Bien que, sinon la paix, rien ie ne luy demande :
  Qui me nourrist le cœur d'vne esperance grande,
  Pour me tuer sans fin de sa douceur cruelle :
Soit que ie parle, ou pense, ou i'écriue, la belle
  M'est tousiours au deuant : & bien que ie pretande
  Faire autrement (si fort sa beauté me commande)
  Ie ne parle, & ne pense, & n'écri rien que d'elle.
De mes forces alors souuent la cognoissance
  Me decourage ainsi. Pauuret, que veux tu faire?
  Oses tu bien toucher à si rare excellence?
Mais estant conuié d'vne grace tant douce,
  Dont Francine m'appelle, & qui s'en pourroit taire?
  Demourroy-ie où l'Amour me conduit & me pousse?

Pour gage d'amitié ie te donne & dedie,
  Mon Cottier, tout cecy qu'en moins d'vn an l'ardeur
  D'vne gentile Amour éprise dans mon cœur,
  M'a fait plaindre & chanter pour vne belle amie.
Deesses, qui gardez la sainte Castalie,
  Si de vostre bon gré, vostre douce fureur
  En moy vous auez iointe à la plaisante erreur,
  Où m'égaroit d'Amour la diuine folie,
Si mes vers amoureux de bon gré vous auez
  Suyuis en vostre dance : & si dans vostre eau belle,
  Pour les rendre plus beaux, vous les auez lauez :
Faites viure en mes vers d'vn louable renom,
  Tant que lon sentira d'Amour quelque estincelle,
  O Muses, mon Cottier, ma Francine, & mon nom.

FIN DV PREMIER LIVRE DE FRANCINE.

SECOND LIVRE

DE

L'AMOVR DE FRANCINE

PAR I. A. DE BAIF.

Qvi veut auecque moy se plaignant estre heureux,
 En ioye se trister, s'esiouïr en tristesse,
 Et mourir en viuant : vienne voir ma maistresse,
 Et, comme ie le suis, d'elle soit amoureux.
Vn seul trait de son œil le rendra langoureux,
 Vn autre tout soudain l'emplira d'alegresse :
 Vn mot son cœur douteux fera plein de liesse,
 Vn autre incontinant le fera douloureux.
Il ne cognoist Amour, qui n'a senty la flâme
 Qu'alument ses beaux yeux : & n'a vu rien de beau,
 Qui n'a vu son beau front, que i'ay peint dedans l'ame,
Nul ne pourroit sçauoir de quels traits Amour tire,
 Nul ne sçait de quel feu flambloye son flambeau,
 Qui n'a vu la beauté, qui douce me martire.

Que ie vous suis tenu, les trois sœurs immortelles,
   Qui en cest age cy filastes ma naissance,
   Sous Astre tant heureux, que i'eusse cognoissance
De beautez & vertus si rares & si belles!
Que ie vous suis tenu, les neuf doctes pucelles,
   Qui à mon stile bas donastes asseurance
   De chanter de vertus cette rare excellance,
En chansons qui viuront auec nous eternelles!
Que ie vous suis tenu, beaux yeux, dont la lumiere
   M'alluma dans l'esprit cette fureur gentile,
   Qui toute autre penser me fait mettre en arriere!
Que ie vous suis tenu, Mains de rose & d'yuoire,
   Qui souleuant mon cœur de son humblesse vile,
   Le fistes desirer vne hautaine gloire!

Ne cesserez-vous point de m'estre si rebelle?
   Faut-il ainsi traiter vn qui son cœur vous donne?
   Vn qui vous aime plus que sa propre personne?
   Faut-il hair ainsi vostre amy plus fidelle?
Or' que du plus dur roc la pierre plus cruelle,
   Eust esté vostre mere: or' que d'vne Lyonne,
   Eussiez tetté le lait & la rage felonne:
   Si ne deuriez-vous pas encores m'estre telle?
Las, que bien malheureux ie fu celle iournee,
   Que ie fi de franchise vn change à seruitude,
   Quand de l'aise à l'ennuy mon ame fut donnee!
Depuis ie n'ay cessé de languir en misere,
   Plorant ma loyauté & vostre ingratitude,
   Receuant plus de mal doù plus de bien i'espere.

Las, mon dieu, ie pensoy trouuer quelque douceur
   En madame, aussi tost qu'elle auroit auisee
   La flamme, où son bel œil tient mon ame embrasee :
   Mais ie n'y trouue rien que dedain & rigueur.
Elle cognoist mon mal, elle sçait ma douleur :
   Mais que sert qu'ell' le sçache (ó cruelle risee!)
   Puis que la guerison elle m'a refusee,
   Se riant de me voir pour ses yeux en langueur.

Ie cognoy ton amour & ton mal (me dit-elle)
  Mais il n'eft pas en moy te pouuoir fecourir :
  Non il n'eft pas en toy, dedaigneufe, cruelle !
O malheureux le iour, que pour le Clain ma Seine
  Et mon heur ie quitay, puis qu'il me faut mourir,
  Enflammé de l'amour d'vne dame inhumaine.

Et des plus belles mains, qui au cœur plus fauuage
  Soudain feroyent fentir d'amour vn feu nouueau :
  Et du plus beau marcher, qui vn gay renouueau
  Fait rire fous fes pas : & du plus beau corfage :
Et des yeux les plus beaux, & du plus beau vifage :
  Et du plus beau fourcil : & du poil le plus beau,
  Qui l'or & du foleil efteindroit le flambeau :
  Et du ris le plus doux, & du plus doux langage :
Ie fu furpris le iour, que d'vne ateinte vraye,
  Moy qui fouloy dauant par feinte l'effayer,
  Ie receu dans le cœur mon amoureufe playe.
Amour pour me bleffer vne fleche fi belle,
  Tira de fon carquois, que ne puis m'ennuyer
  De la garder au cœur, à qui elle eft mortelle.

O celefte beauté ! gaye douceur benine,
  Qui deffauuageroit la befte plus fauuage !
  O fens, plus arrefté que ne porte fon age,
  Qui ne peut rien penfer que de chofe diuine !
Sens, qui, comme le feu purge l'or & l'afine,
  Par vn parler diuin fortant de l'ame fage
  Afine mon efprit : m'éleuant le courage,
  A ne penfer de rien qui d'elle ne foit dine !
O doux acueil ! ô port dine d'vne deeffe !
  O grande honnefteté, Vertu, grace naïue !
  O valeur ! ô maintien ! ô toute gentilleffe !
Diuinité, qu'encore affez ie ne defire,
  (Bien que de tout mon cœur) fans vous faut que ie viue,
  Si viure, d'vn chetif qui vous perd, fe peut dire.

    Ian de Baif. — I.   10

S'il eſt vray que la mort eſt vne douleur grande,
 A raiſon que de nous nous meſmes elle écarte :
 Quand il faut que d'auec Madame ie departe,
 Vne plus grand' douleur il faut bien que i'atande.
Elle eſt l'ame de moy : & dedans moy commande
 Comme l'ame en ſon corps, & comme la maiſtreſſe
 De tout en moy diſpoſe : & faire ie la laiſſe,
 Sans que rien qu'obeïr dedans moy ie pretande.
Or puis que l'homme icy ne peut viure ſans ame,
 Toutes les fois qu'il faut que ie m'éloigne d'elle,
 La mort m'aſſaut : ſoudain ie froidys, & ie pâme :
Mais les beaux braſſelets, qu'auecque moy ie porte,
 Retors de ſes cheueux, mon ſeul confort fidelle,
 Souſtiennent, mon cher Brun, ma vie demy-morte.

En quels rochers pierreux, en quelle foreſt grande,
 En quel bois écarté, en quel lointain riuage,
 En quel antre d'effroy, en quel païs ſauuage,
 Pour me ſauuer d'Amour, faut-il que ie me rande?
Où plus cet œil ſes traits dans mon cœur ne debande,
 Où plus ces belles mains n'en facent vn pillage,
 Où plus ie ne ſoy point de l'amoureuſe rage,
 Où plus mort ou mercy en vain ie ne demande?
Helas, ſi par la mort toute douleur ſe paſſe,
 Ame, que tardes-tu te mettre hors de peine?
 Que ne vas-tu chercher en la mort quelque grace?
Que vaudroit de fuïr au païs plus eſtrange?
 « Qui fuit au loin ſon mal, & quant & ſoy le meine,
 « Il change de païs, mais point il ne ſe change.

Comme quand le printemps de ſa robe plus belle
 La terre parera, lors que l'yuer depart,
 La biſche toute gaye à la lune s'en part
 Hors de ſon bois aimé, qui ſon repos recele :
De là va viander la verdure nouuelle,
 Seure loin des bergers, dans les champs à l'écart :
 Ou deſſus la montagne ou dans le val : la part
 Que ſon libre deſir la conduit & l'apelle.

Ny n'a crainte du trait, ny d'autre tromperie,
  Quand à coup elle sent dans son flanc le boulét,
  Qu'vn bon harquebouzier caché d'aguét luy tire.
Tel, comme vn qui sans peur de rien ne se defie,
  Dame, i'aloy le soir, que vos yeux d'vn beau trait
  Firent en tout mon cœur vne playe bien pire.

Dame, cherche vn esprit plus parfait que le mien,
  Qui d'vn stile plus haut Toy & tes graces vante,
  Puis que ma rime basse, & les vers que ie chante,
  Tu ne daignes ouïr, & tu n'estimes rien.
Mon indigne foiblesse en moy ie ne soustien,
  Et moy-mesme ma voix encor ne me contante:
  « Mais vn cœur bien deuost, sans que rien il presante,
  « Des dieux le plus souuent la faueur gagne bien.
Ia si haut m'éleuoit le cœur cette humble audace,
  Que sans aisles au ciel i'entrepry de monter:
  Cette audace perdant, ie ne bouge de terre.
Ah, qu'au premier assaut ne tombe-ie en la place?
  « Au combatant peu fort qui ne peut resister,
  « Mieux vaut mourir que viure en eternelle guerre.

Aubert, à qui la Muse a versé dans la bouche
  Vn chant, dont la douceur feroit le miel amer,
  Si quelquefois Amour ton cœur put enflâmer
  De l'œil d'vne maistresse à ton desir farouche:
Vien voir vn pauure amant: pren ton lut & le touche:
  Vien auec ta chanson d'vn tel son l'animer,
  Qu'alleger il me puisse, & d'Amour alumer
  La rebelle, qui m'est plus sourde qu'vne souche.
Aubert, vien voir Francine: Si tu vois ses beaux yeux
  Estinceler d'Amour la lumiere diuine,
  Si tu oys son parler, plus que miel sauoureux,
Tu diras, ô beauté, beauté dine des cieux,
  Iamais autre beauté entre nous ne fut dine
  Si cette-cy ne l'est, d'vn Poëte amoureux.

Francine, tu me dis ſi tu eſtois certaine
  Que ie t'aymaſſe autant comme ie te le dy,
  (O combien de propos lors en l'air ie perdy!)
  Que ie feroy bien toſt guerdonné de ma peine.
Helas Francine, helas, tout ce que i'ay peu dire,
  De mon affection n'aproche vn petit point:
  Et toutefois, helas, ſi tu ne le crois point,
  Helas, quand croiras-tu le tout de mon martire?
Mais ſans croire le tout, croy ſeulement ce peu,
  Ce peu que ie t'ay dit de ma ferme conſtance,
  Et me fay receuoir le loyer qui m'eſt deu.
Ne deſire ſçauoir tous les maux où ie ſuis:
  Ce te ſeroit grand mal d'auoir la repentance,
  Que i'euſſe en ton amour enduré tant d'ennuis.

Bien que la palle peſte à Poitiers endommage
  Maint homme empoiſonné: Que deſia la plus part,
  Hors de la ville aux champs ſe retire alecart,
  De crainte du danger de l'incertain dommage.
Ie me tien en la ville : & ſans craindre l'aleine
  De quelcun empeſté, ie me trouue en tout lieu:
  Que puis-ie craindre auſſi puis que ce petit dieu
  M'a ſaiſi du venin dont ma poitrine eſt pleine?
Du venin de l'amour, qui ne laiſſe en mon cors,
  Ny chair, ny os, ny nerf, ny veine, ny artere,
  Qu'il n'empeſche du tout & dedans & dehors?
Celuy qui d'vn venin a ſaiſi tout le cœur
  « Soit ſeur qu'autre venin ne luy pourra mesfaire:
  « Où l'vn venin a pris, l'autre perd ſa vigueur.

Or' que l'ardant ſoleil fend de mainte creuaſſe
  La campagne grillee, vn autre feu plus chaud
  Ma poitrine embraʒant, iamais ne me defaut:
  Et ne peut s'atiedir pour rien que ie luy face.
Campagne, pour le moins ſi l'aſpre Canicule
  Te deſſeche le iour, la nuit fraiche te vient:
  Mais le feu qui ſans fin mes entrailles détient
  Et la nuit & le iour egalement me bruſle.

Non, ce n'est pas vn feu qui se tient alumé
 Dedans mon estomach : car desia depuis l'heure
 Que dans moy ie le sen, il m'auroit consumé.
C'est plustost vn venin qu'Amour iette en mon cœur,
 Qui me tiendra tousiours iusque à tant que ie meure,
 Sans croistre n'amoindrir, en pareille langueur.

En plus braue chanson si ie n'écry, Boitie,
 Les batailles des Rois éclatantes d'acier :
 Si à vanter leurs faits ie ne suis le premier :
 Si ie n'enfle mon stile en graue Tragedie :
Qu'on ne pense pourtant que tout ce que ie chante
 « Se doiue prendre à fable. Il y a du profit
 « A cognoistre l'erreur qu'vn miserable fit,
 « A fin de la fuir si elle se presante.
Seruent donc mes écris, à qui se gardera
 De tomber dans le piege, où ie me laissay prendre.
 Possible vn plus heureux vn iour s'en aidera,
Remontrant à sa dame. O cruelle beauté,
 (Dira til) voudrois tu si fiere à moi te rendre,
 Pour gagner vn renom de si grand' cruauté ?

Or puis que tout passage à mercy m'est tranché,
 Et du guerdon d'amour toute esperance est morte,
 Au moins viue l'espoir, qui seul me reconforte,
 De me voir de ma foy quelque fois reuanché.
Puissé-ie du lien où ie suis ataché
 Me voir deliure vn iour : Amour face de sorte,
 Que la belle, pour qui tant de douleur ie porte,
 D'vn triste repentir sente son cœur touché !
Pour auoir dedaigné mon amour immuable,
 Qu'elle eust peu s'obliger me faisant part d'vn rien,
 Qui à elle m'eust fait pour iamais redeuable.
Amour, ô qu'elle en fit si grieue repentance,
 Que celles à venir aprinsent pour leur bien,
 A cherir d'vn amant la fidelle constance ?

Rien étreindre ne puis, toute chose i'embrasse :
 J'aime bien d'estre serf, & cherche liberté :
 Ie ne bouge de terre, outre le ciel ie passe :
 Ie me promé douceur, où n'y a que fierté.
A tel me suis donné, qui pour sien ne m'auouë,
 Doù viure ie m'atten, cela me fait mourir :
 Ie blasme le plus fort, ce que plus fort ie louë,
 Ie demande remede, & ie ne veu guerir.
Ie me hay, i'aime autruy : ie crein, & ie m'asseure :
 Ie suis feu, ie suis glace : en fuyant, ie poursuy :
 Où ie me fay vaincueur, là vaincu ie demeure.
Ce m'est sucre le dueil, la ioye ce m'est suye :
 Ie meur si i'ay de l'aise, & ie vy de l'ennuy :
 I'ay pris en mesme horreur & la mort & la vie.

Vostre beauté me vint de tel aise saisir
 Quand premier ie la vy, ô ma belle maistresse,
 Que de tout autre bien le souuenir me lesse,
 Fors de vous ne pouuant receuoir du plaisir.
Et puis que le destin mon amoureux desir
 A vous ma seule dame entierement adresse :
 Et qu'vne ferme amour qui mon cœur vostre opresse,
 M'empesche d'autre part quelque ioye choisir :
Ie vous suplie au moins, que point ne vous desplaise
 Si seule ie vous aime : & si necessiteux,
 D'autre part que de vous ie n'espere mon aise.
De plus vous demander ie n'ay la hardiesse :
 « Mais, ô mon seul apuy, qui donne au souffreteux
 « Sans en estre requis, il fait double largesse.

Comme le papillon, par vne clarté belle
 Doucement conuié à voler dans le feu,
 Vireuolte alentour de la beauté deceu,
 Tant de fois qu'à la fin il meurt sur la chandelle.
Et bien qu'il ait senti la bruslure cuisante,
 Si ne laisse-til pas d'y reuoler tousiours,
 Cuidant vaincre à la fin par maints & maints retours,
 L'ardeur, pour y iouïr de la beauté plaisante.

Mais le pauuret y va par tant & tant de fois,
 Qu'il y demeure pris iufque à perdre fa vie :
 Cruelle belle, ainfi desfaire tu me dois!
Ainfi me promettant iouïr de ta beauté,
 Mon amour enuers toy fera tant pourfuyuie,
 Qu'enfin i'y fentiray ta feule cruauté.

Sans que du mal d'amour il face experiance,
 Nul ne pourra fçauoir que c'eft que de douleur :
 Nul n'aura du plaifir la vraye cognoiffance,
 S'il n'effaye d'amour la plaifante douceur.
En vous aymant, Madame, o ma feule efperance,
 (A qui du tout ie donne & mon corps & mon cœur)
 Et de l'vn & de l'autre éprouuant la puiffance,
 I'ay ateint le fommet de l'heur & du maleur.
Tandis que mon amour m'a fi bien voulu dire,
 Qu'eftant auecque vous fon bien i'ay fauouré,
I'ay receu fi grand heur qu'vn plus grand ne fe treuue :
Et fi vous éloignant ie rentre en mon martyre,
 I'ay foufert mille ennuis, de vous enamouré,
 Sentant vn fi grand mal qu'vn plus grand ne s'épreuue.

Ie ne me plain d'amour, de quoy il me donna
 Le cœur de defirer voftre belle excellance :
 Mais ie me plain de quoy en telle outrecuidance,
 En la quelle il me mit, feul il m'abandonna.
Ie me plain du tourment, qui me genne le cœur :
 Encores ie prendrois à plaifir ce martyre,
 N'eftoit qu'il vous deplaift dequoy ie vous defire :
 Qui fait que ie me plain de voftre grand rigueur.
Et toutefois amour vne douceur fi grande
 Me fit gouter dés lors que ie vous vins aymer,
 Que fur toute amertume encor elle commande.
Et combien que mon cœur foit en grande foufrance,
 De vous aymer ne peut fe defacoutumer,
 Non pour auoir d'vne autre entiere iouïffance.

O que ie voudroy bien, ſi ie le pouuoy faire,
D'vn chant touſiours viuant vos beautez honorer !
Mais foible ie me ſen ſous le faix demeurer.
Pluſtoſt qu'aſſez n'en dire il vaudra mieux ſe taire.
Voſtre perfection langue ne pourroit dire,
Ny l'eſprit le plus vif, non, ne la comprendroit,
Ny œil le mieux voyant iamais ne l'ateindroit,
Ny la plus docte main ne la ſcauroit écrire.
En vous tout ornement & de corps & d'eſprit,
Madame, eſt aſſemblé : beauté, ſageſſe, grace,
Depuis voſtre naiſſance en vous ſa place prit.
O parfaite par tout, n'eſtoit voſtre fierté,
Dautant toutes beautez voſtre beauté ſurpaſſe,
Que le ſoleil eſt clair ſur toute autre clairté.

Quand ie reçoy plus d'heur & de bien de Madame
Qu'entre mes bras ie tien (peu durable plaiſir !)
Il ſemble que touſiours s'acroiſſant mon deſir,
Tant plus ie l'acomply plus mon vouloir s'enflame.
Et quand plus mon malheur me tient loin de la belle,
Lors plus ie me trauaille & les nuits & les iours,
En mes penſers diuers faiſant mille diſcours,
Comme ie pourroy bien me reuoir auec elle.
Amour de voſtre amour m'a peu ſi bien bleſſer,
Qu'eſtant auecque vous, Dame, ie me tourmente
Par vn facheus regret creignant de vous leſſer :
Et ſi de vous apres ie me trouue abſenté,
Vn deſir importun dans moy la peine augmente :
Ainſin & pres & loin pour vous ſuis tourmenté.

Amour helas me tuë, & ne puis m'en deffendre
Qu'en luy criant mercy, tachant de l'émouuoir :
Mais celle là, par qui montrer tout ſon pouuoir
Amour s'eſt propoſé, ne me veut pas entandre.
Peut eſtre que voulant éprouuer ma conſtance,
On me vient eſſayer de ce diuers tourment :
Combien que touſiours ſien ie ſçay qu'aucunement,
Sinon de trop aymer, ie ne luy fis offence.

Ie ne laisseray donc d'aymer ferme & constant :
  Et puis qu'on veut sçauoir si ie suis bien fidele,
  Ie me montreray tel, tousiours vn mesme estant.
Et combien que mon mal tout mal surpassera :
  L'allegeance du mal, bien que tard, viendra telle,
  Que le bien souuerain le mal effacera.

Parfois si fort craintif ie suis enuers Madame,
  Que ie n'oseroy pas en rien la requerir
  De ce remede seul, qui me pourroit guerir
  Du tourment que ie souffre en l'amoureuse flâme :
Par fois pensant en moy, tout seul ie pren courage,
  Et dy, Si ie la voy, ie feray tout deuoir :
  Mais ie reste muët, quand ie vien à la voir :
  Et pensif & couhard me faut celer ma rage.
Mais c'est bien pour le mieux de taire mon amour :
  Car si ie le disois il luy pourroit deplaire :
  Mon cœur en maudiroit le moment & le iour.
Elle pourra d'ailleurs cognoistre mon ardeur :
  Il faut en attendant que le bon heur i'espere,
  Me promettant plustot le bien que le malheur.

Moy chetif! que me vaut aymer d'amour si forte,
  Que i'ayme celle dame, à qui tend mon desir ;
  Si, sans que d'vn seul bien elle me reconforte,
  A m'acabler d'ennuis elle prend son plaisir ?
Dame, ie cognoy bien vostre rare excellance,
  Et ie cognois aupres mon trop peu de valeur :
  Et ie cognois encor vostre fiere puissance,
  Et voy qu'à vous aymer ie cherche mon malheur.
Trop tard ie recognoy, quelle grande folie,
  M'a fait faire abusé vostre grande beauté,
  O belle sans pitié, maistresse de ma vie :
Mais de cette erreur folle il faut que me retire,
  A vne autre maistresse offrant ma loyauté,
  Qui ne moquera pas, comme vous, mon martyre.

Or que tous animaux se reposent au monde,
   Toute chose se taist : ie trauaille d'ennuis,
   Ie veille de douleur, & taire ne me puis
De l'amour, qui bouillant dans mes veines abonde.
Que quelque doux someil me fist boire de l'onde
   De l'estan oublieux des eternelles nuits,
   Me faisant oublier de l'amour, où ie suis
Langoureux amoureux, la tristesse profonde !
Mais c'est folie à moy d'esperer le someil :
   De tels soucis cuisans, que l'amour aux siens donne,
   Telle troupe en mon cœur me detient en éueil.
Soupsons, regrets, desirs, me font resoupirer :
   Et ne les pouuant vaincre, à eux ie m'abandonne :
   Et par eux n'ay loisir non pas de respirer.

Sus debout Arenis, allume la chandelle,
   Ca l'encre & le papier : aporte tout icy.
   Il me plaist à iamais écrire le soucy,
Que i'ay pour le bel œil d'vne maistresse belle.
Plus de mille papiers i'ay employez pour elle :
   Et plus de mille encore, & mille outre ceux cy,
   Si ie vi, i'employray : faisant viure éclercy
Et son nom immortel & sa gloire immortelle.
I'ose bien, si ie vi, brauement me vanter
   De me voir honoré pour honorer sa gloire :
   En si belles chansons i'espere la chanter.
Francine, plus que toy nulle on ne prisera,
   De qui le Poëte amy dressera la memoire,
   Ou bien mon Apollon ma voix dedaignera.

Ha, que ie peusse vn iour vous vouloir mal autant
   Que ie vous veu de bien, rebelle dedaigneuse :
   Puis que pour vous aymer, vous me haïssez tant,
Si ie vous haïssoy vous seriez amoureuse :
Ainsi ie pourroy bien enuers vous me vanger,
   Du grand tort qui m'est fait. Et quel tort peut-on faire
   Plus grand que de haïr, & d'amour étranger,
Vn a qui plaisez tant, que rien ne luy peut plaire ?

Comment? pour bien seruir se voir estre chassé!
  Pour guerdon de l'amour n'emporter que rancune!
  Que honte pour l'honeur à l'ingrat pourchassé!
Sentir toute rigueur sans auoir offensé!
  (Si-ce n'est offenser que de n'en aymer qu'vne)
  De mal en lieu de bien estre recompensé!

Puisse auenir qu'amour dedans le cœur luy iette
  Vn trait aussi poignant, comme estoit celuy là,
  Qui de ses yeux persans dedans le mien vola,
  Rendant à tout iamais ma vie sa sugete!
Et i'en suis bien heureux : car ie la vi si belle
  Le iour que i'en fu pris, que ne puis me lasser
  De penser ses beautez & de les repenser,
  Et d'écrire & chanter mille chansons pour elle.
Et si pour l'aymer trop amour me fait perir,
  Ie l'en doy bien louer, & graces luy en rendre :
  Pour si belle iamais nul il ne fit mourir.
Et si iamais aucun en se riant est mort,
  Pour si grande beauté à plaisir ie doy prendre
  Ce trepas bien heureux d'vne ioyeuse mort.

Il n'est chesne si dur, il n'est roche si dure,
  Que cette fiere cy ne fist enamourer,
  D'vn seul trait de ses yeux : qui me font endurer
  Cent morts, que de bon gré pour sa valeur i'endure.
Si la pierre & le bois son œil d'amour atise,
  Que fera t elle donc si vn homme la voit?
  Mille fois de cent morts tuer elle le doit?
  Si sous mesme destin que le mien il l'auise.
Le pauuret en mourra : ny sans fin s'enrouër
  A luy crier mercy, ne ploira la cruelle,
  Qui de le voir mourir n'en fera que iouër.
Ha, pourquoy ses beaux yeux ont si grande vertu,
  Puis que son cœur felon n'a point de ioye telle,
  Que voir son plus fidel par la mort abatu?

Amour, quand ie reuoy tout ce que ie compoſe
   Aux derniers comparant par fois mes premiers vers,
   Ie trouue leur ſuget ſi biȝerre & diuers,
   Qu'en lire trois du long de grand' honte ie n'oſe.
Mon dieu (penſé-ie en moy tenant la bouche cloſe)
   Amour, que tu és faux & cruel & peruers :
   Amour, à qui ie tien tous mes penſers ouuers,
   Permé que de ton mal quelque fois ie repoſe.
Mais touſiours plus dans moy ſurmonte ta poiſon.
   « Amour ie ſçay ton mal : c'eſt vne vraye rage :
   « Pour mieux me faire tien tu ſurpris ma raiſon.
Mais comment ſans raiſon cognoy-ie mon tourment?
   « Ie ne le cognoy pas d'vn auis qui ſoit ſage,
   « Non, ie ne le cognoy, ie le ſen ſeulement.

S'il me ſouuient du tems & de la place
   Où ie fu pris, & de l'éclair luiſant
   Qui m'éblouit & du filet plaiſant,
   Qui pour me prendre enuironnoit ſa face.
Ie ſen mon cœur de ſouffre, en peu d'eſpace
   S'enflammer tout d'vn feu doux & cuiſant :
   Ce doux chaud feu m'eſt ſi peu malfaiſant,
   Que ie ne vi, ſi ce n'eſt de ſa grace.
Lors ie perdy mon ame qui me fuit,
   Et tout par tout dés lors Francine ſuit.
   Dittes amans, viuroy-ie bien ſans ame,
N'eſtoit l'amour que i'ay dedans mon cœur,
   Et qui reprend à toute heure vigueur,
   Du ſouuenir qui renforce ſa flamme?

Croyſſeȝ heureux œillets, que ma maiſtreſſe aroſe
   De ſa belle main blanche, à celle heure du iour,
   Que le ſoleil laſſé metant fin à ſon tour,
   S'en va cheȝ l'Ocean, où la nuit il repoſe.
Croyſſeȝ heureux œillets, & voſtre fleur decloſe
   Heureux épaniſſeȝ, à fin d'eſtre l'atour
   De ſon ſein, des amours le trop chaſte ſeiour,
   Ains la douce priſon, où ma vie eſt encloſe.

Ha, ſi le chaud midy vous terniſt voſtre fleur,
  Au ſoir ſa douce main vous rend voſtre vigueur :
  Mais ſa main, fiere à moy, ma force m'a rauie.
De voſtre heur, beaux œillets, ie ne ſuis pas ialoux :
  Mais au moins montrez luy qu'elle peut comme à vous,
  Me remettre en vigueur ma languiſſante vie.

Quand plus bruſlant d'Amour ie me montre à tes yeux,
  Preſt à raconter celle peine forçante,
  (De laquelle tu m'es coupable & innoçante)
Plus mes yeux ſont alors ſur ma langue enuieux.
Alors mes yeux rauis pour te contempler mieux
  Me rauiſſent mes ſens d'vne vertu puiſſante :
  Qui rauis laiſſent là ma langue languiſſante,
Sans ſe pouuoir mouuoir, en ſon clos ocieux.
Dame ie ne dy mot : tout muët ie demeure,
  Et de mal que ie ſouffre il faudra que ie meure,
  Faute de te pouuoir decouurir ma douleur.
Ie pourroy t'émouuoir, ſi ie la pouuoy dire :
  Mais en mes yeux cauez, Dame, ne peux-tu lire,
  Combien de triſte ennuy me cauſe ta valeur ?

Puis que mon eſperance eſt ſi longue à finir,
  Puis que ſi peu la vie en ſon eſtre demeure,
  O que n'ay-ie eſté ſage en vne heure meilleure,
A fin d'à tems à moy hors de moy reuenir !
Las, deſlors ie deuoy de moy me ſouuenir,
  Sans m'oublier ainſi negligent deſſus l'heure !
  Trop tard il m'en ſouuient, & faudra que i'en meure
Pour ne pouuoir l'effort de mon mal contenir.
Croyez-moy vous qu'Amour de ſon brandon atiſe :
  Eteignez toſt la flamme ains qu'elle ſoit épriſe :
  « On voit d'vne bluette vn grand feu s'allumer.
Façonnez le cheual dés ſa courſe premiere :
  « Si vous l'acoutumez à la longue carriere
  « Vous ne pourrez aprés l'en deſacoutumer.

Bien qu'empefché tu fois en ta propre maifon,
  Mon Cottier, par les tiens, de lire ne refufe
  Ce que i'ay recueilli fous ma petite Mufe,
Captif d'vne maiftreffe en aymable prifon.
Ie sçay bien, tu donras bien plus qu'à la raifon
  A la douce amitié, qui doucement t'abufe :
  Et Cottier, il n'eft pas que de la double rufe
D'amour tu n'ais gouté quelque fois la poifon.
Tu cognois comme il point & nous chatouille enfemble:
  Comme il fe donne aux cœurs & nos cœurs il nous emble :
  Comme il rit en mordant, amer & doucereux,
Vien donques tes amours dedans les miennes lire,
  Comme au port le nocher, t'ebatant à redire
  Le peril échapé des efcueils dangereux.

Vray dieu qu'Amour eft vne chofe eftrange!
  Amour egale au pleur le plus doux ris,
  Amour enflamme & tranfit les efprits,
  Amour en haut, Amour en bas nous range!
Quand par fon feu de nous il nous eftrange,
  Quand variable à fes plus fauoris,
  D'vn mefme trait & deffaits & nourris :
  A mille morts vn viure il contrechange!
Quand il nous fait puis fachez puis ioyeux,
  Tot efperans tantoft defefperez,
  En nous donnant mille & mille trauerfes.
Où fut-ce Amour, ô le pire des Dieux,
  Que tu trempas tant de traits acerez,
  Pour nous bleffer de playes fi diuerfes?

Au moins, Madame, vn tant foit peu de grace :
  Si ie ne fuis digne d'vn plus grand bien,
  Madame, au moins ne merité-ie bien
  Auoir de toy quelque douceur de face?
Mais (ô fierté!) fi deuant toy ie paffe
  Penfant gaigner de ta faueur vn rien,
  Tu ne voudrois adoucir ton maintien :
  Mais toufiours plus ton dedain me menace.

O moy chetif! qui vit onque amoureux:
  Plus obstiné dans son mal, moins heureux
  A s'aquerir vne amour mutuelle ?
Mais auroit bien vne autre fois esté
  Contre vn amant si fiere chasteté,
  Dedans amie autant belle & cruelle ?

Nul ne craigne qu'Amour vole luy faire outrage,
  Ou decoche en son cœur ses traits suiuis d'émoy :
  De flesches son carquois il a vuidé sur moy :
  Muant il a perdu dedans moy son pennage.
Il ne peut s'enuoler, à mon trop grand domage :
  Et mon hoste il s'est fait, & ce que i'en reçoy
  Ce sont soupirs & pleurs pour tout mon hostelage !
De mon sang il s'abreuue, il se paist de ma cher :
  Se bagne dans mes pleurs, se rit de me sacher :
  O cruel, ó brutal, ó race de Tigresse !
Que Venus est ta mere, à toy Tigre felon :
  Toy plus cruel que n'est le plus cruel Lyon :
  Que dieu tu fusses fils d'vne mere Deesse !

Ny la Lune si claire on ne voit, mon Beleau,
  Par la plus claire nuit dans le ciel aparoistre :
  Ny du soleil si clair on n'a veu iamais naistre
  Par le plus clair matin, le desiré flambeau,
Comme ie vi luisant ce mien soleil nouueau,
  Qui par mille rayons de mes yeux se fit maistre :
  Et deslors éblouy, rien si beau ne peut estre,
  Qu'apres cette beauté ie le trouue estre beau.
Beleau, ie vis Amour qui dedans cette flame,
  De son arc enfonça mille traits dans mon ame :
  Ie le vi : non, helas, ie ne l'usse peu voir :
Tant ie fus éblouy d'vne éblouisson telle,
  De si claire beauté, & de clarté si belle :
  Qu'encores auiourdhuy ie meur de les reuoir.

Ie veu quiter du iour l'ennuyeufe lumiere,
 Pour aller dans la nuit des manoirs tenebreux,
 Chercher quelque repos : dans les enfers ombreux
 Ie veu perdre mourant ma langueur coutumiere.
Puis que d'auoir trop vu vint la caufe premiere
 De l'amour, qui me tient triftement langoureux,
 I'effayray de ceffer de languir amoureux,
 Perdant du tout ce iour d'vne nuit la derniere.
Iamais ie ne fu las, ny ne me lafferay,
 Francine, de t'aymer tant que vif ie feray,
 Parquoy ie deuffe auoir de mourir telle enuie.
Mais las pour t'aymer trop tant haï ie me fuis,
 Qu'en eftant tout recreu, plus haïr ne me puis :
 Et ie beney la mort & ie maudi la vie.

Pleurez pleurez mes yeux vne pluye eternelle,
 Puis que par vous ie meur ainfi cruellement!
 Comme vous meritez pleurez inceffamment,
 Pleurez, perdez de pleurs vne onde perannelle,
Traitres, puis que par vous en peine fi cruelle,
 Mourant ie m'amenuife, endurez iuftement
 De voftre folle erreur le defferui tourment,
 Qui viftes la beauté à vous & moy mortelle.
Traitres, vous meritiez pour la deloyauté,
 D'auoir bien ozé veoir fi nuifible beauté,
 D'eftre à iamais fermez d'vne nuit la derniere.
Mais amour le Tyran qui rit de mes ennuis,
 Pour m'aueugler fans fin renouuelant mes nuits,
 Me garde maugré moy voftre trifte lumiere.

O pas en vain perduz! ô efperances vaines!
 O trop puiffant defir! ô par trop foible cœur!
 O trop flatteufe amour! ô trop apre langueur!
 O mes yeux, non plus yeux, mais de pleurs deux fontaines!
O foulas peu certains, trifteffes trop certaines!
 O pour fi claire foy trop aueugle rigueur!
 O graces, ô beautez, dont la belle vigueur
 En vigueur entretient toufiours fraiches mes peines!

O souhets, ô soupirs, ô pensers, ô regrets !
  O prez, campagnes, eaux, ô roches, ô forets !
  O deesses, ô dieux de la terre & de l'onde !
O ciel, ô terre, ô mer ! O Dieu qui luis le iour,
  Deesse qui la nuit, Voyez vous autre amour
  Qui face qu'en Amant tant de tristesse abonde ?

Quand ie naqui, i'eusse esté bien heureux,
  Si ie n'eusse eu de mes yeux la lumiere :
  Ie n'eusse veu cette beauté meurdriere,
  Qui me meurdrist tellement langoureux.
Ie n'eusse esté folement amoureux
  Des yeux (ma mort) de ma douce guerriere :
  Et pour l'amour d'vne beauté si fiere,
  Ie ne languisse en ce feu douloureux.
Que dy-ie, ô moy ! Heureuse ma naissance
  D'auoir peu voir, pour auoir cognoissance,
  Et m'aueugler de si grande beauté,
Pour qui ie meur : Douce mort amoureuse,
  Heureuse veue, ô cognoissance heureuse,
  Pour éprouuer si belle cruauté !

Vrayment bien fut cruelle & l'heure où ie fu né :
  Et l'astre fut cruel sous qui ie prin naissance :
  Bien fut cruel le lieu, que ma premiere enfance
  Premier foula d'vn pié, à tout mal destiné !
Bien cruel fut cet œil, deuant qui m'a mené
  Amour premierement pour sentir sa puissance :
  Cruelle la beauté, de qui la cognoissance
  En mon mal m'a rendu tellement obstiné !
Puis que celle pour qui tant de malheur i'endure,
  Prend à plaisir mon mal, cruelle, fiere, dure,
  Osant felonnement de mon mal s'eiouïr.
Ie suis bien malheureux : mais vn point me console,
  Qu'il vaut mieux (son amour si doucement m'affole)
  Pour elle estre en langueur que d'vne autre iouïr.

Ian de Baïf. — I.

Toute la mer ie veux épuiser de ses eaux :
  Ie veux de monts combler des airs tout ce grand vide :
  Si de mon estomac pousser dehors ie cuide
  Touts mes ennuis cruels y surcroissans nouueaux.
Plustost iront coulant au rebours les ruisseaux,
  Que de son mal felon ma poitrine ie vide :
  Que la dame aux beaux yeux, dont la clarté me guide,
  Me confortant d'vn clin serêne ses yeux beaux :
Ses beaux yeux étoilez en qui mon astre éclaire,
  Astre qui peut acoup, ou de sa flamme claire
  Calmer les flots mutins contre ma fraile nef :
Ou me la foudroyant de sa tempeste trouble,
  Brisee en cent éclats, la renfondrer au double
  Dans la fiere tourmente, en vn pire mechef.

Ie brusle ô moy chetif! mais aucun ne le croit,
  Mais aucun ne le croit bien que chacun le croye :
  Quand celle, celle helas, que seule ie voudroye,
  Ne montre en rien le croire, & si elle le voit.
O quel cruel tourment mon triste cœur reçoit,
  Triste cœur orfelin de toute saine ioye,
  Mais garni de tout dueil ! ô quel feu me foudroye !
  Quel feu, que seul ie sen, & chacun aparçoit ?
O beauté trop puissante, ô trop foible creance :
  O foy par trop aueugle en si claire aparance,
  Ne vois-tu pas mon cœur decouuert en mes yeux ?
Mon mal n'est tant caché que de ma peine dure
  Mille n'ayent pitié : ô toy pour qui i'endure,
  De ta seule pitié le ciel m'est enuieux !

Pardeillan, ie veu bien que tu sçaches ma vie,
  Si c'est vie le tems que lon vit en amours :
  En soupirs & regrets ie passe nuits & iours,
  Pour la fiere beauté d'vne douce ennemie.
Ie voy bien, veu ma foy qui trop captif me lie,
  Veu sa chaste rigueur à la quelle ay recours :
  Las, pour estre écondit de mon dernier secours !
  Qu'en brief cette clarté me doit estre rauie.

Si ce malheur auient, d'engrauer ayes soin
 Sur ma tombe ce vers : qui, de ma mort temoin,
 A mercy (bien que tard) émeuue ma meurdriere.
Passans, si vous sentez icy quelque chaleur,
 Vn qui vif n'eut repos de l'amoureuse ardeur,
 Mort s'en repose icy, par vne beauté fiere.

Donques on dit que mon amour est feinte,
 Et que ie fay de l'amoureux transi,
 Et que les vers, que ie compose ainsi,
 Ne partent pas d'vne ame au vif ateinte?
O pleust à Dieu, que fausse fust la plainte,
 Qui va criant mon amoureux soucy!
 Perdroy-ie en vain ce que i'écris icy,
 Si d'amour vray n'estoit mon ame étreinte?
Que pleust à Dieu que ceux qui font ce bruit,
 Vn seul moment eussent au cœur la playe
 Que mon œil traitre en mon cœur a conduit :
Ou pour le moins fusse-ie tant heureux,
 Que de leur bruit la fausseté fust vraye,
 Comme ie suis vrayement amoureux.

Ie suis bien ayse en l'amour qui m'opresse
 De quoy l'on dit que ie fay du transi.
 Que me vaudroit qu'on le cogneust aussi?
 Ce m'est assez si tu sçais ma detresse.
Ton cher honneur, ma peine flateresse
 I'ayme si fort, qu'à mon cruel soucy,
 (Non pas pour voir tout mon mal adoucy)
 Vn compagnon ie ne voudroy, Maistresse.
Mais la paleur, qui ma face deteint,
 Mais les sanglots, que sans fin ie soupire,
 M'acusent trop que mon amour n'est feint.
Mon bien mon cœur, par le don de mercy
 Ren moy mon teint, & rasseurant leur dire,
 De tes douceurs mes tourments adoucy.

Cupidon, ſi tu es le fils d'vne deeſſe,
  Qui naquit de la mer, pourquoy te ſen-ie feu?
  Et pourquoy de mon ſang te ſoules-tu, repeu
  Tant que ta ſoif gourmande vne goute n'en leſſe?
Si ton dos empenné en deux aiſles ſe dreſſe,
  Que ne t'en voles-tu? & pourquoy t'a-il pleu
  Choiſir obſtinément vn ſeul ſeiour éleu
  Dedans moy, ſans qu'ailleurs ton vol leger s'adreſſe?
Et ſi tu es enfant, pourquoy es tu ſi caut?
  Pourquoy des ſimples ieuz (trompeur) tant ne te chaut,
  Comme de me dreſſer touſiours fraudes nouuelles?
Mais, ſi comme lon dit des yeux tu ne vois rien,
  Que ne fiches tu donc autre part auſſi bien,
  Comme droit en mon cœur tes ſagettes cruelles?

  Il ne faut point, Francine, que i'en mente,
    Quand ie te voy guigner mon compagnon,
    Et le baiſer l'apelant ton mignon,
    Ie ſen mon cœur s'enfler d'ire bouillante.
  Eſpargne vn peu ton œillade brillante,
    Qui pour m'ardoir te ſeruit de brandon :
    Si i'ay du mal ſans en auoir guerdon,
    Qu'vn autre au moins de mon mal ne ſe vante.
  Las, ô quel mal me tourmente le cœur :
    Ie ne puis pas, ny ſouffrir ma langueur,
    Ny qu'autre encor de ma langueur languiſſe !
  O que ie ſuis follement amoureux,
    Quand i'aime mieux eſtre ſeul malheureux,
    Qu'autre que moy de mon malheur iouiſſe !

An heureux, heureux mois, & iour & ſoir heureux,
  Quand Francine me dit, Douques tu ne t'aſſeures
  De mon amour, Baif? touſiours donc tu demeures
  De mon affection douteux & deſireux?
Baïf, tu ſeras bien incredule amoureux,
  Si tu ne le cognois par des preuues bien ſeures :
  Et faudra que bien toſt ou ie meure ou tu meures,
  Ou tu ne ſeras plus vainement langoureux.

Que peut faire esperer promesse si gentile?
  Nouuelle ne fut onc plus agreable à Roy,
  Ou de gain de bataille ou de prise de ville:
Comme par ce propos plein de bonne asseurance,
  Ce message à souhet ie receu dedans moy,
  Croyant l'heureux repos de ma longue esperance.

O soir heureux pour moy, ô moment bienheureux,
  O place bienheureuse, où i'eu la hardiesse
  Deuant les yeux benins de ma douce maitresse,
  De decouurir à nu mon tourment amoureux.
Ie sen ce me dit-elle (ô propos doucereux!)
  Quel est ton mal cruel, ie cognoy ta detresse:
  Ie sçay ta ferme foy: ne crein que ie te lesse
  En mon amour souffrir plus long temps langoureux.
Sellant ces mots humains humaine elle me baise :
  Mais pensez amoureux, en quel heur en quel aise,
  Dessus l'heure & l'oreille & la bouche i'auois :
Iamais, iamais ma bouche autre goust ne sauoure,
  Que de son doux baiser : & iamais ne recoure,
  Iamais dans mon oreille, autre son que sa voix.

Las, que le temps m'est long que ie ne la reuoy,
  Pour sçauoir si vers moy son vouloir continuë,
  De me faite aparoir sa ferme amitie nuë,
  Et me recompenser de ma constante foy.
Vne heure vn an, vn iour vn siecle dure à moy,
  Attendant ce moment : Pleust à dieu que ma vuë,
  Fust pour iusques à là d'vn someil detenuë.
  Nenny, non, trop me plaist cet agreable émoy :
Mais pleust à dieu plustost que tousiours ie veillasse,
  Pour tousiours repenser (& d'autre chose rien)
  L'heur qui me doit venir de sa benine grace.
Comme du mal l'attente est tousiours trop hatiue,
  « Quoy que tard il auienne: aussi tousiours du bien,
  « Quoy qu'il auienne tost, l'esperance est tardiue.

C'est vne grand'douleur à l'amy languiſſant,
 Que de ſe voir traité rudement de ſa dame :
 Mais c'est plus grand'douleur de contenir ſa flâme,
Quand elle voudroit bien le faire iouiſſant.
Alors que la rigueur à coup s'adouciſſant
 Au cœur d'vne maiſtreſſe, au double nous renflâme :
 Alors que de promeſſe elle acerténe l'âme,
Du pauure ſeruiteur pour elle periſſant.
Certes vn mal bien grand me conſumoit alheure
 Que ie n'auoy de toy nulle bonne promeſſe :
 Maintenant ie languy, bien plus cruellement.
Alors moins ie ſouffroy, moins mon eſpoir s'aſſeure :
 Maintenant mon eſpoir tu as acreu, maiſtreſſe,
 Qui s'acroiſſant dans moy fait croiſtre mon tourment.

Vien, heure heureuſe, vien, de qui le double eſpoir
 Me flate d'vne part, de l'autre me tourmente :
 Me tourmente tranſi d'vne ſi longue atente,
Me flate m'aſſeurant d'vn tel bien receuoir.
Soit pour me faire bien, ſoit pour me deceuoir,
 Mon dieu qu'vn doux eſpoir heureuſement me tente :
 Que l'ennuy de l'eſpoir doucement me contente,
Puis que i'ay veu Madame à pitié s'émouuoir.
Mon dieu, qu'vne parole en pitié prononcee
 Peut aleger de mal, quand la Dame promét
 Bienheurer ſon amant, luy flatant ſa penſee.
Quand la ſeule promeſſe efface tant de peine,
 Que pourra faire donc de tous biens le ſommet ?
 Bienheureux qui languiſt deſſous maiſtreſſe humaine.

Dans les vergers de Cypre vn autre meilleur coin,
 Que toy, coignet aimé, plus propre ne ſe vante
 A decouurir l'ardeur qui les amans tourmente,
Quand Amour nos eſprits trauaille d'vn doux ſoin.
Coignet, de mes amours ô fidelle témoin,
 Ma Francine en ce lieu vit ma flâme euidante :
 En ce lieu me baiſant de ſa bouche odorante,
Elle écarta de moy toute douleur au loin.

Carreau, sur qui assis, sur mes genoux assise
  Ma maistresse ie tins doucement embrassee :
  Chaise, qui nous soutins entre les bras heureux :
Chaise, Carreau, Coignet, si elle vous auise,
  S'elle daigne vous voir, mettez en sa pensee,
  Ce qu'en vous ie luy dy de mon cœur amoureux.

Que ie peuisse aussi bien sur le papier écrire,
  Tout ce que i'ay d'ennuy, comme il l'est dans mon cœur !
  Au monde il n'est esprit de si fiere rigueur,
  Qui n'eust compassion de mon cruel martire.
Mes beaux yeux mes meurdriers, yeux, par qui ie soupire,
  Yeux, qui d'vn trait trampé d'vne fiere douceur,
  (De qui l'acier plus dur n'empesche la roideur)
  Mon cœur auez nauré, vous n'en faites que rire ?
Mais qu'est-il de besoin que i'écriue mon mal
  (A qui nul mal d'amant ne se peut voir égal)
  Quand ce que i'en écri ne sert que de le croistre ?
Si vos traits, ô beaux yeux, pour me venir blesser,
  Iusqu'au fond de mon cœur alors peurent passer,
  Qui les garde auiourduy leur playe recognoistre ?

O de mon Tahureau la gentile Admiree,
  De celles l'ornement, de qui se font amis
  Les Poëtes sacrez : qui iamais n'ont permis
  Leur gloire au lac d'oubly se noïer deuoree.
N'auienne que de soin gayement desliee
  Tu lises ces amours, trouuant que i'aye mis
  En oubly ton beau nom, qui ne sera soumis
  Au dard que la mort darde en toute chose nee.
Tel amy tu t'es fait, amy des saintes sœurs,
  Qui arose ton nom de leurs belles douceurs,
  Tahureau tien & mien, mais bien plus tien encore.
La fleur du plus beau teint par le temps flétrira,
  « La grace & la vertu muette perira,
  « Non pas ce qu'vn mignon des neuf Muses honore.

Qu'il me plaiſt m'eſclauer ſous toy, Chaine amoureuſe,
  Que i'ay de ma Francine en gage de ſa foy!
  O Chaine qui ſoulois enuironner de toy
  Et ſa gorge & ſon ſein, ô Chaine bienheureuſe!
Chaine, n'aye regret par la nuit tenebreuſe
  D'elle auoir eſté loin pour eſtre toute à moy.
  (Tant que ce qui eſt mien elle n'a rien à ſoy)
  A moy, non : tien ie fus, ô priſon doucereuſe!
Mais puis qu'ainſi de gré de Madame ie t'ay,
  Puis que toute vne nuit, beau lien, i'arreſtay
  Mon col dans tes chainons, qui ſon col ſouloyent ceindre :
Soy nous ſigne, lien, d'vn lien amoureux,
  Qui plus net que ton or, de deux amans heureux
  D'vn mutuel amour les deux cœurs puiſſe étreindre.

Ie ne puis me ſouler, ô Chainette amiable,
  De te mettre en ma bouche & de te relicher :
  Et de tes chainons d'or & mon col empeſcher,
  Et mes bras priſonniers en chartre ſouhetable.
Tant la douce priſon de toy m'eſt agreable,
  Pour celle qui m'y ſçait tant à l'aiſe atacher,
  Que ie ne la requier en rien me relacher,
  Sur toute liberté d'vn cep tant deſirable.
Elle meſme veut bien auoüer ma priſon,
  Se diſant eſtre mienne, & moy ie me dy ſien :
  Ie ſuis ſon priſonnier, elle eſt ma priſonniere.
Amour nous tient ainſi par douce trahiſon
  Elle mienne & moy ſien, captifs en ſon lien :
  Ainſi nous le iurons d'vne foy la derniere.

Qu'on recompenſe bien le tourment de lieſſe
  Au ieu diuers d'Amour! Que c'eſt vn grand plaiſir,
  Apres le doux ennuy de l'amoureux plaiſir,
  Dans les bras de ſa dame oublier ſa detreſſe!
Vienne à mes ennemis de viure ſans maiſtreſſe :
  « Au monde vn plus grand heur ie ne ſçauroy choiſir
  « Qu'aimer & d'eſtre aimé. Tant qu'on a le loiſir,
  Il faut cueillir les fleurs de la belle ieuneſſe.

Sans les dons de Venus s'il n'y a rien d'heureux,
 S'il n'y a rien de doux en noſtre fraiſle vie,
 Eſtanchon noſtre ſoif du Nectar amoureux.
Paſſon ainſi le temps : & quand le dernier iour
 Banira de ce ciel noſtre age parfournie,
 Nous n'irons à regret au bienheureux ſeiour.

Mon dieu que i'oubly bien tout le mal que i'endure,
 Quand Francine me iette vn doux œil languiſſant!
Mon dieu que i'oubly bien tout ennuy s'effaçant,
 Quand ie taſte en mes mains ſa douillette charnure!
Mon dieu que i'oubly bien ma peine la plus dure,
 Quand ſur mon eſtomac, ma vie, t'embraſſant,
 Maints baiſers redoublez ie pâme entrelaçant,
 Non ſans le ris mignard, non ſans le doux murmure!
Quel mal, tant fuſt-il grand, ne s'oubliroit alors,
 Que mille mots doucets nous ſouſpirons dehors,
 Entrerompus au choc de nos langues couplees?
Quel mal ne s'oubliroit, quand le bien qu'on y prend
 Sur l'heure ne permet (tant le plaiſir eſt grand)
 De nous ſe ſouuenir nos deux ames emblees.

Combien de fois cherchant d'oublier mes douleurs,
 La fuyant voire moy, ſi ie l'uſſe peu faire,
 Loin alecart aux champs me ſuis-ie allé retraire,
 Rompant l'air de ſouſpirs, bagnant l'herbe de pleurs?
Combien de fois cherchant de tromper mes malheurs,
 Par des bois pleins d'effroy, dans vn val ſolitaire,
 Ay-ie fuï ſes yeux, que ie n'ay peu m'y taire,
 Ny de mes grands ennuis, ny de ſes grands valeurs?
Quand elle ce pendant en ronde verdugade,
 Me ſembloit par les prez telle qu'vne Naïade,
 Ceuillir de ces beaux doits les fleurons vigoureux :
Puis ſoudain me ſembloit deſſus vn verd riuage,
 Parmy l'herbe s'aſſeoir, ſe mettant à l'ombrage,
 Et lier de ces fleurs vn bouquet odoureux.

Mesmes, tandis qu'au ciel tu fiches ton esprit,
  Des astres remarquant le cours & la puissance
  Sur les bords de ma Seine : à rien, las, ie ne panse
  Icy dessus le Clain, qu'à celle qui m'y prit.
De tout ce qu'elle fait le penser me nourrit :
  Icy premierement i'eu d'elle cognoissance :
  Là ie l'ouy parler : icy elle me tance :
  Elle m'œillade icy, là elle me sourit.
Gaye icy ie la vy, là ie la vy pensiue.
  Icy elle chantoit, là elle fut assise :
  Icy elle dança, là elle fit vn tour.
Là elle s'enfuït d'vne course lassiue :
  Icy ie luy contay l'amour qu'elle m'atise.
  Mesmes, ainsi pensif ie passe nuit & iour.

D'attendre si long temps, helas, ie suis tant las,
  Que i'en hay le desir & toute l'esperance :
  Ie les hay voirement ; mais quant à moy ie panse,
  Du tourment de mon cœur ie n'ay autre soulas.
Dés le commencement, non ie ne deuoy pas
  Receuoir par mes yeux, ce qui me fait nuisance,
  Et que plus ie chery. O nuisible plaisance !
  O crochus ameçons couuers de beaux apas !
Alheure ie failly, quand pour estre asseruie
  Ie perdy de mon gré ma liberté rauie :
  A mon ame depuis la franchise deplaist.
Ainsi le fier cheual qui ut la bouche vide,
  « Dés le temps qu'il a mors le doux frein de la bride,
  « Bien plus qu'en liberté en seruage se plaist.

Ennuyé d'estre serf ie cherchay liberté,
  Et si tant que ie l'eu ; mais ie ne pourroy dire,
  Combien la liberté en moy ie trouuay pire,
  Que de viure captif sous tant belle fierté.
Et comme de mon gré ie m'en estois osté
  Ie m'y remis encor : & soit que mon martire,
  Ou se face plus doux, ou tousiours plus s'empire,
  Esclaue ie viuray d'vne fiere beauté.

Les chaines & les ceps me plaisent dauantage,
  Que viure en liberté deliure de seruage :
  Me plaigne qui voudra, mais ie m'estime heureux.
Y a til bienheurté qui à tous soit toute vne?
  « Chacun se forge vn heur : Qui aime sa fortune,
  « Et qui en est contant, il n'est pas malheureux.

Maintefois mon miroir fait colorer de honte
  La paleur de ma face, en me montrant mes yeux,
  Tous cauez & plombez de chagrin ennuyeux,
  Pour le cruel amour, qui si longtemps me donte.
Et bien ne veux-tu pas de toy faire autre conte?
  (Dit-il m'amonestant) te vaudroit-il pas mieux
  Tost desfaire ton col de ce ioug odieux,
  Que de flechir couhard sous ce qui te surmonte?
Tu seras esbahy, que sans auoir vécu,
  Tu te trouueras mort sous ce qui t'a vaincu :
  « Depuis que lon est mort la mort est immortelle.
Ie voy ce que tu dis : le bien & mal ie voy :
  « Et i'aprouue le bien, le mal me gagne à soy :
  Mais quoy? si ie naquy sous vne estoile telle?

Mais pourquoy me dis-tu que tu m'aime, Maistresse,
  Plus qu'autre homme viuant, si montrer tu ne veux
  En ma triste langueur ce que pour moy tu peux?
  Où se peut mieux montrer l'amy qu'en la detresse?
Helas, pour t'aimer trop vn tel ennuy m'opresse,
  Que si tu n'as pitié de me voir langoureux,
  Par ta coulpe il faudra d'vn moyen malheureux,
  Ou que mon fier tourment, ou que ce iour ie lesse.
Mercy dame mercy : si ta bonne amitié
  Tu ne veux me montrer, montre moy ta pitié :
  Mon grand mal de pitié molliroit vne roche.
Si de belle amitié m'abusant sous le nom,
  Tu ne veux de traitresse euiter le renom,
  Au moins de cruauté fuy le vilain reproche.

Traitreſſe, qu'auec toy la paix encor ie fiſſe!
Ie me garderay bien ſous le nom d'amitié
De iamais éprouuer ta fauſſe mauuaitié.
Qu'encores miſerable en tes mains ie me viſſe!
Qu'encores ſous l'abus de douceur ie languiſſe!
 Puis que hors de tes ceps i'ay l'vn & l'autre pié,
 Ie ne veu m'enrouer criant pitié pitié,
 Pour toute recompenſe à mon loyal ſeruice.
Il eſt fol qui ſauué d'vn detroit dangereux
 « *Encores de ſon gré le peril meſme aproche.*
 I'ay fait aſſez le ſot ton eſclaue amoureux.
Les eſcueils recelez ſous vne coye mer,
 « *Sont plus creints des nochers, qu'vne aparente roche :*
 « *Il n'eſt pire ennemy que ſous le nom d'aimer.*

A dieu celle que i'ay plus que trop eſtimee,
 Que iuſque à m'en haïr i'ay pu iadis aimer :
 Adieu celle que plus ie ne veux eſtimer,
 Qu'autant ie veux haïr comme ie l'uſſe aimee.
A dieu celle qui cuide eſtre bien renommee,
 Honteux de ſon amour, pour me faire blamer :
 Adieu celle qui veut tous venans enflâmer,
 Et qui froide ne veut de nul eſtre enflâmee.
A dieu celle qui tient, deſſous feinte douceur
 Les amans abuſez, en ardeur amoureuſe :
 Qui n'eut onques d'amour vne bluette au cœur.
A dieu celle qu'vn iour autant puiſſé-ie voir
 Du feu de Cupidon follement langoureuſe,
 Comme ie ne l'ay pu de fierté demouuoir.

Francine me diſoit qu'elle n'aimoit perſonne,
 Ny ne pourroit aimer, autant qu'elle m'aimoit :
 Et ſot ie la croiois : & ſi fort m'enflâmoit
 Adonques ſon amour, qu'encor ie m'en eſtonne ;
Mais depuis i'ay cogneu les bourdes qu'elle donne :
 Et i'ay cogneu comment ſot elle m'eſtimoit,
 Et ſi n'ay pas éteint ce qui me conſumoit,
 Et sans luy vouloir bien mon mal ne m'abandonne.

Comment se fait cela (dis-tu) que ton amour
  Enuers moy dedans toy croisse de iour en iour,
  Et que ton bon vouloir enuers moy diminuë?
Tu m'as mis en tel point, que ie ne puis pour rien
  Que faces enuers moy, ny te vouloir du bien,
  Ny faire qu'enuers toy mon feu discontinuë.

Mon dieu ie m'ébahy, veu le mal que ie pense,
  Ma Francine, de toy, comme ie puis t'aimer :
  Mais plus i'en pense mal, plus ie sen m'enflâmer,
  Et croistre mon tourment en plus grand' vehemence.
O que ie tâche en vain chargeant ton innocence,
  Aleger ton amour, qui me vient consumer :
  Car plus ie suis contreint tes vertus estimer,
  Plus tes vices par feinte en mes discours i'auance.
Pres tes vrayes vertus tes vices faux, contez,
  Te font estre de moy beaucoup plus estimee,
  Sous tes claires valeurs se perdans surmontez.
Lon voit ainsi dans l'air par l'ombreuse obscurté
  Dessous la noire nuit, d'vne flâme alumee
  Plus claire de plus loin reluire la clarté.

Fausse folle esperance, esperance traitresse,
  Que dedans moy ie lesse entrer si priuément :
  Mais qui mon simple cœur traites si rudement,
  Redoublant ses ennuis, flateuse, tromperesse.
Encor mon nice cœur contre mon gré me presse
  Te receuoir dans moy pour son plus grand tourment,
  Bien qu'il pense abusé n'auoir soulagement,
  Que par tes vains abus, du tourment qui l'opresse.
Sor de moy esperance : entre en moy desespoir :
  Desespoir guerison de l'amoureux martire,
  Par qui l'amant guery cesse de se douloir.
Il ne cognoist l'espoir qui n'est point amoureux :
  « Et celuy n'aime pas que l'espoir ne martire,
  « Et qui n'aime n'est point comme moy langoureux.

En vain ie tâche oster de mon col ce cheuestre.
  I'ay beau tout essayer : I'ay beau par la raison
  (Qui ne peut rien sur moy) chercher ma guerison :
  Rien qu'amour auiourduy de mon esprit n'est maistre.
Mien comme ie souloy ie ne pourroy plus estre :
  Trop a gagné dans moy l'amoureuse poison.
  Ie suis en vn lien, tel qu'en nulle saison
  Le moyen ie n'atten, qui m'en tire & depestre.
I'ay beau tant que ie puis chercher tous les moyens,
  (Pour échaper du mal dont l'aueugle m'opresse)
  De rompre de l'amour les rigoureux liens.
Cessez amis cessez de plus me remontrer,
  « *Vous perdez vostre peine. On ne peut par sagesse,*
  « *La ieunesse & l'amour ioints ensemble, donter.*

Ie te supplie Amour de faire mon excuse,
  A celle à qui i'ay fait hommage de mon cœur :
  Amour ie te supplie, adoucy sa rigueur
  De sorte qu'enuers moy par trop elle n'en vse.
Ie ne le puis nier : Dame, ie m'en acuse :
  De mon vouloir trop prompt la maistresse fureur
  (Madame vostre amour m'a mis en telle erreur)
  Meine bon gré-maugré ma raison qu'elle abuse :
La meine à son plaisir où contreint ie la suy :
  Madame c'est à vous auec pitié de dire,
  Qui auez la raison pour iuger mon ennuy,
Et qu'y pourroit-il faire en si grand' loyauté ?
  Son martire le fait : ie cause son martire
  Qu'il souffre par sa foy, pour ma grande beauté.

A rames voguera la nef par les campagnes,
  Les chariots trainez sur la mer se rouront,
  Les cerfs quitans les bois aux eaux repaireront,
  Les daufins loin des eaux hanteront les montagnes :
Les brebis prés des loups viuront sans defiance,
  Tout ce qui est pesant contremont volera,
  Tout ce qui est leger en bas deualera,
  La flamme & l'eau feront amiable alliance :

Deuant que de mon cœur le nom de ma Francine,
  Et la conſtante amour que ie iure à iamais,
  Par quelque éloignement en rien ſe déracine.
Ou me ſoit-elle douce ou ſoit-elle cruelle,
  Tout ſien comme ie ſuis ie viuray deſormais,
  Voire ſans eſperer ſon amour mutuelle.

Francine i'ay iuré d'eſtre à iamais à toy :
  I'ay iuré par mes yeux, par mon cœur, par mon ame,
  Qui languiſſent pour toy dans l'amoureuſe flâme,
  Et par tous les ennuis qu'ils ſoufrent de leur foy.
Mais tu t'en ris mauuaiſe, & le dueil i'en reçoy :
  Mauuaiſe tu t'en ris, te diſant eſtre dame
  De tout ce qu'ay iuré : & tu me donnes blâme
  D'auoir en vain iuré ce qui n'eſt pas à moy.
Au moins, Francine, au moins ſi miens ie ne puis dire,
  Ny mon cœur, ny mes yeux, ny mon ame, ny moy,
  Puiſſé-ie dire mien mon amoureux martire.
Au moins mes pleurs ſoyent miens, mes ſoupirs, ma triſteſſe,
  Pour te iurer par eux d'inuiolable foy,
  Iamais ne te changer pour vne autre maiſtreſſe.

Depuis qu'vne beauté tout à ſoy me tient pris,
  Le ſeruage me plaiſt, & ie hay la franchiſe :
  Amour ſi doucement de ſon brandon atiſe
  Tous mes ſens, de ſa flame heureuſement ſurpris.
Depuis d'vn ſeul penſer ie repay mes eſpris,
  D'vn ſeul penſer ſi doux & que ſi cher ie priſe,
  Que s'il m'auient par fois le perdre par ſurpriſe,
  Ie per la vie auſſi d'vne mort entrepris.
Or ſi de ce penſer ie ſuſtente ma vie,
  Et ſi quand maugré moy ce penſer m'eſt rauy,
  Auecque ſon confort la vie m'eſt rauie :
Quel doit eſtre l'effet de ce bien que ie penſe ?
  Combien auray-ie d'heur, ſi iuſqu'à là ie vy,
  Que i'aye de ma foy parfaitte recompenſe ?

Plus le defir s'acroift, plus l'efpoir eft douteux,
 Tant que i'en hay l'amour : & fi ne puis tant faire,
 Que ie n'aime toufiours, faifant tout le contraire
De ce que ie propofe en moy-mefme honteux.
Mais la neige deuant prendra noire couleur :
 La mer fera fans eaux : les dauphins aux montagnes,
 Les daims repaireront aux marines campagnes :
Le froid fera l'efté, & l'yuer la chaleur :
Tout ira au rebours, parauant que fe muë,
 Ou Amour ou Madame enuers ma paffion :
 Las, comme aimé-ie donc ce qui fans fin me tuë !
Helas ie n'en fçay rien : fi ay-ie cognoiffance,
 Qu'amour pour me nourrir en trifte afliction,
 Me fait aprehender vne gaye efperance.

Fuft-ce vne gaye Nymphe ou Naïade ou Dryade,
 Fuft-ce vne riche Royne en or toute éclatant,
 Fuft-ce vne belle Helene auec moy s'ébatant,
Rien ne pourroit fur moy leur atrayante œillade :
Quand ce feroit Venus de beauté la princeffe,
 Rien elle ne pourroit fur mon ame gagner :
 Vne telle beauté me contreint dedaigner
Toutes autres beautez, de moy feule maiftreffe.
Si fort premierement fa ferene fplendeur,
 Se faifift de mes fens, eftonnez deffur l'heure,
 Tout acoup efblouis d'vne diuine ardeur.
Si bien que depuis l'heure ennublé de clarté,
 Mon œil, fien non plus mien, encore ne s'affeure
 Pour pouuoir faire chois de quelque autre beauté.

I'ay toufiours bien aymé, & i'ayme bien encore,
 Et i'aymeray toufiours la place & le moment
 Où premier me perdy, pour eftre entierement
A celle qui fon fexe, ains tout ce monde honore.
Iamais ne foit Amour, que ie n'ayme & n'adore
 Celle de qui les yeux font ton hebergement :
 D'où tes freres & toy tirez inceffamment
Mille traits dans mon cœur, que ta flamme deuore.

Tes freres çà & là, mes aymez ennemis,
  Ie vi (miracle grand) lacher mille sagettes,
  Naurans à ta mercy mon pauure cœur soumis.
Amour, que ie soutin vn merueilleux effort!
  N'estoit qu'autant d'espoirs que de desirs tu iettes,
  Cela m'ut fait mourir, dont ie viuoy plus fort.

Dame, si mon seruice autant à gré te vient,
  Comme tu me le dis, comment te peut déplaire
  De m'ouir demander mon merité salaire ?
  « *Madame, à tout trauail le salaire conuient.*
Celuy qui d'vn seruant le seruice retient,
  « *Ne merite trouuer qui luy en veule faire :*
  « *Mais le maistre qui dit le seruice luy plaire,*
  « *Se condamne estre ingrat, s'en vain il le detient.*
Paye ton seruiteur douce maistresse belle,
  Et pour toute ma vie oblige toy ma foy,
  Sans que i'aye regret d'auoir esté fidele :
Ou si tu ne veux pas me doner recompense,
  Comme tu peus & dois : pour le moins done moy
  Courage de mourir en ma perseuerance.

Ie croy tu penses bien de grande recompense,
  Auoir payé le mal, qui me vient de ma foy,
  M'ayant fait par faueur passer auecque toy,
  Vne nuit dans ton lict, forclos de iouissance.
Mais tu t'abuses fort. Si i'auoy fait offence
  Qui eust pu meriter vn tourment contre moy,
  Fiere, tu n'eusses pu d'vne plus dure loy
  Prendre de mon forfait moins humaine vangeance.
Faire mourir de faim à mesme le repas :
  Faire languir de soif béant sur la fontaine :
  Faire en viuant souffrir vn millier de trepas :
Est-ce ainsi que lon doit vn amant guerdonner ?
  A Tantale les dieux vne plus âpre peine,
  Pour son maudit banquet ne sçeurent ordonner.

Iean de Baïf. — I.   12

Maiſtreſſe baiſe moy, il me faut te leſſer :
  (A dieu belle Maiſtreſſe) ains faut que ie me leſſe
  Ou le meilleur de moy, de quoy tu es maiſtreſſe,
  C'eſt mon cœur, non plus mien, mais le tien ſans ceſſer.
Brief ie te leſſe tout, ſinon vn ſeul penſer
  Qui doit m'acompagner auecque la detreſſe :
  De qui ma chaude amour, mon cœur étoufé preſſe
  Amour que tu n'as onc daigné recompenſer,
Ainſi depuis cinq mois perdant tout mon ſeruice
  Ie n'ay rien pu gagner que le mal pour le bien :
  Combien qu'à t'obeir toute peine ie miſſe.
Car de moy i'ay fait perte à ton gain, ma Francine.
  Au moins ſi i'ay perdu t'enrichiſſant du mien,
  De l'auoir bien agré montre moy quelque ſine.

Croy ma Francine croy, que nulle amour plus forte
  Ne ſe voit en amant que celle en qui ie meur.
  Comment ? pour ton amour ie n'ay rien que langueur,
  Toutefois la prenant comme vn bien ie la porte ?
Si ie n'ay rien de toy qui mon mal reconforte,
  De beaucoup me ſeroit moins grieue ma douleur,
  Si tu croyois au moins, ce que ie dy de cœur,
  Prenant congié de toy, ſur le ſueil de ta porte.
Si i'ay rien fait ou dit ton amour pourſuiuant,
  Qui ne decouure vn cœur bruſlant d'amitié vraye,
  Ie te ſupli qu'autant en emporte le vent.
Mais ſi i'ay dit ou fait choſe qui deceloit
  Vn cœur outrenauré de l'amoureuſe playe,
  Croy que ſans rien farder mon cœur meſme parloit.

Naiades, qui nagez ſous cette onde azuree
  Du Loyre prez Saumur, fendez l'eau iuſqu'à Tours :
  A vos ſeurs d'alentour anoncez mes amours,
  Et leur honeur ſecond, frere de l'Admiree.
Dittes-leur qu'au plus beau de la plus belle pree,
  Que bagne leur belle eau, des plus belles couleurs
  Triant de leurs beaux doits toutes les belles fleurs,
  El en facent ombrage à ma teſte honoree.

Loire, ie te promé, puisqu'il t'auint tant d'heur,
　Qu'entre elles alaiter de Francine l'enfance,
　Dont la gaye ieuneſſe allume mon ardeur,
De faire que la Sorgue enuieuſe ſur toy
　Deſenflera ſon eau, te portant reuerance,
　Toy fait au lieu du Pô de tous fleuues le Roy.

Pleuſt à Dieu que iamais n'euſt eſté dementi
　Par ma langue mon cœur! ie ne fuſſe en la peine
　En laquelle ie ſuis: de ma belle inhumaine
　Le cœur tant inhumain ie n'uſſe pas ſenti!
Mais quoy? la faute eſt faite: il faut donc en ſouffrir?
　Mais qu'en peut mais mon cœur ſi ma langue t'offence?
　Tien, trançone ma langue: & la ſimple innocence
　De mon cœur ne puni qui vient à toi s'offrir.
Langue, qu'il vient de mal d'vne ſeule parole!
　Langue, tu fais punir mon cœur bien qu'innocent!
　« Sans eſpoir de retour la parole s'en vole.
Mais cette erreur legere eſt bien fort excuſable,
　« Lors que la langue faut, & le cœur ny conſent:
　« Si le cœur ny conſent, l'erreur n'eſt puniſſable.

Depuis qu'il me falut t'abandoner, Maiſtreſſe,
　Miſerable & dolent mon cœur m'abandonna:
　Tellement la douleur, qui loin de toy l'opreſſe,
　Au triſte departir d'auec toy l'étona.
Ie viuote ſans cœur: mon cœur du tout me leſſe,
　Qui te cherche & te ſuit quelque part que tu ſois:
　Legere, ô mon eſpoir, tu feras ma detreſſe
　Si mon cœur demi-mort doucement tu reçois.
Mais il ne peut parler: & combien qu'il s'auance
　Se preſentant à toy, tout ne luy ſert de rien:
　Car tu peux à bon droit en pretandre ignorance.
Ie t'en auerti donc: en eſtant auertie,
　Si tu vois le chetif qui te ſuit, ie ſçay bien
　Le couuant dans ton ſein tu luy rendras ſa vie.

Pourquoy à tout propos, Brués, me viens-tu dire,
 Que lisant la beauté la grace & la douceur
 Que i'écri de ma belle au bel œil rauisseur
 De mon cœur, non mais sien, qui seule la desire,
Qu'à vouloir faire essay de l'amour ie t'atire ?
 Mais, si tôt que tu vois la cruelle rigueur
 Dont ie me plain qu'à tort elle traite mon cœur,
 Que tu prens en horreur l'amour en mon martyre ?
O que tu es craintif, qui fuis le doux soucy
 Qu'on se done en amour ! O si d'vn feu si beau
 Tu pouuois t'enflamer, comme est belle ma flame,
Tu gouterois vn fiel d'vn tel miel adoucy,
 Que tu voudrois mourir benissant le flambeau,
 Qui t'auroit allumé ce beau feu dedans l'ame.

Ma Francine est par tout excellentement belle :
 Elle est belle en son front, elle est belle en ses yeux,
 Elle est belle en sa iouë, en son ris gracieux,
 Elle est belle en sa bouche, en elle tout excelle.
Son teint frais & vermeil est excellent en elle,
 Son maintien excellent, excellent son parler,
 Excellent son beau port, quand on la voit allèr,
 Se demarchant d'vn pas dine d'vne immortelle.
Tresbelles sont ses mains, & tres-beaus sont ses bras :
 Et sa gorge est tres-belle, & tres-beau son beau sein :
 Tout ce qu'en elle on voit est fort emerueillable,
 Et ses beautés n'ont rien de semblable icy bas :
Elle a tout admirable, elle a tout plus qu'humain :
 Si diray-ie ma foy beaucoup plus admirable.

Bernardin, tu croyrois des Poëtes la bande,
 Qui font l'enfant Amour vn aueugle & meurdrier,
 Si ton cœur le sentoit le cruel aussi fier
 Comme cruellement dans le mien il commande.
Rien le cruel Amour, le cruel, ne demande
 Que martyriser ceux, qui d'vn cœur plus entier
 Deuant le fier Tyran viennent s'humilier,
 Ne prenant que leur pleur & leur sang pour offrande.

Et ſi de ton Baïf ſi quelque fois le chant
  Des ſeurs eſt avoué, le chant que ce mechant
  Me force de chanter : Si de la Parque noire
Brauer il me faiſoit, en te faiſant mon guide :
  (Ce qu'à peine i'aten) cet aueugle homicide
  Par force le feroit : Tu le dois ainſi croire.

Calliſte, croy pour vray que l'Amour me tourmente,
  Bien plus que ie ne ſuis en ces vers douloureux.
  Sans rien feindre au plus pres ie pein l'heur malheureux
  Auec l'heureux malheur d'vne ardeur vehemente.
Croy pour vray que l'amour ma fureur folle augmente,
  Qui me fait degorger ces ſoupirs amoureux,
  Que le ſage reprend, où l'amant langoureux
  Rengrege ſa douleur, & la mienne lamente,
Amour ne me permét non d'eſtre demi-mien,
  Moins qu'à nul autre amant : & m'empeſche ſi bien,
  Que de me rauoir plus ie per toute eſperance.
Or puis que i'ay perdu celle meilleure part,
  Que mon ame égaree à Francine depart,
  Ie me voy le dernier des derniers de la France.

Baltaʒar mon Baïf, & que fait ta maiſtreſſe,
  Qui à toy t'a raui ? T'eſt elle touſiours douce ?
  O bien heureuſe amour, puis qu'Amour de ſa trouſſe,
  Deux traits d'or a trieʒ dont vos deux cœurs il bleſſe !
Moy loin de mes amours ie languis en detreſſe,
  Douteux ſi cet enfant, qui dans ſon feu me pouſſe,
  Ne luy donneroit point quelque gaye ſecouſſe,
  L'echaufant de l'ardeur qui iamais ne me leſſe.
Celuy ne diſoit bien, qui chanta plus heureuſes
  Des amans éloigneʒ les flames amoureuſes :
  Vit-il qui comme moy vit en facheuſe abſence ?
Il fera doncques mieux, qui dira plus heureuſes
  Des amans qui ſont pres les flammes amoureuſes :
  Heureux qui comme toy peut aymer en preſence.

Las, qui pourroit iamais redire bien à plein,
 Tout ce que iour & nuit endure ma pauure ame,
 Languiſſante au tourment de l'amoureuſe flâme,
 Depuis qu'vn doux acueil me prit deſſus le Clain!
Ma vie miſerable en ce mal inhumain
 Ne me veut point laiſſer : la mort que ie reclame,
 Ne me veut point ouir : les étoyles ie blame,
 Qui pour fournir aux maux m'entretiennent ſi ſain.
O cieux tous depitez d'vne haine commune :
 O aſtres ennemis, encontre ma fortune !
 Pleuſt à dieu qu'au berſeau i'uſſe fermé les yeux !
Mieux m'euſt valu de perdre en enfance ma vie.
 « Le chetif ne doit point de viure auoir enuie,
 « Qui doit vſer ſon âge en ſeruage ennuyeux.

Tandis, mon Tahureau, que loin du populace
 Dedans ton Fougeray nous paſſons les iournees,
 Ores armans nos noms encontre les annees
 Des beaux vers que les ſeurs nous donent de leur grace :
Ores prenans plaiſir à parler de la braiſe,
 Dont nous bruſlent nos cœurs nos deux maiſtreſſes belles :
 Tandis noſtre Michon ne bouge d'auec elles,
 Et peu ſoigneux de nous les acole & les baiſe.
Si ne voudrions-nous pas luy en porter enuie,
 Bien que nous voudrions bien les tenir acolees :
 Mais nous l'aymons autant que noſtre propre vie,
Pleuſt à Dieu qu'à voler Foulon nous vinſt aprendre
 Auecques ſes engins! nous prendrions nos volees
 Et ſur leurs bons propos nous les irions ſurprendre.

O doux ſonge amoureux, qui alheure plus coye
 De cette heureuſe nuit (quand ie fermoy les yeux
 Sous vn ſomme plus doux) mes trauaux ennuieux
 Es venu conſoler d'vne ſoudaine ioye,
En vn tel paradis faiſant que ic me voye,
 Tu fais que ie beni mon tourment gracieux :
 Et bien que tu ſois faux, ſi t'aymé-ie bien mieux
 Qu'autre plaiſir plus vray qu'en veillant on m'otroye.

Tant belle & tant humaine entre mes bras tu mis
  Ma Francine. O qu'eſtroit ie la tin embraſſee !
  O comme mes trauaux en oubly furent mis !
Que ie me vangeay bien de tous les grands ennuis
  Soufferts depuis le iour que ie l'auoy laiſſee.
  Ainçois depuis le iour qu'à moy plus ie ne ſuis !

Brun, la lune dix fois depuis s'eſt faite pleine,
  Qu'Amour bruſle mon cœur d'vn autre nouueau feu,
  D'vn nouueau feu ſi doux que ie me laſſe peu
  De ſouffrir de l'Amour vne ardeur tant humaine.
Si à ſuiuir l'amour il y a de la peine,
  Il y a du plaiſir : tel eſt le plaiſant jeu
  De ce volage enfant, qui iamais ne s'eſt veu
  Sans qu'au lieu de l'ennuy quelque ioye il ameine.
Ie confeſſeray bien qu'il y a du tourment,
  Mais il y a du bien qui le mal recompenſe :
  « Ce n'eſt pas bien n'auoir que le bien ſeulement.
S'il n'y a rien de pis, ie veus aymer touſiours
  Tant que ſeray viuant : encore aymer ie penſe
  Eſtant mort, ſi la mort n'amortiſt les amours.

Songe, qui par pitié m'a réſcoux de la mort,
  Et qui m'a mis au cœur de mon mal l'oubliance,
  De quel endroit du ciel en ma grand'doleance,
  M'es-tu venu donner vn ſi doux reconfort ?
Quel Ange à pris ſoucy de moy ia preſque mort,
  Ayant l'œil ſur mon mal hors de toute eſperance ?
  Ie n'ay iamais trouvé à mon mal allegeance.
  Songe, ſinon en toy en ſon plus grand effort.
Bien heureux toy qui fais les autres bien heureux,
  Si l'aiſle tu n'auois ſi pronte au departir,
  Nous l'oſtant auſſi toſt que tu donnes la choſe :
Au moins reuien me voir, moy chetif amoureux :
  Et me fay quelque fois cette ioye ſentir,
  Que d'ailleurs que de toy me promettre ie n'oſe.

O beaux yeux azurins, ô regards de douceur!
 O cheueux, mes liens, dont l'eſtoffe i'ignore
 Mais dont ie ſen l'étreinte! O beau front que i'adore!
 O teint qui éteindroit des roſes la fraicheur!
O ris doux & ſerain, qui me fondoit le cœur:
 Doux ris que ſon beau teint modeſtement colore!
 O chant, qui me rauiſt quand ie le rememore,
 Chant, qui du plus cruel pourroit eſtre vaincueur!
O parler deceleur des graces de ſon ame,
 Qui trop court tant de fois m'a fait ſembler le iour!
 O bouche toute pleine & de ſucre & de bame!
O baiſers, qui m'ont fait porter bien peu d'enuie
 A ce qui paiſt les dieux au celeſte ſeiour!
 Vous retiendray-ie point vne fois en ma vie?

Ainſi donc va le monde, ô eſtoyles cruelles!
 Ainſi dedans le ciel commande la iuſtice!
 Tel decret maintient donc la celeſte police!
 Tel eſt le beau deſtin des choſes eternelles!
Ainſi donc la fortune aux ames les moins belles,
 Qui fuyent la vertu, ſe montre plus propice!
 A celles qui bien loin ſe baniſſent du vice,
 Elle apreſte touſiours mille peines nouuelles.
Et ne deuroit on pas de cette beauté rare,
 Et de ce bel eſprit la diuine excellance,
 Voir ſur toute autre dame en honneur éleuee?
Mais le deſtin l'empeſche, & le monde barbare
 Le ſouffre & le permét: ah ſiecle d'ignorance!
 Ah des hommes peruers ah raiſon deprauee!

Paſcal, qui noſtre temps illuſtres noblement
 Ornant les hommes preux, & les faits de noſtre âge,
 D'vn ſi pur & Romain & tant loué langage,
 Que ton honneur en doit viure immortellement:
Que ne t'employes tu pour ce rare ornement
 De la terre, ains du monde, en qui tout ſon ouurage
 La nature a parfait, tout ce qui eſt de ſage,
 Et de bon & de beau, y metant largement?

De cette Dame-cy la valeur & la gloire,
  Ainſi qu'vn beau ſoleil épandront leur ſplendeur,
  Par entre les clartez dont reluiſt ton hiſtoire:
Cette Dame elle ſeule à ſes graces ornees
  Tout enſemble dautant de celeſte grandeur,
  Qu'à part en fourniroyent dix mille autres bien nees.

Si apres que la mort noſtre âge auroit finie,
  Comme dit Pythagore, il eſtoit vray, qu'alors
  Les ames ſeulement faiſant change de corps,
  Dedans des corps nouueaux reſſayaſſent la vie:
Sans que l'eſprit changeaſt, retenant ſa nature,
  Soit qu'en vn fier Lyon il erre dans les bois:
  Soit qu'en vn roſſignol il gringote ſa voix:
  Ou ſoit qu'il reſuſcite vne autre creature.
Si l'eſprit touſiours meſme autre part renaiſſoit,
  Saillant d'vne demeure en vne autre demeure,
  Et ſi ſon naturel iamais il ne laiſſoit.
Puiſqu'à vne touſiours i'ay l'eſprit aſſerui,
  (Apres que les deſtins iugeront que ie meure)
  Tourtre ie reuiuray, ſi iamais ie reui.

La rage, qui les chiens au plus chaud de l'eſté
  Fait bauer écumeux, méchant, te puiſſe prendre,
  Puis que tu as oſé follement entreprendre
  Profaner de Madame ainſi la ſainteté.
De mille viſions ton cerueau tempeſté,
  Ne ſe donne au ſomeil: ſans nul repos attendre
  Puiſſes-tu mille chiens aux oreilles entandre,
  Dont les abbois aigus t'eſſourdent enteſté.
Mille monſtres hideux, mil fantoſmes horribles,
  Deuant tes yeux poureux de leurs formes terribles
  Se preſentent ſans fin ton cœur épouuantant.
Mais ſur tout le remors d'auoir de ta voix orde,
  Souillé ſi ſaint honneur, ſans repos te remorde,
  Ton miſerable cœur triſtement tourmentant.

Bon, va dedans le bois, va du long d'vn riuage,
  Va sur les hauts rochers, va dans les prez herbeux,
  Des herbes me trier : & fay m'en, si tu peux,
  Contre le mal d'Amour quelque puissant breuuage.
Bon, où vas-tu si tost ? ah contre cette rage,
  De qui nous maladons nous chetifs amoureux,
  Aucun medicament ne seroit vigoureux!
  Le vostre & nostre dieu m'en donne temoignage.
Ah, Daphne (disoit-il) ah pourquoy me fuis-tu?
  Tu ne sçais qui tu fuis : i'ay de tout cognoissance :
  Ie suis le dieu qui sçay des herbes la vertu.
Ah, pourquoy contre Amour quelque contrepoison
  Aux herbes ne se treuue? O trop vaine sciance,
  Qui ne pourroit donner à l'amour guerison!

Il n'est nulle douceur tant soit elle estimee,
  Qui peust donner confort à mon cœur desolé
  Pour de celle estre absent qui m'a tout affolé,
  Que i'ayme & i'aymeray & i'ay si fort aymee.
Si ie chante par fois, en tristesse dolente
  Ie traine ma chanson, pareille au triste chant
  Que sur le sec rameau la tourtre se branchant,
  En veuuage ennuieux, d'vne voix triste chante.
Encor le plus souuent ie ne sçauroy tirer
  De ma gorge ma voix, qui tient à ma poitrine,
  Ny mesme vn seul soupir ie ne puis soupirer :
Ny la plume en mes doits ne fait plus son deuoir
  D'écrire le tourment, que i'ay pour toy Francine :
  En si piteux estat ie suis pour ne te voir!

Loir, qui lechant les pieds des coutaux Vandomois,
  Menes ton eau tardiue en la terre Angeuine,
  Si quelque fois Ronsard à sa chanson diuine
  T'auoit fait arrétter tes flots rauis tout-cois :
Entone ie te pri dans tes riues ma voix,
  Que tristement ie pousse, absent de ma Francine,
  Et conduis-la si bien sur ton onde azurine,
  Que sa Cassandre l'oye, où bien souuent tu l'ois :

Quand du long de tes bords l'herbe verte elle presse,
   Seulete rechantant les vers de son amant,
   Qui comme moy se plaint absent de sa maistresse.
Fleuue di luy pour moy : Tu n'es seule, Cassandre,
   Qui consumes vn autre & te vas consumant :
   Francine, qui me prend à moy se lesse prendre.

Sans tristesse & sans pleur, sans tourment ennuyeux,
   Dame, ie n'ay vescu non seulement vne heure,
   Depuis qu'en tes liens, ton captif ie demeure,
   Depuis qu'en ta beauté se ficherent mes yeux.
Las, ie ne pensoy pas qu'vn acueil gracieux,
   Trompast si doucement pour faire que lon meure !
   Helas, i'attendoy bien vne autre fin meilleure !
   Helas, si ie t'aymoy i'esperoy d'auoir mieux.
Mais Amour à l'effet i'ay veu tout le contraire :
   « Que tu mors en riant, que sous feinte douceur
   « Tu enyures nos cœurs d'vne poison amere :
Que tu promés plaisir pour nous mettre en detresse.
   Tout ainsi le Goujon pensant estre bien seur
   Se prend à l'aim caché sous l'amorce traitresse.

Esperé-ie trouuer repos à ma tristesse,
   La nourrissant tousiours ainsi comme ie fay ?
   De regrets & soupirs dedans moy ie la pay
   Quand de plaindre mon mal ie ne fay nulle cesse ?
La tristesse coquine en cet endroit s'augmente,
   « Où par ceux la qui l'ont elle se sent nourrir,
   « Et s'ayme auecques eux : Si i'en veu donc guerir,
Il n'est pas de besoing que mon mal ie lamente.
   Cesson de soupirer : mais la grieue douleur
   Estouffant mes poumons dedans moy se rempire,
   Et cuidant l'amoindrir, i'augmente mon malheur.
Et que feray-ie donc ? plustost que d'en mourir,
   Il faut qu'en me plaignant de mon mal ie respire,
   Attendant la pitié qui me peut secourir.

Las, que c'eſt vn grand mal, qu'aymer d'amitié vraye,
  Et ſe voir eſloigné d'vn long departement,
  De celle qu'vn amant ayme parfaitement :
  O qu'il cache en ſon cœur vne cuiſante playe !
Helas à mon grand mal cette douleur i'eſſaye,
  A ma grand' perte helas i'éprouue ce tourment !
  Et ſi ie ne veu pas chercher aucunement,
  De faire par moyen, que ce doux mal ie n'aye.
O qu'il eſt malaiſé, depuis qu'on a ployé
  « Deſſous le ioug d'Amour, de pouuoir s'en deffaire !
  « O qu'on y a le col étroitement lié !
Mais ô le doux trauail quand deux d'vn meſme cœur,
  « Deſſous le ioug d'Amour, heureux, ſe peuuent plaire !
  Puiſſions nous eſſayer cette douce langueur !

Onques ny le paſſé ne vit Amour plus ſainte,
  Ny le ſiecle à venir ne pourroit l'eſtimer,
  Si tu faiſois autant ton deuoir de m'aymer
  Que ie fay de ma part d'vn vray ʒele ſans feinte.
La vigne ſi eſtroit deſſus l'ormeau n'eſt ceinte,
  Le lierre ne tient de ſes rameaux laſſeʒ,
  Du cheſne les rameux ſi eſtroit embraſſeʒ,
  Qu'Amour tiendroit mon ame auec ton ame iointe.
Mais ce que tu m'écris feroit-il veritable,
  Que l'amour euſt ſur toy tout autant de pouuoir,
  Comme la peur ſur moy que tu ſois variable ?
Donques ny le paſſé ne vit Amour ſi ſainte,
  Ny le ſiecle à venir iamais n'en pourra voir,
  Si tu m'aymes autant, que ie t'ayme ſans feinte.

Ainſi te ſoit, Brinon, ta Sidere cruelle
  Plus douce qu'vn aigneau, ainſi l'enfant Amour,
  Du trait qui te bleſſa, la rebleſſe à ſon tour,
  Faite benine autant comme elle t'eſt rebelle.
Vien voir en ces chanſons, par vne fierté belle,
  Comme ie ſuis traité, & comme nuit & iour,
  De plaindre & ſoupirer ie n'ay fait nul ſeiour
  Depuis que i'aperceu ſon œillade mortelle.

Si lisant mes regrets, tu en prenois pitié,
  Ramenteuant les tiens, sur le papier larmoye :
  Mesle tes pleurs aux miens en signe d'amitié.
Aux miens mesle tes pleurs, & di en soupirant,
  Qu'vne pareille amour en nos ames flamboye,
  De pareille rigueur nos deux cœurs martyrant.

C'est fait : il ne faut plus que d'échaper ie pense
  Du lien, où ie suis par amour ataché :
  I'en eusse peu fuir, mais la douce esperance
  Du bien de ma prison m'a tousiours empesché.
Plustost de Diamant vne image massiue
  Lon verra sous le plomb se briser & casser,
  Que la grande douceur de sa grace naïue,
  Qui fait leger ce ioug, de mon cœur s'effacer.
Comment pourroys-ie helas de l'amour me deffaire,
  Quand plus du feu d'amour ie me sen éblouir,
  Plus des yeux ses archers ie cuide me retraire?
Helas, de ses atraits la seule souuenance
  Me retient en ses las! & i'ay beau la fuir,
  Francine m'a tousiours mieux absent qu'en presance.

Paris, mere du peuple, ô Paris sans pareille,
  Mammelle de la France, ô ma nourrice chere,
  Des Muses le seiour, & que te doy-ie faire
  Pour bien te saluer, des villes la merueille?
Nulle cité du monde à toy ne s'apareille :
  Mais, comme le soleil sur les astres éclere,
  Tu luis sur les cités de la terre estrangere :
  L'estranger qui te voit tout rauy s'emerueille.
O quel plaisir ce m'est apres neuf lunes pleines
  Te reuoir auiourduy! pleust à Dieu, ville aimee,
  N'auoir iamais changé au Clain ta chere Seine!
Tel venin ne fust pas coulé dedans mes veines,
  Telle flâme en mon cœur ne se fust alumee,
  Mais las ie ne languisse en si plaisante peine!

Où es tu belle, en qui fichant mes yeux
 Ie nourriſſoy mon cœur d'vne douce eſperance ?
 Où es tu beau parler, dont la ſage prudence
 Enleuoit mon eſprit de terre dans les cieux ?
Où es tu beau ſourcy, dont le clin gracieux
 A ſon gré çà & là changeoit ma contenance ?
 Où ettes vous beaux yeux, qui ſous l'obeiſſance
 D'Amour, rangez le cœur le plus audacieux ?
Où ettes vous beautez, de qui l'ombre plaiſante
 Preſtoit vn doux repos à mon ame laſſee ?
 Quand est-ce qu'auec vous ie me ſoulageray ?
Puis que mon fier deſtin d'auecque vous m'abſante,
 De l'image de vous, peinte dans ma penſee,
 Ie paitray mon deſir, mon mal i'alegeray.

Loin alécart de moy ſoupſon & ialouſie,
 Ie n'ay que faire à vous : de rien ie ne ſoupſonne,
 Ie ne ſuis point ialoux : Ie ne crein que perſonne
 Gagne plus de faueur que moy de mon amie.
La fiance que i'ay, c'eſt qu'en moy ie me fie :
 Vne plus grande foy ie ne veu qu'on me donne
 Que celle que i'en ay ; mais n'eſt elle pas bonne ?
 En qui ſe peut fier qui de ſoy ſe defie ?
Et qui ſe fie en ſoy n'a de nul defiance,
 Quand la foy qu'il a en depend de l'aſſeurance
 Qu'il a d'ataindre au but où nul ne peut ateindre.
Ie ſçay, ſçachant le faix de l'amour que i'endure,
 Que nul n'endureroit vne peine ſi dure,
 Et ie m'en tien ſi ſeur que rien ie ne puis creindre.

Mais ſans m'en auiſer ſerois-ie miſerable ?
 Si me tien-ie content : car onques de ma vie
 Ie ne ſenty mon cœur empoiſonné d'enuie,
 Et ie loué les dieux qui me font enuiable.
Vn plus heureux que moy, en vn œuure admirable
 De legitimes vers, ſon grand ſçauoir deplie ;
 Et face vne chanſon de luy meſme acomplie,
 Autant à l'ignorant qu'au ſçauant agreable.

Quand eſt de moy, Nicot, ie n'entrepren de faire
　Plus que Dieu ne feroit qui ne ſçauroit complaire
　A tous, ſoit qu'ou la pluye ou le beau temps il face.
Mon but eſt de me plaire aux chanſons que ie chante.
　Ie ſuis bien fort contant que chacun s'en contante :
　Si nul ne s'en contante, il faut que ie m'en paſſe.

Fr.　Mon dieu, quel vent ſi chaud m'alene le viſage ?
Sov.　　Nous ſommes les ſoupirs d'vn qu'eſclaue tu tiens.
Fr.　Qu'entan-ie ? ô douce voix, dou eſt-ce que tu viens ?
Sov.　De Baïf ton amant nous portons vn meſſage.
Fr.　Que fait-il ? que veut-il ? Sov. Il vit en ton ſeruage,
　　Et veut rauoir de toy ſon cœur que tu retiens.
Fr.　Son cœur qu'il m'a donné ? Sov. Mais ſi tu t'en ſouuiens,
　　Tu promis de luy faire vn plus grand auantage.
Fr.　Et qui l'a meu ſi toſt de reuouloir ſon cœur ?
Sov.　Outre ce que ſans cœur il ne pourroit plus eſtre,
　　Son cœur s'eſt plaint à luy, que tu luy tiens rigueur.
Fr.　Ne l'ay-ie pas touſiours tenu comme le mien ?
　　Comment pourroy-ie mieux luy donner à cognoiſtre ?
　　Amenez luy mon cœur pour oſtage du ſien.

Solitaire & penſif par les lieux plus ſauuages,
　Où des hommes le train moins ſe montre à mes yeux,
　Seul ie va degorgeant mon trauail ennuieux,
　Or dans les bois ombreux, or du long des riuages.
Là ſeul ie ramentoy celle qui en ſa garde
　A mon cœur mon fuitif, & rendre ne le veut :
　Et quand elle voudroit, qui rendre ne le peut,
　Tant humaine la ſent mon traitre qu'elle garde.
Là tout parle d'amour, & n'y a ny ruiſſeau,
　Ny beſte, ny rocher, ny pré, ny arbriſſeau,
　Qui ne ſente auec moy d'amour quelque eſtincele.
Soit par les lieux plus bas, ſoit par les plus hautains,
　Ie ne me ſçauroy perdre en deſers ſi lointains,
　Qu'à cet aueugle dieu tant ſoit peu ie me cele.
Ie t'aimeray touſiours d'vne amour aſſuree
　Et combien que cent ans ie fuſſe ſans te voir,

Si feray-ie toufiours, Francine, mon deuoir
De te garder ma foy, comme ie l'ay iuree.
La fortune & l'amour de haine coniuree
   Contre ma fermeté facent tout leur pouuoir,
   Si ne pourront-il pas d'vn point me démouuoir,
   Que mon amour ne foit d'eternelle duree.
Ie t'aimeray toufiours, foit qu'où la mer gelee,
   Porte les chariots, ie face mon feiour,
   Soit qu'où du chaud midy la campagne eft bruflee.
Toufiours ie t'aimeray : tien tu me pourras dire,
   Et iamais ne fera (ô bienheureufe amour!)
   Voire au dernier foupir que ie ne te foupire.

Si la grande faueur, Chapelain, que la Mufe
   Me faifoit dés l'enfance, euft etté pourfuiuie,
   Lors qu'elle detenoit mon ame à foy rauie,
   De fa douce fureur en mon efprit infufe :
Sans qu'Amour, le mauuais, qui me guide & m'abufe,
   Ainfi pour fon plaifir euft debauché ma vie,
   Tel œuure i'euffe fait, qui portroit peu d'enuie
   A tel qui de ployer deffous l'age refufe.
I'euffe (Apolon aidant) bafty fi dur ouurage,
   Qu'il euft peu defier des foudres toute l'ire,
   Et fur moy n'aboiroit d'enuieux telle rage.
Mais amour ne le veut, ny les beaux yeux de celle,
   A qui amour donna de moy l'entier empire,
   Qui ne permettent pas que ma fláme ie cele.

Ronfard que les neuf fœurs & leur bande fçauante
   Suit comme fon Phebus, toufiours la mer Egee,
   (Mefme tu l'as chanté) ne tempefte enragee:
   Toufiours de vents hideux l'air horrible ne vente.
Mais le bouillant courroux de ton cœur ne s'alante.
   L'an s'eft changé depuis, & point ne s'eft changee
   L'ire que tu conceus pour ta gloire outragee,
   S'il eft vray ce que ment vne langue méchante,
Non, ie n'ay point mépris, ny ne pourroy méprendre
   Enuers ton faint honneur : ma Francine i'en iure,
   I'en iure fes beaux yeux, fes beaux yeux que i'adore.

Par toutes les neuf sœurs, par ta belle Caſſandre,
 S'elle peut rien ſur toy, ie te pry, ie t'auire,
 Ne hay plus ton Baïf qui t'aime & qui t'honore.

Doux dedain, douce paix qu'vn doux courroux ameine,
 Doux regard, doux maintien, doux parler, beauté douce,
 Doux trait, que dans mon cœur amour doucement pouſſe,
 Douceur du doux braƶier de l'amour toute pleine.
Ame deſâche toy, ceſſe ta plainte vaine,
 Et plus contre ton heur folle ne te courrouce :
 Mais remercie Amour, qui choiſiſt dans ſa trouſſe
 Le trait, qui d'vn doux feu te tient en douce peine.
Peut eſtre vn iour quelcun piqué de douce enuie
 En ſoupirant dira, Qu'en vne douce flame
 D'vne treſdouce amour, cét homme vſa ſa vie!
O beauté ſeul honneur de la race mortelle,
 (Dira l'autre) pourquoy du temps de cette dame
 Ne naqui-ie, ou pourquoy du mien ne naquit elle?

Amour, hé, ten la main à l'eſprit trauaillé,
 Et à la foible voix ia caſſe & enrouee,
 De tant chanter le nom, dont la gloire louee
 Puiſſe en elle rauir le monde émerueillé.
Mais, ſeigneur, ſi depuis que tu m'as deſſillé,
 Pour voir cette beauté, ie l'ay ſeule adoree,
 Si de tout mon pouvoir, ie l'ay ſeule honoree
 De toute autre penſer pour elle depouillé :
Donne treue à mon chant : quelque relache donne
 A mes ſoupirs trop longs : & n'ay-ie pas aſſeƶ
 Employé de mes vers au nom d'vne perſonne?
Il répond : de chanter cet honneur ne t'ennuie,
 Par qui ſont tous honneurs des dames ſurpaſſeƶ
 Et qui doit t'honorer d'vne immortelle vie.

FIN DV SECOND LIVRE DE FRANCINE.

TROISIEME LIVRE

DE

L'AMOVR DE FRANCINE

PAR I. A. DE BAIF.

Dessvs les campagnes en l'air
  On ne voit si menu greller,
    Comme au fond de mon ame
  Les traits d'Amour ie sen voler
    Des beaux yeux de Madame.
Il me plaist assoupir les sons
  Qui bruioyent mes feintes chansons
    Sous le nom de Meline,
  Pour choisir les vrayes façons
    D'vne chanson plus dine.
Moy, qui deuant que d'estre né,
  Auois etté predestiné,
    D'vne Dame Poëte,
  Dés mon enfance i'ay sonné
    Vne amour contrefaite,

A fin qu'vn iour i'uſſe le pris
 Entre les Amans mieux apris
 A chanter leur detreſſe,
 Si i'étois de l'Amour épris
 D'vne vraye Maiſtreſſe.
Amour voulant à mon deſtin
 Metre vne fois heureuſe fin,
 M'a mené voir la belle
 A qui deu ie viuois, à fin
 D'eſtre ſeruiteur d'elle.
Et qui m'auroit bien fait quiter
 Ma Seine ſans la regretter
 Ainſin abandonnee,
 Venant ſur le Clain habiter,
 Sinon ma deſtinee?
Dame, auſſi toſt que ie te vy
 Auſſi toſt hors de moy rauy,
 I'eu vraye cognoiſſance
 Du bon deſtin, ſous qui ie vy
 Dés ma premiere enfance.
Pour celle ie te cognu bien
 Qui me deuoit auouer ſien :
 Lors ie te fis hommage :
 Et i'ay le comble de tout bien
 De viure en ton ſeruage.
Francine, tu ne te trompas :
 Vrayment tu ne mécognus pas
 Le ſort qui nous deſtine :
 « Contre le deſtin icy bas
 « Vainement on s'obſtine.
Le deſtin me ſoumét à toy
 Te faiſant maiſtreſſe de moy,
 Afin qu'Amour detienne,
 Iointes en eternelle foy,
 Et ton ame & la mienne.
Ie ſuis tien : ainſi qu'autre fois.
 En vain ie ne perdray ma voix,
 Chantant vne amour feinte :

Enamourer tu me deuois
Mon ame au vif ateinte.
Et puis que tu veux m'auouer
Iamais ie ne puiſſe louer
Autre nom ſur ma corde,
Iamais pour autre chant iouer,
Mon doux lut ne s'acorde,
Que pour l'honneur de ta beauté :
Et ne ſoit leu rien emprunté
Des paſſions eſtranges,
En tout ce que i'auray chanté
De tes vrayes louanges.
Rien pour moy ie ne mentiray
En ces chanſons, que i'écriray
De noſtre amitié vraye,
Tout ainſi que ie ſentiray,
D'amour la vraye playe.
Si que celuy qui les lira
Vrayment tout rauy dira,
Combien vne amour nette
En mes chanſons s'éloignera
D'vne amour contrefaite.

Qv'ay-ie ? que ſen-ie dedans moy
Qui m'enuelope tout mon cœur ?
Que ſay-ie ? Quel nouuel émoy,
Me pouſſe en ſi douce langueur ?
Ne me ſen-ie point enflámer,
De ce feu qu'on apelle aimer ?
Ie doute en quel eſtat ie ſuis :
Mais depuis l'heure que te vy,
Reuenir à moy ie ne puis
Dehors de moymeſme rauy :
Et depuis ie ne ramentoy,
Quoy que ie face, rien que toy.
Soit que le ſommeil gracieux
Flate mes yeux d'vn doux repos,

I'ay toufiours ta face en mes yeux,
I'oy toufiours ton fage propos :
Ie fonge te voir vis à vis,
Ie fonge ouïr tes doux deuis.
Soit que le fomme m'ait laiffé,
Fors à toy ie ne penfe à rien :
Et ie ne puis me voir laffé
De iouïr d'vn fi plaifant bien,
Que d'vfer la nuit & le iour
A penfer en toy fans feiour.
Soit que la raifon fagement
Ainfi t'engraue en mon fouci,
Soit qu'vn plaifant afolement
Tout à toy me rauiffe ainfi,
Ie ne fu iamais tant heureux,
Francine, que d'eftre amoureux.
Ie ne croy qu'vn autre plaifir
Peuft eftre vu pareil au mien :
Au moins ie ne pourroy choifir,
Par fouhet plus aimable bien,
Que de fentir la douce ardeur
Qui doucement brufle mon cœur.
Mais quelle rage vous époint
Vous autres Amans forcenez ?
Amour vous ne conoiffez point
Puis que fi mal vous le menez,
Le blazonans par vos efcris
Mouueur de fanglots & de cris.
En mes efcris iniurieux
Ie l'ay blasfemé comme vous :
Il n'eft felon ny furieux,
Mais fage, mais benin, mais doux :
Le mignard il n'a rien de fiel,
Ce n'eft que tout fucre & tout miel.
Car depuis qu'il m'a fait fentir
Comme il chatouille doucement,
De mes medits le repentir
C'eft bien le plus de mon tourment :

Ie veu chanter tout le rebours
De ce qu'on lit en mes amours.
Et qui oseroit le blâmer
Comme moy l'ayant éprouué :
Quand ce qu'il a le plus amer
A l'essay plus doux i'ay trouué,
Que le plaisir plus doucereux
Que i'usse n'estant amoureux ?
Vrayment celuy merite bien,
Amour, de te sentir cruel,
Qui n'ayant sauouré ton bien
A l'auanture te dit tel :
Mais i'ay gagné te sentir doux,
Qui doux te chante contre tous.

Bien, ie l'ay dit, ie le confesse,
Que nul ne te pourroit aimer,
Autant que ie t'aime, Maistresse,
Sçachant mieux qu'autre t'estimer :
Car d'autant que ie cognoy plus
Et tes beautez & tes vertus,
Dautant ma Francine ie doy
Mettre plus grande amour en toy.
Vn autre moins digne, peut estre,
Du premier coup s'éblouira,
Et ne te pouuant pas conoistre
Vn fol amour en souffrira :
Pour vn rayon de ta beauté
Perdant de raison la clarté,
Et par trop vaine passion
T'offrira son affection.
Mais dy : quel seruice agreable
D'vn tel fol pourras tu tirer,
Qui te criant non pitoyable
Ne fera rien que souspirer :
Que t'ennuier de ses ennuis
Qu'il prendra les iours & les nuits,

Pour ton amour, comme il crira,
Mais par sottise il languira.
Non ainsi non ainsi, Francine,
Ie ne t'aime ainsi folement,
D'vn ray de ta valeur diuine
Souffrant vn fol aueuglement :
Ce qui me fait ainsi t'aimer
C'est que ie sçay bien t'estimer,
C'est que sage ie cognoy bien
Tes graces qui me rendent tien :
Qui mourroyent, las, si de mes graces
Elle n'auoyent les belles fleurs,
Que mignardement tu embrasses
Pour orner tes dines valeurs
De leur chapelet fleurissant
Par l'age ne se fanissant,
Que ie leur donray bien apris,
Puis que tu ne l'as en mépris.
Et ce qui me donne courage,
C'est que tu cheris mes chansons,
Les aimant d'vn iugement sage,
Bien que i'agence leurs façons
N'étant d'amour au cœur ateint,
En l'honneur d'vn nom que i'ay feint.
Combien dont les cheriras tu
Quand ie chanteray ta vertu ?
Tu les entans, tu les caresses,
Et puis que tu les aimes tant
De leurs mignardes gentillesses
Ton desir ie feray contant,
Francine, si tu prens à gré
Mon chant tout à toy consacré,
Si ie te voy te plaire aux sons
De mes amoureuses chansons,
Ie feray que nulle ancienne
Ne s'éleuera dessur toy :
Ie feray que la gloire tienne,
Pour t'auoir oblige ma foy,

Bien peu d'enuie portera
A la plus braue, qu'on lira
De noſtre temps auoir eu l'heur,
De gagner d'vn Poëte le cœur.

L'AMOVR *qui me tourmente*
  Ie trouue ſi plaiſant,
  Que tant plus il s'augmente
  Moins i'en veux eſtre exemt :
  Bien que iamais le ſomme
  Ne me ferme les yeux,
  Plus amour me conſomme
  Moins il m'eſt ennuyeux.
Toute la nuit ie veille
  Sans cligner au ſommeil,
  Remembrant la merueille
  Qui me tient en éueil,
  Me repreſentant celle
  Que ie voy tout le iour,
  De qui l'image belle
  Trauaille mon ſeiour.
Toute nuit ſon image
  Se montre deuant moy :
  Le trait de ſon viſage
  Tout tel qu'il eſt ie voy :
  Ie voy ſa belle bouche,
  Et ie voy ſon beau ſein,
  Ses beaux tetins ie touche,
  Et ie baiſe ſa main.
Le iour ſi ma Maiſtreſſe
  Fauorable m'a ris,
  Il faut que i'en repeſſe
  Toute nuit mes eſpris.
  Si d'vne œillade gaye
  Elle m'a fait faueur,
  La nuit ſa douce playe
  Me chatouille le cœur.

13*

S'elle égaye la place
   De son bal gracieux,
   Toute la nuit sa grace
   Recourt deuant mes yeux :
   Si en douce merueille
   I'ay ouy sa chanson,
   Toute nuit en l'oreille
   I'en regoute le son.
O heureuse ma vie
   De iouïr d'vn tel heur !
   Non non ie n'ay enuie
   D'auoir d'vn dieu l'honneur,
   Puis qu'à souhet ie passe
   Et la nuit & le iour,
   Recueillant tant de grace
   Du tourment de l'amour.

Qve faites vous mes compagnons,
 Des cheres Muses chers mignons,
 Auous encor en son absence
 De vostre Baïf souuenance ?
 Baïf vostre compaignon doux,
 Qui a souuenance de vous
 Plus qu'assez, si vne pucelle,
 Sa douce maistresse nouuelle
 Qui l'etreint d'une étroite foy,
 Le laisse souuenir de soy.
 Mais le pauurét qu'amour tourmente
 D'vne chaleur trop vehemente,
 En oubly le pauurét a mis
 Soy mesme & ses meilleurs amis,
 Et le pauurét à rien ne panse
 Et si n'a de rien souuenance,
 Mais seulement il luy souuient
 De la Maistresse qui le tient,
 Et rien sinon d'elle il ne panse
 N'ayant que d'elle souuenance.
 Et tout bruslé du feu d'amours

Passe ainsi les nuits & les iours
Dessous le ioug d'vne pucelle
Sa douce Maistresse nouuelle :
Qui le fait ore esclaue sien
Ataché d'vn nouueau lien,
Qui le cœur de ce miserable
Brusle d'vn feu non secourable,
Si le secours solacieux
Ne luy vient de ces mesmes yeux,
Qui premiers sa flâme allumerent,
Qui premiers son cœur enflâmerent,
Et par qui peut estre adoucy
L'amoureux feu de son soucy.
Mais ny le vin ny la viande
Tant soyent de saueur friande
Ne luy peuuent plus agreer.
Rien ne pourroit le recreer,
Non pas les gentillesses belles
De ces gentilles Damoyselles,
De qui la demeure lon met
Sur l'Heliconien sommét :
Qu'il auoit tousiours honorees,
Qu'il auoit tousiours adorees
Dés son ieune âge nouuelét.
Encores enfant tendrelét,
A dieu Nymphes, à dieu les belles,
A dieu gentiles damoyselles,
A dieu l'honneur Parnassien,
A dieu le chœur Pegasien.
Venus la mignarde Deesse,
De Paphe la belle Princesse,
Et son petit fils Cupidon,
Me maitrisent de leur brandon.
Vos chansons n'ont point de puissance,
De me donner quelque alegeance,
Aux tourmens qui tiennent mon cœur
Genné d'amoureuse langueur.
Ie n'ay que faire de vous, belles,

A dieu gentilles damoiselles.
    Ny le gargouillant ruisselét
Qui coulant d'vn bruit doucelét
A dormir d'vne douce enuie
Dessus l'herbe verte conuie :
Ny par les ombreux arbrisseaux,
Le doux ramage des oyseaux,
Ny les luts ny les épinetes,
Ny les gaillardes chansonnetes,
Ny au chant des gayes chansons
Voir les garces & les garçons
Fraper en rond, sans qu'aucun erre,
D'vn branle mesuré la terre,
Ny tout cela qu'a de ioyeux
Le renouueau delicieux,
Ny de mon Tahureau (qui m'ayme
Comme son cœur) le confort mesme,
Mon Tahureau, qui comme moy
Languist en amoureux emoy,
Sous vne dame peu cruelle,
Qui l'ayme d'amour mutuelle,
Ne peuuent flater la langueur
Qui tient genné mon pauure cœur :
Bien que la mignarde maistresse
Pour qui me plaist tant ma detresse,
Contre mon amoureux tourment
Ne s'endurcisse fierement:
Et bien qu'ingrate ne soit celle
Gentille, mignarde, pucelle,
Qui m'atise de ses beaux yeux
Au cœur mille feus gracieux.
Mais que sert toute la caresse
Que ie reçoy de ma maistresse,
Mais que me vaut passer les iours
En mille petits jeux d'amours,
Si les nuits de mille ennuis pleines
Font oublier ces ioyes vaines,
Et les iours encor pleins d'ennuis

Qu'abſent de la belle ie ſuis ?
Quand ie meur abſent de la belle,
Ou quand ie meur preſent pres d'elle,
N'oſant montrer (ô dur tourment !)
De la conoitre ſeulement.
 Celuy vrayment eſt miſerable
Qu'Amour, voire eſtant fauorable,
Rend de ſa fláme langoureux,
Chetif, quiconq eſt amoureux !
Par qui eſt ſi cher eſtimee,
Vne ſi legere fumee
D'vn plaiſir, ſuiuy de ſi pres
De tant d'ennuis qui vont apres.
 Si ay-ie autant cher eſtimee
Vne ſi legere fumee.

 O la belle promeſſe,
  Par qui tien tu me fis,
  Mais vaine & mentereſſe !
  Quoy ? eſt-ce ainſi traitreſſe
  Que les cœurs tu rauis ?
 Ta rancontre premiere
  Tout bon heur me promit :
  Et ta douce maniere
  De foy non coutumiere
  A tes loix me ſoumit.
 Car moy, qui ſouloy viure
  Libre de tout lien,
  Ie fu contreint de ſuyure
  De tes douceurs tout yure
  L'ombre vaine d'vn bien,
 Depuis qu'en ſeruitude
  Tu me tiens deſſous toy,
  En toute ingratitude
  Tu es rébelle & rude
  Contre ma ſimple foy.
 Vne ſeule eſperance

Ie n'ay pas seulement :
Comme auroy-ie asseurance
D'auoir la recompance
De l'amoureux tourment ?
Circe iadis sorciere
Bienueignoit l'étranger.
D'vne douceur premiere,
Pour en prison derniere
A iamais le ranger.
Que tant heureux ie fusse,
Comme Vlysse, d'auoir
Le Moly, par qui i'usse
Tant d'heur que ie me pusse
En liberté rauoir.
Si tu n'auois changee
Ta premiere douceur
Qui mon ame étrangee
A dessous toy rangee
D'vn apast rauisseur :
Plus heureux qu'en franchise,
Sous toy serf ie seroy :
Heureux sous ta maitrise
Pour en sortir emprise
Iamais ie ne feroy.
Mais comme sous l'amorce
A l'ameçon caché,
Le poisson qui s'amorce,
Plus s'oster il s'efforce
Plus demeure ataché :
Ainsi quoy que ie face
Pour rompre la prison
Las en vain ie pourchasse
Obtenir de ta grace
A mon mal guerison.
En vain ainsi sa bride
Le cheual secouant
Dans sa bouche non vuide,
Sous celuy qui le guide

  Rebelle va ruant.
 L'Ecuyer sage n'use
  Au cheual de rigueur
  Encor qu'il le refuse,
  Mais d'vne douce ruse
  Il luy donte le cœur.
 Le mors ie ne refuse,
  Ie te veux obeïr :
  Mon cœur de douce ruse
  Dessous ta bride abuse,
  Ne la fay point haïr.
 I'aime ton vasselage,
  Mais ie te veu prier
  De lacher le cordage
  De l'amoureus seruage,
  Et non m'en delier.

Or voy-ie bien qu'il faut viure en seruage,
  A dieu ma liberté :
Dans les liens de l'amoureux cordage
  Ie demeure arresté.
   I'ay connoissance
   De la puissance
   D'vne maistresse
   Qu'Amour adresse.
O combien peut sur nous vne beauté !

I'ay veu le temps que lon me disoit, Garde
  Amour te punira :
Tu ris de luy, tu ris, mais quoy qu'il tarde
  De toy il se rira.
   Ie leur disoye,
   Deuant que soye,
   De la sagette
   Qu'aux cœurs il iette,
Atteint au cœur, le monde finira.

Mais qu'ay-ie fait de ma fiere arrogance,

Où est ce braue cœur ?
Ie conoy tard ma fole outrecuidance,
Amour en ta rigueur.
Ie le confesse,
Vne maistresse
Belle & bien-nee
Tu m'as donnee :
Ie suis vaincu, & tu es le vainqueur.

Et quel effort ay-ie oublié de faire,
Pour rompre ta prison ?
Et quel remede à mon grand mal contraire
Pour auoir guerison ?
Mais toute peine
M'a esté vaine.
Il n'est plus heure
Qu'on me sequeure :
Trop a gagné dedans moy la poison.

I'ay bien voulu moy-mesme me contreindre
De Francine haïr.
(Pardon Francine : & mon mal n'en est moindre,
Et ie veu t'obeïr)
Où que la visse,
De vertu vice
I'ay voulu faire,
Pour m'en distraire :
Mais c'est en vain qu'amour ie veu fuir.

Mesme cuidant (ó cuider execrable !)
Mon tourment alleger,
I'ay bien osé par vn vers difamable
La vouloir outrager.
Mais mon martyre
M'a fait dedire.
« La vraye plainte
« Plus que la feinte
« Peut de l'amour la peine soulager.

Vous ieunes gens, qu'Amour des-ia menace,
   Fuiez ce faus archer :
Fuiez son arc, courez de place en place,
   Ne vous laissez toucher.
    « *Puis que la fleche*
    « *A fait sa breche,*
    « *C'est grand' sotise*
    « *Si lon s'auise*
« *Apres le coup du tireur n'aprocher.*

Heureux celuy que d'autruy le dommage
   « *A fait bien auisé :*
Si i'eusse peu de bonne heure estre sage
   Deuant qu'il eust visé,
    Plus sain ie fusse :
    De luy ie n'usse
    Parauanture
    Ce que i'endure :
Ie ne languisse ainsi martyrisé !

Bien que mon mal me cause vn grand martyre
   En cruelle rigueur,
Heureux vrayment de l'auoir me puis dire
   Pour si grande valeur.
    Ie reçoy gloire
    De sa victoire :
    « *L'honneur surmonte*
    « *La foible honte*
« *S'on est vaincu par vn braue vainqueur.*

Puis que mon mal est si grand qu'il refuse
   L'espoir de guerison,
Ie feray bien si doucement i'abuse
   L'effét de sa poison.
    « *L'acoutumance*
    « *Donne alegeance,*
    « *Quand on suporte*
    « *De vertu forte,*
« *Ce qui ne peut s'amander par raison.*

Doncque d'vn long temps la perte
   Lon fait deuant qu'estre aymé?
   Deuant que d'Amour ouuerte
   Le cœur se montre enflámé?
   Deuant qu'on cueille le fruit
   D'vne amitié decouuerte?
   Et le doux áge s'enfuit,
   Le facheus de prés le suit.
O si plus loin tu retardes,
   O comme en pleurs tu fondras,
   Mouillant tes ioués vieillardes
   Quand mon cœur tu entandras.
   Mais las en vain : car alors
   Des gentilleſſes mignardes
   Nous ne ferons plus recors,
   Chagrins en nos foibles cors.
Mais si sans longue demeure
   Nous iouiſſons du plaisir,
   Ne permetans pas qu'il meure
   Deuant nostre vain desir :
   Outre l'heur que nous aurons
   Iouiſſans du bien sur l'heure,
   Mon dieu qu'ayses nous serons
   Quand cet heur nous redirons.
Si employans la ieuneſſe
   A qui tout ébat conuient,
   La babillarde vieilleſſe
   Franche de regrets nous vient,
   Mon dieu quel heur ce sera!
   Quel confort en sa detreſſe,
   Qui douce nous foulera,
   Nos vieux ans consolera!
Mais si tu doutes, Madame,
   De ma nette affection,
   O qu'à fin que de mon ame
   Tu viſſes la paſſion,
   O que i'uſſe de cryſtal

Mon eſtomac plein de flâme!
Tu verrois qu'vn autre mal
Ne fut oncq au mien egal.
Tu verrois, ma bien aymee,
Ton amour dedans mon cœur
Si viuement imprimee
En ſi profonde langueur,
Que plus elle ne pourroit.
Et, ie ſçay bien, entamee
Lors ta poitrine ſeroit
De pitié qu'elle en auroit.
Lors, ie ſçay bien, toute humaine
A mon col tu te pendrois,
Et pouſſant ta douce aleine
De crier ne te tiendrois :
Amy ie ſuis toute à toy,
Amy ie ſuis trop certaine
De ton exceſſiue foy,
Fais à ton plaiſir de moy.

O ma belle rebelle,
Las, que tu m'es cruelle!
Ou quand d'vn doux ſouris,
Larron de mes eſpris,
Ou quand d'vne parolle
Mignardetement molle,
Ou quand d'vn regard d'yeux
Fierement gracieux,
Ou quand d'vn petit geſte,
Tout diuin tout celeſte,
En amoureuſe ardeur
Tu plonges tout mon cœur.
O ma belle rebelle,
Las, que tu m'es cruelle!
Quand la cuiſante ardeur,
Qui me bruſle le cœur,
Fait que ie te demande

A sa bruslure grande
Vn rafraichissement
D'vn baiser seulement.
O ma belle rebelle
Las, que tu m'es cruelle!
Quand d'vn petit baiser
Tu ne veux m'apaiser :
Mais par tes fines ruses
Tousiours tu m'en refuses,
Au lieu d'allegement
Acroissant mon tourment.
 Me puissé-ie vn iour, dure,
Vanger de ton iniure :
Mon petit maistre Amour
Te puisse outrer vn iour,
Et pour moy langoureuse
Il te face amoureuse,
Comme il m'a langoureux
Pour toy fait amoureux.
Alors par ma vangeance
Tu auras conoissance
Quel mal fait, du baiser
Vn amant refuser.
Et si ie te le donne,
Ma farouche mignonne,
Quand plus fort le desir
S'en viendroit te saisir,
Lors apres ma vangeance,
Tu auras conoissance
Quel bien c'est, du baiser
L'amant ne refuser.

  Ferme foy
 Nul mieux que moy
En aymant ne peut auoir :
  Ie ne puis,
  Si ie ne suis

Contraymé, la receuoir.
Vn transi
Se meure ainsi
Pour celle là qui le hait :
La fureur
En telle erreur
Dehors de moy ne me mét.
I'ayme bien
Sans feindre rien
La dame qui m'aymera :
Mais ie fuy
Le vain ennuy
Pour vne qui s'en rira.
A t'aymer
Rien enflâmer
Ne m'a peu si viuement,
Que te voir
Presque émouuoir
D'vn pareil affolement.
Dame aussi
Nul n'a soucy
Qui soit egal à mon feu,
Tant soit-il,
Du feu suttil
Que l'amour brandist, émeu.
Mais tu dis
En tes deuis
Contre ton affection,
Reculant
Au feu bruslant
D'vne double passion.
Or cessons,
Dame laissons
De cacher ce que ie voy :
Decouurons,
Nos cœurs ouurons
Liez d'vne mesme foy.
Le feu doux

D'amour, dans nous
Laiſſons entrer doucement:
Ses douceurs
Dedans nos cœurs
Laiſſons couler mollement:
Ne perdans
Ainſi ardans
L'heur de noſtre douce ardeur,
Comme ceux
Qui pareſſeux
Se trainent en leur langueur.
Non ne croy
Non qu'enuers toy
Ie me puiſſe deceler,
Au dedans,
Auec le temps
Plus ardantement bruſler.
Tu me vois
A cette foix
Autant tien tout autant tien,
Qu'vn ſeruant
Au plus auant
Sa dame peut dire ſien.
Des hauts cieux
« *Si l'vn des dieux*
« *Amour vient, il eſt parfait.*
« *A demy*
« *Iamais l'amy*
« *S'enamourer il ne fait.*
Mon ardeur
Pour ta valeur
Eſt au parfait de ſon mieux:
De n'aymer,
C'eſt blasfemer,
Contre le vouloir des dieux.

APRES les vents, apres le triſte orage,
Apres l'yuer, qui de rauines d'eaux

Auoit noyé des bœufs le labourage,
Voicy venir les ventelets nouueaux
　Du beau printemps : defia dedans leur riue
　Se vont ferrer les éclarcis ruiffeaux.
Mon Dieu, pour moy cette faifon n'arriue.
　Le trifte yuer dure toufiours pour moy.
　Si bien Amour de mon printemps me priue !
Bien que tout rit, rien de gay ie ne voy :
　Bien que de pleurs le ciel ferain s'effuye,
　Donner la fin à mes pleurs ie ne doy.
Sans fin mes yeux verfent leur trifte pluye :
　Et quand chacun fe montre plus ioyeux,
　C'eft quand plus fort plus trifte ie m'ennuie.
Sous la fraicheur des bois delicieux
　Venus la gaye, & les Graces compagnes,
　Et fes Amours font vn bal gracieux.
Les Satyreaux aguetans des montagnes,
　Courent apres : le gentil patoureau
　De fon flageol éjouit les campagnes.
Dans les bofquets fur le verd arbriffeau
　On oit chanter en fon caquet fauuage,
　Et plaindre Ityl le Daulien oyfeau.
Le ciel en rit, la pree & le bocage :
　Et femble encor la Naiade en fes flots
　Trepignotant dancer au doux ramage.
Mes chants plus gays ce font trifles fanglots,
　Et mon bal c'eft de mille pas la perte,
　Tous mes plaifirs mille efpoirs vains & fots :
Le trifte noir, c'eft ma couleur plus verte :
　D'infinis maux ie fen le renouueau,
　Des biens ie per toute fleur entrouuerte.
Rien de printemps ie n'ay, finon le beau,
　(Ains mon yuer, & printemps de Madame)
　Dont ie reçoy toufiours yuer nouueau.
Doux fon printemps : mais bruflante eft la fláme,
　Du chaud yuer, qui me tranfift le cœur,
　Par contréffort me martyrant mon ame.
A ta beauté du printemps la vigueur

Ie parangonne : & les fleurs à tes graces,
A la saison de ton âge la fleur.
Mais en beauté le printemps tu surpasses :
A sa douceur cede ta cruauté :
Ta cruauté de douceur tu effaces.
Quand m'attirant de douce priuauté
Tu me contreins de te sentir rebelle,
Et t'éprouuer contre ma loyauté
Par ton refus ingratement cruelle.

M<small>ON</small> *Amour vehemente*
Toute nuit me tourmente,
Et mes yeux iamais clos
Ne prennent le repos.
Car lors que la nuit sombre
Auecque sa noire ombre,
S'éuanouist de l'air,
Deuant le rayon clair
De l'aube nouueau-nee,
Qui reluist atournee
De parements rosins,
Bordant des cieux voisins
La riante vouture
D'vne longue ceinture
Bigarree de fleurs
De cent mille couleurs.
Quand le somme qui vole
Sur son aislete mole,
Se donne doucereux
A mes yeux langoureux :
Quand bien que tard il presse
L'amoureuse detresse
De mon cœur affoibly,
En mielleux oubly.
A coup les arondelles,
Innocemment cruelles,
D'vn importun reueil

Me rompent mon someil,
Et de voix gringotees
Leurs plaintes sanglotees
Renouuellent icy,
Renouuellant auſſy
La complainte en ma bouche
Du mal (qui mon cœur touche
De regrets soucieux)
Et le pleur en mes yeux.
 Mais mauuaiſes criardes,
Mais ceſſez babillardes
Vos laments ennuieux,
Sur mon aiſe enuieux.
Ie n'ay ie n'ay coupee
De ma ſanglante épee
La langue à voſtre sœur:
Ie ne ſuis le forceur
De ſa chaſte ceinture.
Las, mais l'amour i'endure
En mes bruſlans eſpris,
D'autre que d'elle épris.
 Ce n'eſt pas Philomele,
Qui belle mais rebelle,
Tient en peine mon cœur
Par ſa chaſte rigueur.
Vne bien autre qu'elle
Mon cœur pris encordelle,
Qui de iour & de nuit
M'abandonne & la ſuit.
 Allez donc voſtre Ityle
Aux champs hors de la ville
Voſtre Ityle gemir,
Sans me deſendormir.
Fuiez d'aiſles legieres:
Laiſſez ſous mes paupieres
Se couler dans mes yeux
Le ſomme gracieux,
Qui tant ſoit peu me preſſe

L'amoureuſſe detreſſe
De mon cœur affoibly
En mieleux oubly.
 Quelque ſonge (peut eſtre)
Ie verray m'aparoiſtre
Atrauers l'huys cornin :
Qui par feinte benin
Me fera tant de grace
Qu'en mon dormant i'embraſſe
Celle qui ne hayt rien
Si fort comme mon bien :
Si bien que de l'ingrate,
(Et ſa chair delicate
A pleines mains tatant,
Et ſon baiſer goutant)
Ie iouiſſe à mon aiſe,
A ſouhet ie la baiſe,
Sans qu'elle goute rien
D'vn ſi doucereux bien.
Bien qu'elle ne le ſente,
Bien qu'elle ſoit abſente,
Veule ou ne veule pas,
La ſerrant en mes bras :
Si non de fait, par ſonge
Pour le moins en menſonge,
D'elle m'aſſouuiſſant,
Et d'elle iouiſſant.

Helas, ſi tu me vois conſtant en inconſtance
 Et changer de propos & muer de viſage,
 Comme le flot d'amour me reculle ou m'auance :
Helas, ſi tu me vois varier d'heure en heure,
 De moment en moment entre raiſon & rage,
 Sans qu'vn rien en vn point vn meſme ie demeure :
Tu dis que ie te mets en doutte, ma Francine,
 Par ce qui te deuroit donner plus d'aſſeurance
 Du feu chaud de l'amour, qui bouſt dans ma poitrine.

Las, tu vois bien assez ce qui me fait volage :
　Et qui a vu la nef en certaine constance
　Cà là ne chanceler au milieu d'vn orage ?
Et du cruel amour tant de tempestes troublent
　Mon esprit forcené, que la raison peu caute
　Son timon abandonne aux flots, qui se redoublent.
Ainsi Francine, ainsi tout par tout variable,
　Sinon en ton amour à faire quelque faute,
　Ie me montre en ma foy fermement immuable.

Vne amoureuse ardeur,
　　S'elle n'est feinte
　Ne chasse point du cœur
　　Soupçon & creinte.
Tel est l'état d'Amour
　　« Qui les liesses
　« Echange tour à tour
　　« Et les tristesses.
Plus ie suis amoureux
　　Plus ie soupçonne
　Que ton cœur langoureux
　　Ailleurs s'adonne.
I'ay de toy bien souuent
　　Belles paroles,
　Mais i'écri dans le vent
　　Telles friuoles.
Si pareille à ma foy
　　Estoit la tienne,
　Tu essayrois dans toy
　　La peine mienne.
Comme en tant que ie puis,
　　L'amour fidelle,
　Dont obligé me suis,
　　Ie te decele :
Ainsi de ton pouuoir
　　Ton amour grande
　Or tu me ferois voir

A ma demande.
Si ton cœur ne dement
Ta voix certaine,
Prouue moy donc comment
Elle n'eſt vaine.
Si nos cœurs meſmes ſont
Ie m'emerueille
Que tous deux ils ne vont
A fin pareille.
Le vouloir & l'amour
Sont choſe meſme,
Quand d'vn meſme retour
L'vn & l'autre aime.
Où meſme eſt le vouloir
Et la puiſſance,
Qui garde de valoir
La iouiſſance?

A IAN BRINON.

Ne t'ébay, Brinon, ſi des vers de ma Muſe
   Ie ne te fay rien voir,
Il faut que vergogneux enuers toy ie m'acuſe
   De ne plus rien ſçauoir.
Vne lâche pareſſe a mis telle oubliance
   Dans mes ſens éperdus,
Qu'acoup de tout ſçauoir & de toute ſciance
   Les beaux dons i'ay perdus.
Et non plus m'en ſouuient que ſi quelque breuuage,
   Qui m'auroit aſſommé,
De mon goʒier bruſlant d'vne ſoiueuſe rage,
   A coup i'auoy humé.
Ce dieu volant, qui dǫnte & ciel & mer & terre,
   Ne me laiſſe en repos,

Ains de ses traits cruels me fait tousiours la guerre
Rompant tous mes propos.
Si d'autre que de luy & du cruel martire
Duquel il m'étourdist,
Ie veu quelque chanson sur le papier écrire,
Ma main il engourdist.
Et si ie veu chanter quelque vers d'autre chose,
Que de son fier pouuoir,
Ma langue sans vertu dedans ma bouche close
Il ne laisse mouuoir.
Helas, ie n'écri rien, rien helas ie ne chante
Que ce qu'il veut ditter !
Et me fait, si ce n'est du feu qui me tourmente,
Toute estude quitter !
Ainsi Properce docte & le gentil Tibulle,
En deux vers tour à tour,
Aux chants de qui encor d'Amour la flâme brusle,
Plorerent leur amour.
Mais Garçon inhumain quelle belle victoire
De moy gagneras-tu ?
Vne fois n'as-tu pas assez receu de gloire
De m'auoir abbatu ?
Et n'ay-ie pas assez etté serf de Meline
Pour auoir liberté,
Sans que ie sente encore ainsi de ma Francine
La nouuelle fierté ?
Tu souffres aussi bien, Brinon, son aspre flâme :
Il n'est mon seul vainqueur :
Il est le tien aussi : donc ne me donne blâme,
S'il me donte le cœur.
Maint vers Grec, que Dorat écrit de ta Sidere,
Témoigner nous le peut :
Et, croy moy, tes amours ie ne pourroy pas taire.
Mais las on ne le veut :
Francine ne le veut, qui tout à soy m'employe
Ne me lâchant à rien,
Et pour tout mon loyer de ses yeux me foudroye,
Me donnant mal pour bien.

Ha, *que tu m'es cruelle,*
 Que tu reconois mal
 Pour t'eſtre trop fidelle
 Tout ce que i'ay de mal !
 O rebelle endurcie,
 Quand deuôt ie te prie
 Me donner vn baiſer,
 Pour rafraichir la flâme
 Qui bruſle dans mon ame,
 Tu la viens rembraizer.
Tu trouues mille ruſes
 Pour ne venir au point :
 Tu trouues mille excuſes
 Pour ne me baiſer point :
 Ou quelcun nous aguigne,
 Ou ta ſœur te fait ſigne,
 Ou tu ois quelque bruit,
 Ou tu me contreins dire
 Mon amoureux martire,
 Tandis le temps s'enfuit.
Tandis s'enuole l'heure
 Emportant le plaiſir,
 Mais l'ennuy me demeure
 En mon bruſlant deſir.
 Tandis que tu delayes,
 De mille & mille playes
 Amour naure mon cœur.
 Ha tandis ha, Francine,
 Dans ma chaude poitrine
 S'empire ma langueur.
Francine, tu t'abuſes,
 Si croiſſant le deſir,
 Tu cuides par tes ruſes
 Croiſtre auſſi le plaiſir.
 « Plus vne ſoif eſt gloute
 « Moins le breuuage on goute,
 « Tant ſoit-il doucereux :

>   *Fuſt-ce vne maluoiſie,*
>   *Fuſt-ce, en ſi grande enuie,*
>   *Vn nectar ſauoureux.*
> *Mais bien plus ie m'abuſe*
>   *De me douter en rien,*
>   *Que cette fine ruſe*
>   *Tu faces pour mon bien.*
>   *Tu reçois trop de ioye*
>   *De me voir pris en proye*
>   *Par l'oyſeau Cupidon :*
>   *Tu te plais trop à rire*
>   *De me voir en martire*
>   *Te requerir pardon.*
> *Mais puis qu'ainſi ta ioye*
>   *Eſt en mon deplaiſir,*
>   *Tout mon cœur ie t'otroye,*
>   *Genne-le de deſir :*
>   *Bien pluſtoſt que ie n'aye*
>   *Ce confort de la playe*
>   *Qu'amour fait en mon cœur,*
>   *I'acheteray, farrouche,*
>   *Vn baiſer de ta bouche,*
>   *Pour la meſme langueur.*

S'on ne me veut autrement ſecourir,
  Ie ne voy pas qu'il ne faille mourir,
  Ou bien trainer touſiours en deconfort
  Vn viure pire encore que la mort.
Cherchons, Amour, à mon mal gueriſon,
  Entant que peut ce que i'ay de raiſon :
  « Mais la raiſon a bien peu de valeur
  « Où tout flechiſt ſous l'aueugle fureur.
Mais mais Amour la raiſon te logea
  Dedans mon cœur, qui de moy s'étrangea,
  Pour s'aſſeruir captif d'vne beauté,
  Dans les liens de trop grand'loyauté.
Par la raiſon ie iugeay le grand pris

De la beauté, qui ores me tient pris :
Et sage alors franchement de mon gré
A sa grandeur ie me suis consacré.
Seigneur, alors heureux en tout plaisir
Ie m'aimoy fort pour auoir sceu choisir
Si grand' valeur, & plein d'affection
Me rauissoit sa contemplation.
Nul de mes sens ie ne pouuoy souler
(Tant s'en laissoyent sagement affoler)
De decouurir tousiours de plus en plus
Ses grans beautez, ses graces & vertus.
Mais las helas ce grand heur i'ay perdu,
Depuis que trop hardy i'ay pretendu,
Trop desireux, de faire si grand bien,
Mien, tout autant que ie m'étoy fait sien!
Et pour me faire à celle dame aimer,
Dont les beautez me peurent enflámer,
Ie l'aimay tant d'vn desir couuoiteux,
Que ie m'en hay moy-mesme tout honteux,
Ie m'en hay tant que ie ne m'aimeray,
Sinon alors que ie m'asseureray
D'estre aimé d'elle, ou quand mon triste cœur
Echangera son amour en rancueur.
Pense Francine, or pense quel ennuy
C'est se haïr pour aimer trop autruy :
Confesse moy qu'vn si grand mal vaut bien
Que d'en sortir lon cherche tout moien.
Or pour auoir la fin de mon tourment
Deux guerisons ie trouue seulement :
L'vne est heureuse, & rendroit mon desir
Au premier point de l'amoureux plaisir.
Et tout rauy, comme i'étoy deuant
Qu'vn tel desir i'allasse conceuant,
En tout bon heur te gardant loyauté,
I'adoreroy sans cesse ta beauté.
Et lors vrayment sans gouter rien d'amer,
Nous iouirions des douceurs de s'aimer :
Et sans fausser la fiance d'amour

Nous aimerions d'vn mutuel retour,
C'eſt que ie fuſſe autant aimé de toy
　En pure amour comme tu es de moy,
　Et de tant d'heur tu vinſes m'aſſeurer
　Du gage vray, ſans long temps demeurer :
Car mon tourment, Madame, eſt en tel point
　Que ſans me perdre il ne durera point.
　Croirois tu bien qu'ainſi pour tes beaux yeux
　Ie careſſaſſe vn mal ſi ennuieux ?
Il faut guerir : ou par mal ou par bien,
　Il faut trouuer de me guerir moien :
　Si tu ne veux employer ton deuoir,
　Tu conoitras quel ſera mon pouuoir.
Il eſt en toy de faire en bien finir
　Mon triſte mal, ou le faire venir
　A pire fin, ſi par ta gueriſon
　Tu ne reduis ma fureur en raiſon.
Las, faudra-il que du pire moien
　Ie m'aide, las ? las, dame, tu ſçais bien
　Comme au refus, helas, de ton deuoir,
　Par force i'ay recours au deſeſpoir.
Empeſche moy de ce ſecours dernier,
　Puis que tout eſt encor en ſon entier :
　Ne cherche pas de ton refus ſentir,
　Refus trop prompt, vn trop long repentir.
D'autant pluſtoſt donne moy gueriſon
　Que plus que moy tu t'aides de raiſon :
　Et d'autant moins refuſe la pitié,
　Que ſe haïr vaut moins que l'amitié.

　FRANCINE a ſi bonne grace,
　　Elle a ſi belle la face,
　　Elle a les ſourcis tant beaux,
　　Et deſſous, deux beaux flambeaux,
　　De qui la clarté ſeréne
　　Tout heur ou m'oſte ou m'améne.
　　La belle n'a rien de fiel,

Elle est tout sucre & tout miel,
Et l'aleine qu'elle tire
Rien que parfuns ne respire.
Son baiser delicieux
C'est vn vray nectar des dieux :
Elle est tant propre & tant nette,
Elle est en tout si parfette,
Elle deuise tant bien,
Elle ne se coupe en rien.
Ce n'est qu'amours & blandices,
Mignardises & delices :
Elle sçait pour m'enchanter,
Si doucettement chanter,
Atrempant sa voix diuine,
Les baisers de ma Meline,
Et tout cela que Ronsard
A chanté de plus mignard.
Elle sçait les mignardises
Qu'elle a de nouuel aprises
De Tahureau tendrelét
Plus que vous mignardelét.
Elle sçait ces mignardises,
El' les a par cœur aprises,
Du chant en rauist les cieux,
Et, ie croy, les feroit mieux.
Il n'est histoire ancienne
Dont elle ne se souuienne :
En amours il n'y a rien
Qu'elle ne sçache fort bien.
Nulle ne fait plus d'estime
De quelque excellante rime,
Nulle ne voit mieux vn vers
Quand il cloche de trauers.
Qui choisiroit vne amie
De graces mieux acomplie,
Quand si heureux il seroit
Qu'elle le contraimeroit?
Toutefois toufiours Peruse

Enuers moy toufiours l'acufe,
Et m'engarder il voudroit
D'aimer en fi bon endroit.
Quoy? S'il me vouloit reprendre,
Quoy? S'il me vouloit deffendre,
(Mais en vain) d'aimer mes yeux,
Ou chofe que i'aime mieux?

Plevrez mes yeux, toy foupire mon cœur :
  Langue, plain toy de l'extréme rigueur,
    Dont me genne ma fiere dame :
A fin au moins fi ie n'ay le pouuoir
Par mes fanglots à pitié l'émouuoir
    Que tout viuant fa fierté blame.
Bien que chacun fa fierté blamera,
  Ce blame vain que me profitera,
    S'elle n'en eft moins inhumaine?
Si ma chanfon ne me la peut changer,
Puiffé-ie au moins en chantant aleger
    Quelque peu du faix de ma peine.
Mais quoy premier, Amour, diroy-ie bien,
  Ou fa beauté par qui tu me fis fien,
    Et fa cruelle ingratitude?
Ou mon ardeur, qui d'vn fi âpre feu
Me brufle tout, & le deuoir mal deu,
    Dont i'oblige ma feruitude?
Car qui aura mon feruice entendu,
  Que follement fous elle i'ay perdu,
    Sans en auoir aucun falaire,
Me blamera comme mal auifé,
D'auoir mon temps & mon efprit vfé,
    A luy vouloir en vain complaire.
Et qui fçaura la grande cruauté
  Dont s'orgueillift fa fuperbe beauté
    Contre mon humble obeïffance,
La blamera d'auoir tyrannifé
Moy fon efclaue, à tort martyrifé

>   Pour ma trop fidelle innocence.
> Que dy-ie helas! qui sçaura sa beauté
>   Me blamera de peu de loyauté,
>   Bien qu'elle ne soit surmontable :
>   Et me dira, que ie suis trop heureux
>   D'estre en si peu de tourmens langoureux,
>   Pour vne grace tant valable.
> Grande est ma foy, grande ma passion,
>   Grand est mon mal, grande l'affection,
>   Qui tous mes sens maistrise & donte :
>   Grande est aussi sa chaste cruauté,
>   Sa valeur grande & grande sa beauté,
>   Qui de ses graces me surmonte.
> Le ciel voulant faire vn œuure parfait
>   Dame, de toy son seul chef d'œuure a fait,
>   Pour l'outrepasse de nature :
>   Et contre moy tous ses feux mutinez,
>   Mes tristes iours sous toy ont destinez,
>   Au parfait de triste auanture.
> Si quelque estoile en sa belle clarté
>   Donne valeur & grace & chasteté,
>   Elle luy fit à ta naissance :
>   Si quelque estoile en regard ennuieux
>   Respand en nous quelque maleur des cieux,
>   Son regard troubla mon enfance.
> Non quand i'auroy de Petrarque les vers,
>   Sufisamment ne seroyent decouuers
>   Par moy tes honneurs & tes graces :
>   Sufisamment par son humble chanter,
>   Ie ne pourrois au vray represanter
>   Tes cruautez & tes audaces.
> Non quand i'auroy du rossignol la voix
>   Qui tous les ans plaint son Ityl au bois,
>   Mon mal assez ie ne plaindroye.
>   Ny mon maleur de mes pleurs aprocher
>   Ie ne pourroy, fussé-ie le rocher
>   Qui en Sipyl sans fin larmoye.
> Tous les marteaux des Cyclops enfumez,

Ny tous les feux dedans Ætne alumez,
  N'amolliroyent pas ta rudeſſe :
Toutes les mers mon feu n'aſſoupiroyent,
Ny tous les feux mes pleurs ne tariroyent :
  Tel eſt ton amour qui m'oppreſſe.
Qui contera du ſable tout le grain,
  Qui tous les feux que dans le ciel ſerain
    Par la nuit claire on voit reluire,
Celuy vrayment de tes grandes valeurs,
Vrayment celuy de mes plus grands maleurs
  L'infinité pourra deduire.
Infinis ſont les maux que i'ay pour toy,
Ta beauté l'eſt, infinie eſt ma foy,
  Sans fin mes eſperances vaines :
Tu ne pourrois finir ma loyauté,
Mais tu peux bien de douce priuauté
  Donner fin à toutes mes peines.
Francine, en vain ie cherche en toy pitié,
En vain de toy i'atten quelque amitié :
  Tu as la poitrine aceree :
De diamant ton cœur eſt remparé :
Par trop ie ſuis de mon ſens égaré,
  Si i'atten la grace eſperee.
Ie n'auray point la grace que i'atten :
  Puis qu'il te plaiſt, ie le veu : mais enten
    Que pour toy ie ſouffre inhumaine.
Si tu l'entens trop fier me ſentiray :
Si tu le ſçais heureux ie ſouffriray,
  Prenant en gré toute ma peine.

Vien ça vien friandelette,
  Vien qu'en eſbas amoureux,
  Ce beau printemps vigoureux,
Ma belle Francinelette,
  Nous paſſions libres de ſoin,
  « Loin des peines importunes,
  « Qui volontiers ne ſont loin

« *Des plus hautaines fortunes.*
Il n'eſt rien, qui ne conuie
  A fuyure la gayeté,
  A toute ioliueté,
  A toute ioieuſe vie.
  Il n'eſt rien qui à l'amour
  Par exemple ne nous ſomme :
  Il ne faut perdre vn ſeul iour,
  Qu'en amour on ne conſomme.
Voy, le ciel rit à la terre
  Serenant l'air d'vn beau iour :
  Voy, la terre fait l'amour
  Au ciel, & de ſoy deſſerre
  De ſon treſor le plus beau,
  Pour doire de ſon noſſage
  Etalant le renouueau
  De ſon odoureux fleurage.
Les fruitiers de fleurs blanchiſſent,
  Les prés ſe peignent de fleurs,
  Et de flairantes odeurs
  Tout l'air embamé rempliſſent.
  Oy les bruyans ruiſſelets,
  Qui clair-coulans trepignotent,
  Oy les chantres oyſelets,
  Qui doucetement gringotent.
Voy, les oyſeaux s'aparient,
  Et du nectar amoureux
  Enyurez (les bien heureux)
  Leurs amours dans les bois bruyent.
  Voy ſur cet arbre à deſir
  Ces tourtourelles mignardes
  Sous vn friſſoneux plaiſir
  S'entrebaiſoter tremblardes.
Voy (tant leur amour eſt forte)
  Comme ſe voulans meſler
  El' ſe tachent engouler,
  Tachans ſe faire en la ſorte
  De deux vne ſeulement.

  Voy comme d'vn doux murmure
  El' se flatent doucement
  Parmy si douce engoulure.
Voy, Francine, voy, mignarde,
  Ces vignes qui les ormeaux
  Lassent de pampreux rameaux.
  Voy m'amie, voy, regarde
  Le lierre surrampant,
  Qui de sa tortisse chaisne
  Embrasse alentour grimpant
  Le tige aymé de ce chesne.
Quoy? mignonne, toute chose
  D'amour les dons sentira,
  Toute chose en iouïra,
  Et nostre amour se repose?
  Quoy? folle, deuant nos yeux
  Verrons-nous que tout s'ébate,
  Sans que leur jeu gracieux
  A mesme plaisir nous flate?
Qu'à plaisir tout se delie.
  Deuant nos yeux, & que nous
  Voyans leur plaisir tant doux
  Creuions de ialouse enuie,
  Sans qu'employer nous osions
  Le temps que la mort nous lesse,
  Oysifs, sans que nous vsions
  Des dons de nostre ieunesse?

P<small>AVVRE</small> *Baïf mé fin à ta sotise,*
  Cesse d'estre amoureux :
Garde qu'amour de son feu ne t'atise,
  Et tu viuras heureux.
    Puis que Francine,
    Te fait la mine
    Et te dedaigne,
    Ainçois se baigne
Pour son amour, à te voir langoureux.

Laisse-la là comme chose perdue,
Sans en faire plus cas,
Et sans espoir qu'elle te soit rendue,
Tout soucy més en bas.
Veux-tu contreindre
Son cœur de feindre,
Qu'elle te porte
Vne amour forte,
Quand tu vois bien qu'elle ne t'ayme pas?
Vn temps estoit que du iour la lumiere
Heureuse te luysoit,
Quand ta maistresse à t'aymer coutumiere
Auec toy deuisoit :
Maistresse aymee,
D'ame enflâmee
Autant qu'vne ame
D'amour s'enflâme,
Par toy à qui sur tout elle plaisoit.
Lors se faisoyent dix mille gentillesses
En tout heur & tout bien :
Si tu voulois de jeux dix mille especes
Elle les vouloit bien.
Lors la lumiere
Te fut bien chiere,
Alors ta vie
Te fut amie,
Quand vous viuiez en vn si doux lien.
La voulonté de l'ingrate est changee,
Change la tienne aussi :
Comme de toy elle s'est étrangee,
Fay de l'étrange ainsi :
Apres sa fuyte
Ne fay poursuite :
S'elle ne t'ayme
Fay luy de mesme,
Sans viure plus langoureux & transi.
Francine adieu : Ton Baïsse depite
Tout prest de t'oublier :

Et ne veut plus (car depit il te quite)
  Maugré toy te prier.
    Sans qu'on te prie,
    Triste & marrie,
    Tu dois pourſuiure
    Ton triste viure.
Et qui voudroit auſſi te ſupplier?
Et qui voudroit, maleureuſe traitreſſe,
  Te faire plus l'amour?
Qui voudroit bien te faire ſa maiſtreſſe
  Sçachant ton lâche tour?
    Et qui eſt l'homme,
    Qui ſçachant comme
    Baïf tu chaſſes
    Par tes audaces,
Te voudroit bien ſeruir vn petit iour?
Te ſeruir, toy? Quelle ſera ta vie,
  Et qui te hantera?
Dorenauant qui te dira s'amie,
  Qui te mignardera?
    Pour qui, rebelle,
    Seras-tu belle.
    Qui n'aura honte
    De faire conte
De toy qu'ainſi Baïf delaiſſera?
Pauurète à qui dois-tu la barbe tordre,
  Qui dois-tu careſſer?
A qui dois-tu les leures moles mordre,
  A qui les yeux ſucer?
    Et qui ſa dame,
    Et qui ſon ame,
    Et qui s'amie,
    Et qui ſa vie,
Te ſurnommant voudra plus t'embraſſer?
Tandis, Baïf, mé fin à ta ſotiſe
  Ceſſe d'eſtre amoureux:
Garde qu'amour de ſon feu ne t'atiſe,
  Et tu viuras heureux.

> *Puis que Francine*
> *Te fait la mine,*
> *Et te dedaigne,*
> *Ainçois se baigne*
> *Pour son amour, à te voir langoureux.*

Baif.

Tandis que d'esperance
　Mon cœur se nourrissoit,
Et de la douce auance
　De l'amour iouïssoit,
Vrayment nul amoureux
　N'auoit plus d'heur que moy,
Qui viuoy plus heureux
　Que le plus riche Roy.

Franc.

Tandis que ta Francine
　Estoit ton seul soucy,
Et qu'vn autre plus dine
　Elle n'aymoit aussi,
Nos amoureux ébas
　I'estimoy plus grand heur,
Qu'vne Royne n'a pas
　En sa riche grandeur.

Baif.

Mais depuis que ie cesse
　D'aymer & d'estre aymé,
Depuis que ma maistresse
　Ne m'a plus estimé,
Et que ie suis fuitif
　Du lien amoureux,
Plus que le plus chetif
　Ie langui malheureux.

Franc.

Depuis que d'estre aymee

Et d'aymer i'ay cessé,
Et comme vne fumee,
Ton amour s'est passé,
Et fuitiue ie suis
Du lien poursuiuy,
Plus que dire ne puis
Malheureuse ie vy.

BAIF.

Quoy? si l'ardeur premiere
Se rallumoit en nous,
Si l'amour coutumiere
Nous brusloit d'vn feu doux :
Quand Francine étandroit
Ses bras pour me rauoir,
Qu'est-ce qui me gardroit
Sous elle me reuoir?

FRANC.

Quoy? si l'éteinte flâme
Dans nous se rallumoit,
Si son ame & mon ame
Vn feu mesme enflamoit,
Quand Baïf voudroit bien
Se redonner à moy,
Qui romproit le lien
De nostre ferme foy?

BAIF.

Bien que tu sois plus dure
Qu'vne roche à m'aymer,
Bien que tu sois moins sure
Que l'inconstante mer,
Si ne pourroy-ie pas
D'vne autre m'enflammer :
Iusques à mon trepas
Si voudroy-ie t'aymer.

FRANC.

Bien que la girouéte

    Si volage ne foit,
    Que ton ame fugéte
    A tout ce qu'elle voit,
    Bien que ton cœur n'ait rien
    De conftance dans foy,
    Si m'aymeroy-ie bien.
    Viue & morte auec toy.

               Baif.

Puis que donc la rancune
    Nous voulons mettre bas,
    D'amour à nous commune
    Reprenans les ébas,
    Francine aymon nous donc,
    Donc aymon nous d'vn cœur,
    Plus nét qu'il ne fut onc
    Deuant noftre rancueur.

               Franc.

Puis que toute querelle
    Il nous plaift oublier
    D'vne paix mutuelle
    Nous voulans rallier,
    Baïf, d'amour le bien
    Receuon deformais,
    Ioignon-nous d'vn lien
    Qui ne rompe iamais.

Ha, *tu t'en ris, mauuaife,*
    Si ie change couleur,
    Quand vn autre te baife
    Me comblant de douleur :
    Faut-il mettre à mepris
    Vn don de fi grand pris?
En qui, Venus deeffe
    Des ébats amoureux,
    A mis telle largeffe
    De fon miel fauoureux,

Et qui de si pres ioint
Le souhetable point.
Celle soit mal nommee,
Qui mit alabandon
De chose tant aymee
Ce tant riche guerdon,
Faisant qu'vn si grand bien
Ne s'estime plus rien.
Les pucelles, sans crainte
De perdre leur bon bruit,
De leur amitié sainte
Lairroyent cueillir le fruit,
Et pourroyent d'vn baiser
Leurs amans apaiser.
Mais le premier qui passe,
Dés le premier abord,
Reçoit pareille grace
Qu'vn qui ayme bien fort,
Et le plus cher tenu
N'a plus que l'inconu.
Cela fait qu'en tristesse,
Nous chetifs amoureux,
Traynons nostre ieunesse
Vainement langoureux,
Hors d'vn contentement
Qui trompe le tourment.
Nous cherchons asseurance
D'vn gage propre à nous,
Qu'vne amour recompanse
Nostre amour enuers vous,
Du desir pour desir
Du plaisir pour plaisir.
Mais quelle propre grace,
Dames, nous ferez vous,
Qui bien certains nous face
D'vn bon cœur enuers nous,
Si ce n'est le loyer,
Qu'on gagne le dernier?

Puis que ſi peu de conte
Du baiſer vous tenez,
Quand au premier ſans honte
Ainſi vous le donnez,
Honteuſes, beaucoup plus
Que du don, du refus,
Dames, ou voſtre bouche
Ne laiſſez plus toucher,
Ou permetez qu'on touche
A ce ioyau ſi cher,
Ou, comme ſans pitié,
Soyez ſans amitié.

Brvn, ſi tu veux ſçauoir comme auiourduy ie vy,
Amour d'vne beauté m'a tout à ſoy rauy,
Ou ſoit que le ſoleil le beau iour nous allume,
Ou ſoit que la nuit vienne, vn doux feu me conſume :
Ie ne ſçay lequel plus ou doux ou bien cruel,
Tant y a qu'en mon cœur ie l'ay continuel :
Et ie le ſens ſi doux, qu'il n'y a douceur telle,
Et ſi cruel, qu'il n'eſt cruauté plus cruelle.
Ie meur de ne pouuoir acomplir mon deſir,
De l'eſperer auſſi ie reçoy grand plaiſir :
Mais ie ne pourroy pas bien au vray te le dire,
Que c'eſt que i'ay le plus ou l'aiſe ou le martyre.
  Quand ie voy quelque fois ces beaux creſpes cheueux,
Que ny d'or ny d'ébenne apeler ie ne veux :
Car ils ne ſont ny l'vn ny l'autre, mais nature
Meſla des deux enſemble vne riche teinture.
Quand ces cheueux ie voy, dont amour m'apreſta
Le bien heureux filét où pris il m'arreſta,
Et quand ie voy l'éclair, & celle belle flâme
De ces yeux azurins, qui m'allumerent l'ame :
O que ne l'ay-ie (di-ie) en mes bras maintenant,
A fin qu'entre mes bras ma maiſtreſſe tenant,
Tous ces cheueux treſſez las à las ie deffiſſe,
A fin que plus à clair ces beaux cheueux ie viſſe :

*A fin que les tenant, de grande ioye fou,
I'en fiſſe vn beau lien alentour de mon cou,
Et que dans leur chaiſnons, par folatre maniere,
Ie liaſſe à ſouhet ma gorge priſonniere.
O que ne l'ay-ie (di-ie) en mes bras maintenant,
A fin qu'entre mes bras ma maiſtreſſe tenant,
Ie peuſſe voir ſes yeux de mes yeux face à face,
Et comme en vn miroir en eux ie me miraſſe.*
   *Quand ie regarde apres ſon beau front ſpacieux,
Front, qui feroit trembler le plus audacieux,
Et ſon beau nez traitis, qui tout d'vne venue,
Prenant depuis ſon front, ſi droit ſe continue :
Son noir ſourcy poli qu'on diroit que Ianet
D'vn tret auroit tiré ſinon qu'il eſt plus net :
Ie penſe, auiendra point qu'vne fois à mon aiſe
De plus pres ces beautez ie contemple & ie baiſe ?*
   *Sur ſa bouche vermeille apres fichant mes yeux,
Penſe (me dit Amour) ſes propos gracieux :
Penſe mille douceurs, mille odeurs nompareilles,
Qu'enferment là dedans ces deux roſes vermeilles.
Penſe ce ris ſerain, qui ces fleurs entrouurant
Va deux rancs precieux de perles decouurant,
Ris, qui à Iupiter rauiroit ſon tonnerre,
Qui ouure à qui le voit vn paradis en terre.*
   *Puis quand ie vien à voir ſon menton rondelét,
Et ſa gorge deſſous, bien plus blanche que lait,
Qui à ſon ſein poly ſi bien iointe s'allie,
Enflant graſſettement ſa charnure polie :
Vois-tu (me dit Amour) quel plaiſir ce feroit,
Qui entre ſes deux bras eſtroit la ſerreroit,
Et qui de ſa dent fole en la gorge refele,
Emprainte laiſſeroit d'amour quelque merquete?
Puis quand i'arreſte l'œil ſur ſes bras graſſelets,
Qui s'étandent ſi bien en longueur rondelets,
Et ſur ſes belles mains, dont la blancheur naïue
Leurs vénes entremontre entre leur nege viue,
Et ſur ſes doits longuets, O mon dieu, quel plaiſir
Se ſentir doucement, autour du col ſaiſir,*

De ces bras, mains & doits! la ioye en feroit telle,
Que le nectar des dieux ie quiteroy pour elle.
 Amour me dit apres, leue l'esprit plus haut,
Et pourpense apar toy ces beautez comme il faut:
Si celles que lon voit se decouurent si belles,
Celles qu'on ne voit point, pense, quelles sont elles?
Comme en voyant les faits que montrent par les cieux
La lune & le soleil, par ce qu'on voit des yeux
Au dehors, de l'esprit dedans on imagine
D'vn heureux paradis vne ioye diuine:
 Ainsi regardant bien les celestes beautez,
Qu'en elle tu peux voir luyre de tous costez,
De ioye vn paradis de là tu dois atandre,
Où les rais de tes yeux ne se peuuent etandre.
 Mais, Brun, s'il faut parler des graces de l'esprit,
Nature dans le sien toutes vertus comprit:
Et celuy là vrayment aueugle on pourroit dire
Qui voyant sa beauté, ne reuere & n'admire
Comme moy son esprit. Qui voit son doux parler,
Comme vn ruisseau de miel, de sa bouche couler,
Qui soudain tout-rauy d'aise ne s'émerueille,
D'vne ame decouurant la celeste merueille?
Et qui ne iugera voyant ce beau dehors,
Estre cachez dedans quelques diuins tresors,
De sagesse & vertu? Rien Francine ne pense,
Ne fait & ne dit rien que la rare excellance.
 Cette beauté, mon Brun, m'a tellement raui,
Que ie n'ay peu rien voir, depuis que ie la vy,
Qui ait rauy mes yeux : ie la trouuay si belle,
Que depuis rien de beau ic ne trouue aupres d'elle.
Ie n'ay cessé depuis de mon amour chanter :
Et vrayment à bon droit ie pourroy me vanter,
D'estre heureux amoureux, si ma belle rebelle
Se montroit en amour moins cruelle que belle.

FIN DV TROISIEME LIVRE
DE FRANCINE.

QVATRIEME LIVRE

DE

L'AMOVR DE FRANCINE

PAR I. A. DE BAIF.

Or ie conois Amour : c'eſt vn dieu, (s'il eſt dieu)
   De toute cruauté : il a tetté la tette
   D'vne beſte ſauuage en vn ſauuage lieu.
Si i'en ay dit du bien, ſi ie l'ay nommé doux,
   Ie n'auoy pas de luy conoiſſance parfette :
   Si ie l'ay dit benin, ie m'en dedis à tous.
Quand premier il ſurprit mes ſens de ſa fureur,
   Il ſe fit gracieux, mais c'eſtoit pour m'atraire
   A mille cruautez par vne douce erreur.
Comme le pelerin qui part de ſa maiſon,
   Ennuié du ſeiour, pour vn voyage faire,
   Gayement de ſon gré part en gaye ſaiſon,
Premier que d'eſtre las, de matin s'auoyant
   Entre ſes compagnons ſa maiſon il depriſe,
   Follement au plaiſir du chemin s'égayant.
Les premiers iours paſſez, quand ſes genous recrus

Ne le peuuent porter, il conoiſt ſa ſottiſe
Regretant ſa maiſon, alors qu'il n'en peut plus :
Ainſi celuy qui entre au paſſage amoureux,
    « *Premier ne trouue rien que douceurs amoureuſes,*
    « *Et premier d'eſtre pris s'eſtime bien heureux.*
Mais s'il va plus auant iuſque à goûter d'aimer
    « *Et n'eſtre pas aymé, les rigueurs dedaigneuſes,*
    « *Il trouuera l'Amour plus que la mort amer.*
Adonques, mais trop tard, il ſe repentira
    D'auoir creu ce trompeur : s'il auoit d'auanture
    Dit bien de ce faux dieu, lors il s'en dedira.
Il maugrera ce dieu. Luy qui n'eſt qu'vn enfant,
    « *Sans s'émouuoir en rien nos blaſfemes endure,*
    « *Et touſiours de nos cœurs demeure trionfant.*
Mais puis que ce cruel ne daigne s'émouuoir
    Pour choſe qu'on luy crie, au moins par noſtre plainte
    De ſoulager nos cœurs faiſon noſtre deuoir.
Puis qu'on l'a feint ainſi aueugle des deux yeux,
    Que ne l'a ton fait ſourd ? vraye en ſeroit la feinte :
    Il n'oit rien de nos cris, mais nos cœurs il voit mieux.
Las, il voit mieux nos cœurs que nos plaintes il n'oit.
    Sans viſer autre part ſes traits aux cœurs il iette :
    Iamais ce traitre archer ne bleſſe en autre endroit.
Nous auons beau crier, nos plaintes il n'oit point.
    Nous auons beau cacher nos cœurs à ſa ſagette,
    Au plus profond de nous ſans faillir il les point.
Pourquoy a ton fiché deux aiſles ſur ſon dos,
    S'il eſt touſiours dans moy, & iamais ne s'enuole,
    Et ſi ne s'en bougeant il trouble mon repos?
On le peint à plaiſir, chacun tel qu'il luy plaiſt :
    Et ie veu dire auſſi, puis que l'Amour m'affole,
    Puis que ie le conoy, qu'il me fait, quel il eſt.
Soit ou ne ſoit pas dieu de ce mal le mouueur,
    « *Dieu ſoit ou non ce mal, ce mal dans nous a vie :*
    « *C'eſt vn vif animal qui nous genne en douleur.*
Et comme du bois meſme on voit naitre les vers
    « *Qui le rongent dedans, ainſi dans nous s'auie*
    « *Contre nous ce felon, inhumain, & peruers.*

Premier il naiſt petit ſans griffes & ſans dents :
  « *Lors on peut l'étouſer dés ſa fraiche naiſſance,*
  « *Sans luy donner loiſir de s'acroitre dedans.*
Mais qui le lairra faire, ébaï lon ſera
  « *Que de griffes & dents, prenant toſt acroiſſance,*
  « *Acharné dedans nous, il nous dechirera.*
S'on le laiſſe vne fois ſes griffes acrocher :
  « *Dans nous ſur nos poumons, noſtre cœur, noſtre foye*
  « *A peine pourra t on de dedans l'arracher.*
Iamais cet inhumain, ce bourreau, ne voudra
  « *Pour choſe qu'on luy face en rien lacher ſa proye,*
  « *Depuis qu'en ſes crochets le cruel la tiendra.*
Ou quand pour ſon plaiſir lacher il la voudroit,
  « *L'autre endroit dechirant, pour l'y laiſſer recroitre*
  « *Il la pourra lacher ſeulement d'vn endroit.*
Il la pourra lacher d'vn endroit ſeulement,
  « *Mais las ce n'eſt qu'à fin de plus en plus acroitre,*
  « *Acroiſſant ce qui ſouffre, à iamais le tourment.*
En tout il eſt ſemblable à cet aigle bourreau,
  « *Qui du larron du feu ſur le mont de Caucaſſe,*
  « *Tirailloit le poumon d'heure en heure nouueau.*
Fors que l'aigle moins fier par fois donnoit repos
  « *S'éleuant dedans l'air, ceſtuy-cy ne deplace,*
  « *Mais le bourreau demeure aux entrailles enclos.*
Il trauaille nos cœurs de tourments infinis,
  Et les maus que nous fait ſa tenaille inhumaine,
  Par la mort ſeulement pourroyent eſtre finis.
Vien donc Mort deſiree : à toy i'ay mon recours.
  Douce Mort vien finir & ma vie & ma peine,
  (Car ſeule tu le peux) par ton dernier ſecours.
Tu le peux ſeule Mort, ſi celle ne le veut
  Qui vit de me tuer & qui rit de ma plainte,
  Et qui guerir mon mal mieux que toy ſeule peut.
Mais que ſert qu'elle puiſſe ainſi me ſecourir,
  S'elle ne peut ſentir de pitié nulle ateinte?
  « *Où viure c'eſt malheur, c'eſt grand heur de mourir.*

Madame, *pren pitié de la peine cruelle,*
   Que ie souffre pour toy : Sinon, croy seulement
   Que ie souffre pour toy vne detresse telle.
Mais sans sentir au cœur de pitié grande ateinte,
   Croirois tu bien le mal de mon conu tourment?
   Croiant donc mon tourment donne fin à ma plainte.
Las las, soit que le iour ciel & terre éclercisse,
   Ie ne per vn moment de plaindre & souspirer :
   Soit que la noire nuit nos manoirs obscurcisse!
Ie souspire sans fin, sans fin ie me lamente,
   Et ie coney mon mal tousiours plus s'empirer,
   Plus ie pense amortir le feu qui me tourmente.
Comme au vent des souflets lon voit dans la fournaise
   Contre l'eau qu'on y perd, par vn contraire effort
   Plus viue s'enflámer l'estincelante braise :
Ainsi le feu d'Amour qui brusle dans mon ame,
   Contre tout mon secours tousiours se fait plus fort,
   Plus ie m'efforce en vain d'en esteindre la flâme.
Et quel gentil ébat exerce la ieunesse,
   Que ie n'aye essayé (mais en vain) pour tromper
   L'ennuy de cet Amour qui iamais ne me laisse?
Combien de fois cuidant consoler ma pensee,
   Au son du violon ay-ie voulu fraper
   La terre sous mes pieds, d'alegresse forcee?
Combien de fois, cherchant la bande la plus gaye
   De mes chers compagnons, ay-ie voulu tacher
   D'adoucir, mais en vain, mon amoureuse playe?
Combien de fois tout seul en ma chambre segrette
   Ay-ie empoigné mon lut m'en pensant defacher,
   Sans en metre d'acord vne corde seulette?
Combien de fois alant par les lieux plus sauuages,
   Par les eaux, rochers, bois, ay-ie perdu mes pas,
   Trainant mon mal à l'ombre, aux antres, aux riuages?
Mais mais, ny le dancer, ny des amis la bande,
   Ny le lut, ny les chans, consolé ne m'ont pas :
   Vn bien autre secours mon triste mal demande.
Mon mal ne peut guerir, si d'vn mal qui soit mesme,

Celle qui me le fait, ne souffre la langueur :
   Quoy ? la voudroy-ie voir en tourment si extresme ?
Quoy ? Si ie l'aime bien, d'vne genne pareille
   Pourroy-ie desirer luy voir languir le cœur,
   Au martyre qu'au mien sa rigueur apareille ?
Seul ie meure plustost, seul plustost ie languisse,
   Sentant de iour en iour mon mal se rengreger,
   Plustost qu'en si grand mal, que le mien ie la visse.
Mais ce qui est douleur à vn seul qui endure,
   « *C'est vn plaisir à deux qui veulent s'aleger.*
   « *De l'Amour mutuel bien douce est la pointure.*
Puis que ce n'est pas mal ce que ie luy desire,
   Mais plustost tout plaisir tout bon heur & tout bien.
   Vien Amour, de mon cœur ta fleche d'or retire :
Tire-la de mon cœur : de mon sang toute teinte,
   Et toute chaude encor, fiche-la dans le sien,
   Douce me la rendant d'vne pareille ateinte.
Dame, ne fay refus à sa gaye sagette,
   Gaye à toy, triste à moy quand seul ie la receu :
   Ouure ton cœur afin qu'au dedans il la iette.
Reçoy sa douce pointe : asseure toy, Maistresse,
   Qu'il ne te trompera comme ie fu deceu :
   Tu sçais pour te guerir où prendre seure adresse.
Mais à qui tiffes-tu ta blonde cheuelure ?
   Mais à qui gardes-tu ce ris mignardelet ?
   A qui compasses-tu cette gentile alure ?
Pour qui darde ton œil cette verdeur seréne ?
   Pour qui se va pommant ce tetin rondelet ?
   Et pour qui cette bouche a si souëue aléne ?
Quelcun donques indigne aura la iouissance
   De tant d'heur & de bien, sans l'auoir merité,
   Voire sans que de luy tu ayes conoissance !
Et moy qui digne en suis (si quelcun le peut estre
   Pour garder loyaument ferme fidelité)
   Non pas du seul espoir tu ne me veux repaistre.
Si merité-ie mieux : car bien que la campagne
   En mille gras arpans ne blondoye pour moy,
   Bien que de cent troupeaux ne groulle vne montagne,

Bien que contant ie viue en ma fortune baſſe,
　　Sans que des grands honneurs ie prenne grand émoy,
　　Ne les eſtimant rien pres de ta bonne grace,
Ie ne ſuis mal ſéant, ny du corps ny de l'age,
　　Aux ébas tendrelets que la ïeuneſſe prend :
　　Ie ne ſuis en amour inconſtant ny volage.
Nul mieux que moy ne tient vne foy ſans mégarde,
　　Et nul moins à garder vn honneur ne méprend,
　　Tenant meilleure bride à ſa bouche langarde.
Et ie me vanteray ſans creinte de l'enuie,
　　Par la douce faueur que la Muſe me fait,
　　D'honorer tes valeurs d'vne immortelle vie.
Ie feray par mes dons, que la race future
　　Plus viue te verra d'vn viure plus parfait,
　　Qu'auiourduy ne te voit l'age meſme qui dure.
Lors maint amant lié dans la couple amoureuſe,
　　Reliſant mes chanſons, émeu nous benira,
　　Recordant en ces mots noſtre memoire heureuſe.
Viueʒ heureux amans. Vne amour ſi diuine
　　Le temps qui tout deſtruit, iamais ne deſtruira :
　　Viueʒ, Baïf heureux, heureuſe ſa Francine.
Lors quelcune d'eſprit (& bien digne peut eſtre)
　　Ne ſe pourra tenir de dire en me liſant :
　　O que n'ay-ie eu tant d'heur que de ſon age naiſtre?
Poſſible i'euſſe peu gagner tant dauantage,
　　Qu'il euſt eſcrit de moy, plus douce l'atiſant
　　D'vn autre feu plus doux, que celle de ſon age.
Ainſi Francine ainſi, maintenant tu refuſes
　　Cela qu'vne autre vn iour en vain deſirera :
　　Tu le refuſes, las, te trompant de tes ruſes.
Puis que tu ne le veux, qu'vn œil nouueau me bleſſe,
　　Qui du coup de ton œil la playe fermera,
　　Que ie ſoy ſeruiteur de quelque autre Maiſtreſſe,
Qui me ſoit bien plus douce, à qui ſoit agreable
　　Ce que ie chanteray de ſon noble renom :
　　Et toy ſans ſeruiteur me fois-tu pitoyable.
Nul ne parle de toy : ſous meſme ſepulture
　　Se pourriſſent plongeʒ & ton corps & ton nom,

Et non plus que tes ans ta memoire ne dure.
Mais qu'ay-ie dit, Amour? où traines-tu mon ame
  Aueuglant ma raison? Que me fais-tu penser?
  Ia ne te plaise Amour que ie change de Dame.
Quitton ces faux discours: Ie preuoy qu'en peu d'heure
  Humaine elle s'en vient à mon col s'élancer,
  Bienheurant mon desir de fortune meilleure.

  Tv es donc malade, ma vie?
  La fieure t'a donc affoiblie,
  Qui tes forces affoiblissant,
  Ma vie aussi va rauissant.
  Ha, fieure cruelle enragee!
  Par toy donq sanist outragee
  De Francine la fraiche fleur,
  Et de son beau teint la vigueur?
  Ha, beste remplie de rage,
  Tu oses donques faire outrage
  A sa vigoureuse beauté
  Tuant de ses yeux la clarté?
  De son teint la rose épanie
  Se déteint & palist sanie,
  Et de sa bouche les frais bors
  Se decolorent demy-mors.
  Hé, dieux pouuez vous bien permettre,
  Que la fieure se vienne metre
  Dans cette verdelette fleur,
  Pour endommager sa vigueur?
  Hé, dieux n'auez vous point de honte,
  De faire ainsi tant peu de conte
  De ce que nous auons de vous,
  Tout le plus parfait entre nous?
  Qui croira que vous preniez peine
  De ce que fait la race humaine,
  Si Francine vous conoissez,
  Et dans tel mal la delaissez?
  Laquelle si vous auiez vuë

Telle que premier l'ay conuë,
Vous pourriez bien dans voſtre cœur
Receuoir ma meſme langueur.
Dieux, au moins ſi vous l'auiez vuë,
Voſtre pitié ſeroit émuë,
D'vn regard, à prendre ſouci
De ne la voir languir ainſi.
« Mais, Dieux, en vous eſt la iuſtice
« Qui sçait treſbien punir le vice,
« Comme vous guerdonnez le bien
« Punir le mal vous ſçauez bien.
  Ha c'eſt, ha c'eſt, pauure Francine,
La iuſte vengeance diuine
Qui te puniſt de la rigueur,
Que tu tenois contre mon cœur.
Mais, ô bons dieux, ie n'en demande
Vne punition ſi grande :
O dieux, il faloit ſeulement
Luy faire gouter mon tourment :
A fin qu'en eſtant bien certaine,
Elle priſt ſoucy de ma peine,
Me departant par grand pitié
Tant ſoit peu de ſon amitié.
Mais quoy? Touſiours la fleure mine
Le ferme en-bon-point de Francine?
Quoy? Touſiours la cruelle éteint
La fleur roſine de ſon teint?
O Parnaſſiennes pucelles,
O Pimpliennes damoyſelles,
Qui neuf de bande, preſidez
Aux Poëtes que vous gardez :
Muſes, qui reglez voſtre dance,
Deſſous la nombreuſe cadance,
Qu'Apollon meſure du ſon
De ſon lut auec ſa chanſon :
S'il eſt vray, ô bande gaillarde,
Que vous ayez ainſi la garde,
(Et voſtre frere auecque vous)

Et de nos œuures & de nous :
Et s'il eſt vray que voſtre frere
Tout ce que lon dit ſçache faire,
Soit par drogues de grand effect
Soit par enchantemens qu'il fait :
Allez vers luy, gaillarde bande,
Que d'vne voix on luy demande
(Si voſtre ſaint mont honoré
I'ay dés mon enfance adoré)
Demandez luy toutes qu'il face,
Que par la fieure ne s'eface
La roſe de ſon teint naïf,
A la mignonne de Baïf :
Qu'en faueur de voſtre Poëte
En ſanté Francine il reméte,
Et que ſa fieure il châſſe au loin
De la guerir prenant le ſoin :
Vous n'en ſauurez ſeulement vne:
Sa vie à ma vie eſt commune :
En elle vous me ſauuerez,
En vne deux vous guerirez.

 Belle, ſi vous & voſtre frere
Pour nous deux vouliez bien tant faire,
Deſores nous vouons tous deux
A voſtre frere & vous deux veux :
Vn beau braſſelet, ma Francine,
Fait de ſa cheuelure fine,
Que de ſes doits elle tordra
Et de ſes doits vous appendra :
Moy, Baïf voſtre ſaint Poëte,
Ie vous voüe vne chanſonnéte,
Qui témoignera deuant tous
Le bien que nous tiendrons de vous.

Desia l'ombre deux fois, & trois fois la lumiere,
 Ont couuert & montré au ciel noſtre ſeiour,
Las, trois iours & deux nuits deſia s'en-vont derriere,

Depuis que ie ne voy la Dame de ma vie.
 « *Amour, hé, les amans vieilliſſent en vn iour,*
 « *Quand à leurs triſtes yeux leurs Dames on enuie!*
O champs, vous iouiſſez maintenant de ma ioie :
 Moy auec ſa maiſon ie me plain douloureux
 De l'heur que ſa valeur nous oſte & vous otroie.
Orfeline maiſon, de ton heur deuetuē,
 Tu es vn pré ſans fleur qui faniſt langoureux,
 Et ie ſuis vn aneau dont la pierre eſt perduē.
Helas, ie ne voy plus la beauté qui pres d'elle
 Fait qu'à mes yeux rauis rien ne ſemble eſtre beau.
 Tout confort meurt en moy, tout dueil ſe renouuelle!
Amour, que fait Francine? a t'elle ſouuenance
 De ſon pauure captif, qui en tourment nouueau
 De ſoy meſme eſt abſent durant ſa dure abſance?
Fay la ſe ſouuenir de la grande triſteſſe,
 Que i'ay ne la voyant : remé deuant ſes yeux,
 Le mal de ſon amour, qui iamais ne me laiſſe.
Tu as aſſez aux champs de quoy faire aparoiſtre,
 Combien me fait de mal ſon amour ennuieux,
 Qu'elle alegera bien, s'elle veut le conoiſtre.
S'elle voit la verdeur, que ſoudain elle penſe
 Auec mille regrets mes eſpoirs verdoyans,
 Qui me font pourchaſſer l'ombre de recompenſe.
Si d'vn vent elle entand quelque ſiflante aleine,
 Par le fueillage eſpaix des cheſnes ſe ployans,
 Qu'il luy ſemble écouter les ſouſpirs de ma peine.
Si quelque beau fleuron deſſus l'herbe elle amaſſe,
 Qui à l'ombre nourry fleuriſſe vigoureux,
 Qu'elle ſonge que peut la fraicheur de ſa grace.
Et s'elle vient à voir quelque fleur faniſſante
 Sous les rayons bruſlans du ſoleil chaleureux,
 Qu'elle penſe à ma vie en amour languiſſante.
S'elle voit des ruiſſeaux couler par la prairie,
 Qu'elle penſe les pleurs que ie verſe des yeux,
 Ains les triſtes ruiſſeaux, par qui s'enfuit ma vie.
Si ſur la branche morte elle oyt la tourtourelle,
 Sans compagne gemir ſon veuuage ennuieux,

Qu'elle pense le dueil qu'absent ie fay pour elle.
Mais, ou soit que les fleurs par les prez elle trie,
  Les fleurs ie pense voir alenuy se dresser,
  Qui sera de ses doits la premiere cueillie :
Ou soit que la fraicheur elle prenne au bocage,
  Ie voy les arbrisseaux çà & là s'abaisser,
  Pour defendre du chaud son tendrelet visage :
Ou s'ell'est au soleil, ie voy le doux Zephire
  Peu soigneux de sa Flore, & d'elle enamouré,
  Rafrechir la chaleur d'vn doux vent qu'il souspire,
Ou s'elle va chantant dans vn bois solitaire
  Les regrets que ie fay pour elle alangouré,
  Ie voy pour les ouïr les oysillons se taire :
Epamez ie les voy de sa chanson diuine
  Retenir leur ramage, ententifs à l'ouïr,
  Par les arbres fueillus tenans leur teste encline.
Et non eux seulement, mais & la roche dure,
  Et le chesne oreillé, qui a l'heur d'en iouïr,
  Lors qu'elle va chantant les ennuis que i'endure.
Mais oyseaux, roches, bois, qui plustost vous épame,
  Ou la compassion de mon cruel tourment,
  Ou les diuins accents de la voix de Madame ?
Ie croy c'est mon tourment. Vous n'en auez que faire,
  Et vous en deplaisez : mais elle aucunement,
  Qui me le fait souffrir, ne s'en daigne deplaire !
Et prend à jeu mon mal : tout ce qu'elle desire,
  C'est me voir en tourment pour sa fiere beauté,
  Se plaisant de causer & chanter mon martire.
Mais mais cruelle au moins, si tu m'es tant contraire,
  Si tu veux contre moy tenir ta cruauté,
  Voy qu'en mourant d'amour il me plaist de te plaire.

C'est trop chanté du tourment que i'endure
  Pour ton amour, en l'espoir d'vn plaisir
  Futur loyer de ma peine trop dure.
Il est saison ou iamais, de choisir
  Autre chanson que des gennes cruelles

Où ie languy fous vn bourreau defir.
Toufiours des vents les violantes aifles
    N'effeuillent pas les arbres verdoyans,
    Qui fous Zephir prennent fueilles nouuelles :
Toufiours fangeux les fleuues ondoyans
    Ne noyent pas les prez, mais en leurs riues
    Clairs quelque fois coulent s'ébanoyans.
Il ne faut pas que mes chanfons plaintiues
    Durent toufiours : autre plus plaifant fon
    Ie veu mouuoir fur mes cordes captiues :
Captiues las, qui d'vne autre façon,
    Que de l'amour duquel tu me martires,
    N'oferoyent pas parler vne chanfon.
Si decouurant mes endurez martires,
    Si remontrant ta cruelle rigueur,
    Rien ie n'auance, & toufiours tu t'empires,
I'effayeray, fi (vantant ton honneur
    Et les beautez, dont tu es toute peinte)
    Ie romproy bien la roche de ton cœur.
Celuy qui veut émouuoir de fa plainte
    Les dieux irez, leurs louanges vantant
    Les amolift gagnant leur faueur fainte :
Poffible ainfi tes valeurs te chantant
    Ie te ploiray, mieux que fi miferable
    De mes tourments ie t'aloy tourmentant.
Que me valoit d'eftre ainfi pitoyable,
    Si pour guerir ie demande vn plaifir,
    Et ie t'ennuie en mon dueil larmoyable ?
Et fi, cherchant d'acomplir mon defir
    En tout ébat, ie te més en trifteffe ?
    Vn chant plus gay donc il me faut choifir.
Poffible ainfi te flechiffant, Maiftreffe,
    Tu voudras bien mon defir m'otroyer,
    Oyant agré ma chanfon flatereffe.
Mais quoy premier, quoy apres, quoy dernier,
    De tes valeurs, pour chanter doy-ie élire ?
    Que chanteray-ie en ce chant le premier ?
Diray-ie vn ciel, que le ciel mefme admire,

Vn ciel parfait de parfaitte beauté,
   Pour qui encore eſtre ciel ie deſire,
 Quand de ſes yeux mainte & mainte clarté
   Ie voy briller par vne nuit ſeraine,
   Quand tout brouillas du ciel eſt écarté?
 O qu'eſtre ciel ie ſouhette à ma peine,
   Afin de mieux contempler tes valeurs,
   Dont le ſçauoir fait mon ame mal ſaine!
 Tay toy, chanſon, tay toy de mes douleurs,
   Que, quand plus fort pour m'aider ie m'auance,
   Ie ne recule en plus triſtes maleurs.
 Voy de mon mal, Dame, la violance,
   Voy comme il force à ſon gré mon vouloir,
   Forçant ma voix contre ce que ie penſe.
 Langue ceſſon, ceſſon de nous douloir:
   Et pour guerir, & pour flechir madame,
   Metons vn peu mon mal à nonchaloir.
 Mais quel éclair ne mourroit ſous la fláme
   De tes deux yeux, ains deux aſtres iumeaux,
   Qui par mes yeux éblouiſſent mon ame?
 O de tes yeux bien-heureux les flambeaux,
   Qui de mes pas ſous leur belle lumiere
   Guident le train éclairans clairs & beaux!
 Yeux, doù ſaillit celle fláme premiere,
   Qui m'enfláma ſaintement à t'aimer
   D'amour en moy qui ſera la derniere.
 Yeux, où ſes traits Amour vient alumer,
   Yeux, doù ſes traits dans les cœurs il decoche,
   Yeux, qui pourroyent vn glacon enflámer,
 Qui de douceur molliroyent vne roche,
   Qui de clarté feroyent luyre vne nuit,
   Voire éteindroyent le ſoleil s'il aproche.
 Mais, ô beaux yeux, doù vous venez il fuit,
   Et tout honteux pres voſtre clarté belle,
   Son flambeau triſte il éteint, & ne luit.
 Mais quelle roſe en la ſaiſon nouuelle
   La plus vermeille égaleroit le teint,
   Qui rit vermeil en ſa iouë iumelle?

Quiconque a vu de l'yuoire entrepeint
   D'vn clair cinabre, ou des fueilles de roſe
   Sur la ionchee, vn blanc d'vn rouge teint,
De ſon teint frais il a vu quelque choſe,
   Mais non le vray, qui luit vermeillement
   En mainte fleur ſur ſa face decloſe.
Rien de mortel ce n'eſt, mais vrayement
   Quel on croiroit le vray teint de Cythere,
   Tel ſon beau teint reluiſt diuinement.
A quoy ſa bouche egalle puis-ie faire
   Pour exprimer ſa grand' diuinité?
   Doy-ie en parler, ou bien doy-ie m'en taire?
Bouche, vrayment ſource de verité,
   Qui rien d'humain alenant ne reſpire,
   Qui pis que mort hait toute vanité:
Bouche, la porte où Madame ſouſpire
   Ce doux parler, meſſager du ſçauoir,
   Que ſagement de ſon cœur elle tire.
O bien-heureux, Bouche, qui te peut voir!
   O demy-dieu, qui ta voix peut entendre!
   Dieu, qui de toy le baiſer peut auoir!
O le doux ris, que tu ſçais bien étendre,
   Modeſtement les ioües foſſoyant:
   Ris, qui rendroit le plus dur lyon tendre:
Ris, qui feroit des mains du foudroyant,
   Lors que plus fort dépit il ſe courrouce,
   Le foudre cheoir, ſon fier courroux ployant.
Quelle Serene eut onc la voix ſi douce
   Que le doux chant qui de toy, Bouche, ſort,
   Que ma Maiſtreſſe en douce aleine pouſſe?
Serene non, qui flatoit à la mort:
   Non elle n'a la voix d'vne Serene:
   Sa voix pourroit reſſuſciter vn mort.
Qui la verroit guider en douce peine
   Encline en bas l'aiguille proprement,
   Diroit ſoudain, non elle n'eſt humaine:
Elle eſt deeſſe, elle l'eſt vrayement,
   Elle eſt Pallas, c'eſt Minerue l'ouuriere,

Qui de l'aiguille ouure si dextrement.
Qui la verroit d'vne iambe legiere
 Decouper l'air en maint saut mesuré
 Tost en auant tost balant en arriere,
Lors que d'vn jeu chastement asseuré
 Elle s'égaye en sa bande compagne,
 La surpassant de tout son chef doré,
Ce diroit-il, Telle est en la montagne
 De Taygete ou de Cynthe dançant,
 Sur mainte sœur Nymphe qui l'acompagne,
Telle est Diane en sa bande pressant
 L'herbe nouuelle en la saison nouuelle,
 De tout son chef ses Nymphes surpassant.
Qui la verroit entre mainte pucelle,
 Lier de fleurs vn bouquet odoureux,
 Quand elle sied de toutes la plus belle,
Telle est Venus en ses iardins floureux
 (Ce diroit-il) entre ses belles Graces,
 Liant de fleurs vn houpeau vigoureux.
Qui te verroit, Maistresse, quand tu passes
 Parmy la ville en graue magesté,
 Comme d'vn pas tout royal tu deplaces,
Diroit soudain, Diuine grauité !
 Telle Iunon en son Argien temple
 Marche portant sa graue deité.
Mon œil mortel rien mortel ne contemple
 En toy Deesse : ô dame, si tu l'es,
 De deité montre moy quelque exemple.
Auoir pitié, pardonner les forfaits,
 Ouïr à gré la deuote priere,
 Ce sont vrayment des dieux les propres faits.
Fay moy mercy : ne repousse en arriere
 Mon humble vœu : reçoy mon amitié.
 Sur l'innoçant que te sert d'estre fiere ?
De toy, deesse, oste la mauuaitié,
 Et tout cela que ta valeur asseure
 Ne demen point, fuyant toute pitié,
 Ou par ta coulpe il faudra que ie meure.

D'vn *chapeau qui fleuronne,*
La rose on ne couronne,
Tes atours en ce point
Ne te reparent point :
Mais ce sont les parures
De tes belles vetures,
Les luysantes beautez
En toy de tous costez :
Les pierres precieuses,
Les robes somptueuses,
En tes acoustrements
Perdent leurs ornements.
Aucun coral n'aprouche
Du naïf de ta bouche,
Couurant sous sa fraicheur
De tes dents la blancheur.
Prés tes dents compassees,
Les perles amassees
Sur le bord Indien,
On ne priseroit rien.
De tes claires prunelles
Les flâmettes iumelles
Obscursissent l'éclat,
Qui sous elles s'abat,
Des emeraudes fines.
Tes onglettes rosines
Eblouissent le teint
De l'onyce deteint.
 Est-ce donques merueille,
Si sa bouche vermeille,
Ains Ceste de Cypris,
M'a tellement surpris ?
Et si ces gemmes rares,
Peurent mes yeux auares
Et mon ame saisir
D'vne honneste desir
De m'en faire vn iour riche,

Si sa grace non chiche
Fait l'amoureuse mer
Sous mes rames calmer?
Est-il qui s'ébaïsse,
S'vne telle auarice
Me fit voguer soudain
  Vers vn si riche gain?
    La nef Portugaloise
Et la Normande, voise
Sous le lit iaunissant,
Où l'Aube eclersissant
Nostre demeure sombre,
De la nuit & de l'ombre,
Abandonne endormy
Son ia vieillard amy.
Iusque aux bouts de la terre
Vn autre aille, & là serre
Les ioyaux étrangers
Achettez par dangers
De perilleux orages.
Aux plus lointains riuages
Du gemmeux oriant,
Vn autre aille triant,
Par les greues pierreuses,
Les pierres precieuses :
Moy, tant que ie viuray
Icy ie poursuiuray
Mon heureuse fortune,
Nageant en l'amour d'vne,
Qui, riche de ioyaux
Plus riches & plus beaux,
Apauurist les riuages
Des Indiens sauuages.

Envieux medisant, de qui la bouche est pleine
De baue & de venin : de qui l'infete aleine
De sa puanteur sale empoisonne tout l'air

Empeſté de ta voix, quand tu viens à parler :
Ne veux-tu point ceſſer par ton menteur diffame
De vouloir outrager l'honneur ſaint de Madame ?
D'oſer en l'outrageant vouloir, mais vainement,
Mon ame diuertir de ſon aymé tourment?
Mais ny tu ne pourrois par ton mechant medire
Au ſaint & chaſte honneur de ma maiſtreſſe nuire,
Ny ſuborner mon cœur, le faiſant varier,
Pour tous les faux raports que tu me viens crier.
Tu fais comme vn maſtin, qui depit en ſa rage
Contre le fier lyon ſans luy faire dommage
Claque des dents en l'air: & ta maline voix
Qui iappe tes medits, ce ſont ſes vains abbois.

Mechant, penſes-tu bien que i'aye ſi peu d'ame
Que ie puiſſe changer pour ton iniuſte blame,
D'vn auſſi ſot auis comme i'ay ſagement
De ſes belles vertus fait vn ſain iugement?
Tu penerois beaucoup, ſot, de me faire croire
Que ce qui ſeroit blanc fuſt d'vne couleur noire,
Ou que du iour ſerain, quand plus clair il nous luit,
Ce fuſt deuant mes yeux la tenebreuſe nuit.
Ses vertus & beautez trop luiſantes en elle
Luy obligent mon cœur d'vne foy trop fidelle.
Il ne faut pas ainſi, mechant, que ſelon toy
Et ton peu d'amitié tu iuges de ma foy.
De ma certaine amour la foy que i'ay iuree
De garder à iamais, n'eſt ſi mal aſſuree,
Que par tes faux raports & par ton mal parler
Tu puiſſes de ſon lieu non d'vn rien l'ébranler.
Non non Francine non, ne croy pas qu'en la ſorte
Pour tous ces faux raports ma foy puiſſe eſtre morte:
Tout tel que i'ay eſté dés mon amour premier,
Ie veux eſtre enuers toy iuſque à mon iour dernier,
Voire plus outre encor s'il ſe pouuoit bien faire.
Ou me ſoit doux Amour, ou me ſoit il contraire,
Ou fortune me hauſſe, ou me repouſſe en bas,
Ie ſeray touſiours meſme, & ne variray pas.
   Ie ſuis de vraye foy le rocher immuable,

Qui au profond des eaux planté, non ébranlable,
Eſt batu tout autour des vents & de la mer,
Qui en vain contre luy font les flots écumer.
Ou ſoit la mer contraire, ou ſoit elle bonaſſe,
Face calme ou tourmente, il ne change de place,
Il eſt meſme touſiours : ainſi meſme ſera,
Et ma conſtante foy iamais ne changera.
Vne lime de plomb lon pourra faire prendre
Deſſus le diamant deuenu mol & tendre,
Deuant que de fortune ou d'amour la rigueur
Puiſſe rompre la foy conſtante de mon cœur,
Et deuant lon verra d'vne voye rebourſe
Les fleuues retourner contremont à leur ſourſe
Que mes penſers changeans te puiſſent delaiſſer
Francine, ô leur ſeul but, pour ailleurs s'adreſſer.
Dame, ie t'ay donné ſur moy toute puiſſance,
Aymant mieux qu'eſtre mien te rendre obeiſſance,
T'aſſeurant que iamais homme à ſon nouueau Roy
Hommage n'a iuré qui egalle ma foy,
T'aſſeurant qu'aucun Roy ne tient en ſa contree
Vne poſſeſſion qui ſoit plus aſſeuree,
Sans qu'il ſoit de beſoin pour la garder, autour
L'enclorre de foſſés ou d'vne épaiſſe tour.
Ny quelque grand' beauté, ny quelque grand' richeſſe,
Ny quelque grand honneur, ny quelque grand' nobleſſe,
Ny tout cela qui peut le ſot peuple éblouir
Vn autre ne fera de mon amour iouir.
Et qu'vne autre beauté ou former ou empreindre
Se puiſſe dans mon cœur, Dame, tu ne dois craindre :
Le portrait de la tienne y eſt ſi bien tracé,
Qu'il n'en ſera iamais pour vn autre effacé.
Ie n'ay le cœur ſi mol comme ſeroit la cire
Pour le former en tout, & ſi i'oſe bien dire,
Qu'Amour a ſa durté de cent traits eſſayé
Sans qu'il l'ait tant ſoit peu iuſques au vif playé.
Mais dautant qu'il fut dur à receuoir l'image
Empreinte dedans ſoy, de tout autre viſage,
Dautant fut-il traitable & mol à receuoir

Ton portrait tout viuant desque ie te pu voir.
Et depuis sa matiere en ta forme est si dure
Qu'il ne peut se changer en vne autre figure :
Et bien plustost Amour tout le depeceroit
Que quelque autre beauté il n'y engraueroit.
Et qu'vn langard ainsi d'iniurieux medire
Me diuertist de toy, lorsqu'il tâche de nuire
A la claire splendeur de ton honneur, qui luit
Plus clair que le flambeau qui le iour nous conduit!
 Maintefois maint brouillas nous oste la lumiere
Du soleil ennublé, mais sa lueur entiere
Par les rayons ardans de sa belle clarté
Fait disparoir en l'air le brouillas écarté,
Et comme les tombiers qui le marbre polissent,
Pour l'vnir & nettir parauant le salissent
De quelque noir mortier, l'enfangeans tout exprès
Pour le faire plus nét reluyre par après :
Ainsi ton clair honneur par ce sale diffame
Plus nét resplendira, vaincueur de son vain blame :
Et plus nette ma foy, Francine, te sera
Qui peut estre bien tost la tienne gagnera.

  Ov volez vous, abeilletes,
  Baisant ces fleurs vermeilletes?
  Pourquoy vous amusez-vous
  A cueillir vostre miel doux
  Parmi tant de fleurs écloses,
  Parmi ce tim & ces roses,
  Parmi ces lis épanis
  Et parmi ce doux anis?
  Acourez toutes, abeilles,
  Dessus ces leures vermeilles,
  Où foisonne tout cela
  Que vous cherchez çà & là :
  Icy mille fleurs écloses,
  Icy le tim & les roses,
  Icy les lis épanis,

Et icy le doux anis,
Deſſus ces leures vermeilles,
Si vous y venez, abeilles,
Soueuement d'vn doux flair
Çà & là parfument l'air.
　　Mais ſi vous venez, abeilles
Deſſus ces leures vermeilles,
Ne m'empeſchez de ce bien,
Blondes, qui de droit eſt mien :
Permettez moy, qu'à mon aiſe
Touſiours ces leures ie baiſe,
Si ie veu prendre le droit
Qui eſt mien en cet endroit,
Et ne ſucez abeilletes
De ces leures vermeilletes
Toute la douce fraicheur,
De peur d'en fanir la fleur,
Et de peur que de m'amie
Seche la bouche blemie
Ie ne trouue en la baiſant :
Et qu'vn guerdon deplaiſant
De vous l'auoir decouuerte,
(Las à ma trop grande perte
Peu ſegret & peu ialoux)
Ie ne reçoyue de vous.
　　Hé, ne piquez, abeilletes,
Ses leureletes douilletes
De vos piquans : car elle a
D'autres piquans que ceux là.
Dans ſes yeux elle les garde,
De ſes yeux elle les darde :
(Hé vos aiguillons ſerrez
Si par ſes fleurs vous errez)
Les ſiens piquent d'autre ſorte,
Leur playe la mort aporte.
Vous mourrez (bien ie le ſçay)
Si vous en faites l'eſſay.
　　Volez donques, abeilletes,

*Par ces leures vermeilletes,
Mais volez y bellement,
Mais cueillez y doucement
La doucelete rosee,
Qui de ces fleurs composee
Du miel qui s'en confira
Vos ruchettes emplira.*

Retiron *nous, mignarde,
Dehors de la chaleur,
Que le soleil nous darde
Ialoux sur nostre ardeur :
Cherchon ce frais ombrage,
Et laisson ce ialoux
Faire essay de sa rage
Autre part que sur nous.
Ce n'est chose nouuelle,
Qu'il se montre enuieux,
A ceux qu'Amour apelle
A ses ieux gracieux :
I'en croyray la deesse,
Qui bagne les doux cœurs
De la tendre ieunesse,
Dans ses gayes douceurs.
Mars auec la pauurete
Estoit couché tout nu :
De leur ioye segrete
Le larcin fut conu :
Ce ialoux les acuse
A son mari boyteux
Qui par nouuelle ruse
Les surprit tout honteux.
Laisson donques, Mignonne,
Ce traitre deceleur,
Quitton la place où donne
Sa jalouse chaleur.
Allon nous en à l'ombre*

Hors du rayon du iour,
Cueillir des fleurs sans nombre
De nostre douce amour.
Assié-toy, Francinete,
  O seul but de ma foy :
  Or ça que ie me méte,
  Mon ame, aupres de toy.
Crois-tu pas que sans cesse
  Tien ie veux estre tant,
  Que iamais nul, Maistresse,
  Ne scauroit l'estre autant.
De tes yeux verds ie iure
  La diuine clarté,
  Dont la gaye verdure
  A mon cœur écarté,
  Si bien que depuis l'heure
  Que premier ie la vy,
  Il y fait sa demeure
  Dehors de moy rauy.
Ie iure celle fláme
  De tes verdoyans yeux,
  Pour qui ie hay mon ame,
  Les aymant beaucoup mieux :
  Ie iure, en toute place
  En tout temps tousiours tien,
  Dedans mes yeux ta face
  Telle qu'elle est ie tien,
Qu'ainsi soit, voy regarde
  En mes yeux mire toy :
  S'il est vray ne m'engarde
  Pour loger de ma foy,
  Ne m'engarde de prendre
  Trois baisers à mon chois,
  M'offrant ta bouche tendre
  Par trois diuerses fois.
N'est-il pas vray, Maistresse,
  N'es-tu pas dans mes yeux ?
  O l'œillade traitresse

Sous vn clin gracieux!
  N'ay-ie pas de ta face
  Touts les traits euidans
  (Que temps ne lieu n'éface)
  Bien empraints au dedans?
Ne crein que cefte image
  S'en voife auecque toy :
  Toufiours ton beau vifage
  Toufiours par tout ie voy.
  Ca donc la recompanfe
  Des trois baifers promis.
  Quoy? Francine, ie panfe
  En oubly tu m'as mis?
Ne fay point la rufee,
  Ca, ie les veux auoir:
  Tu es bien abufee
  D'ofer me deceuoir:
  Tu fay donc la farouche
  M'empefchant d'aproucher?
  Tu reculles ta bouche
  De peur de me toucher?
Si faut-il bien, mauuaife,
  Payer ce que tu dois:
  Il faut bien que ie baife
  Ta bouche par trois fois.
  Ie te tien à cette heure
  Ouure ce vif coral:
  Plus tu fais de demeure
  Plus s'augmente mon mal.
Plus tu fais la retiue
  Plus long ie te feray
  Quand cette rofe viue
  Plus long ie prefferay:
  Mais, doucette farouche,
  Tu ne voudrois pas mieux
  Qu'endurer fur ta bouche
  Mes baifers ennuieux.
Et bien, tes leures moles

Tu ouures, mon foucy :
Mais, mon cœur, tu m'affoles
De delayer ainfi.
Ouure donc la cloture,
De tes perlines dents,
Las, de cette vouture
Ie per l'ame au dedans !
Au moins, douce meurdriere,
Guigne mes pauures yeux,
Qui perdent la lumiere
De ce iour gracieux :
Voy comme mon œil flote
Languiffant de douceur,
Et voy comme tremblote
Ma paupiere en langueur.
Ha là, tu m'as rauie
Mon ame en ce baifer !
Par ce baifer, ma vie,
I'ay fenti m'embraifer
D'vne plus chaude flâme,
Qui double mon émoy,
Mais qui de ma chere ame
Tient la place dans moy.
Ren-la moy, fiere douce,
Au baifer que tu dois :
Mon ame en moy repouffe
A la feconde fois :
Si au baifer deuzieme
Dans moy tu la remés,
Ie veu bien au troizieme
La perdre pour iamais.

*I*e *te difoy, ma Francine,*
Ma beline,
Vn baiferet donne moy,
Qui de mon amour trop forte
Reconforte

La trop chaleureuſe foy,
Lors la leurelete tienne
　　Sur la mienne
Tu ioignis legerement:
Et ma bouche ainſi preſſee
　　Delaiſſee
Tu as auſſi vitement,
Comme la ſimple bergere
　　Qui legere
Treſſaut deſſus le ſerpent,
(Qu'elle foule à l'impouruuë)
　　Toute emuë
De l'auiſer ſourampant!
Ce n'eſt pas ainſi qu'on donne
　　Ma mignonne
Vn baiſeret de plaiſir:
Ains d'vn baiſeret, friande,
　　Qu'on demande
C'eſt donner vn vain deſir.
Soule mon deſir, ma belle
　　Colombelle,
Mon amourete, ma fleur:
Que tant de fois on me baiſe
　　Qu'on apaiſe
De mon deſir la langueur.
Mais pourquoy ta leure mole
　　Tens-tu, folle,
Cuidant ma flame apaiſer?
Non: plus dure qu'vne roche,
　　Ne t'aproche,
Ie ne veu pas te baiſer.
Que ie fiſſe, glorieuſe
　　Dedaigneuſe.
De tes baiſers tant de cas
Que ſi ſouuent ie languiſſe,
　　Et me viſſe
Repámer entre tes bras!
Afin que ma chaude vene

D'ardeur vaine,
En vn ennuieux defir
Bouillonnaſt, m'enflant de rage
Mon courage,
Vainement pour ton plaifir!
Où fuis-tu? que ie ne meure,
Las, demeure:
Ne me refuſe vn baiſer:
Vien-ça vien : ta leure mole
Ten moy, fole,
Vien vien ma flâme apaifer.
Ie te veu baifer doucette
Colombete,
O feul apuy de ma foy:
O plus tendre que la rofe
Frais-écloſe,
Francinelle, baiſe moy.

F<small>RANCINE</small>, en gaye mignardife,
Ca banqueton d'vne cerife,
Dont le banquet ne quitte pas
A nul des anciens repas:
Ny au feſtin, qu'à Marc Antoine
Fit dreſſer l'amoureufe Royne,
Ny à ceux que Craſſe aprêtoit,
Ny à ceux dont Lucul trettoit
Ceux qu'il conuioit à ſa table.
Le noſtre foit moins admirable
En exceſſiueté de frais,
En perte de couteux aprêts:
Quitton leur en magnificence,
En richeſſe, en groſſe depence:
Mais, ma douceur, il ne faut point
De plaifir leur quitter vn point.
Ca donc en gaye mignardife
Banqueton de noſtre Cerife,
Meflant maint amoureux caquet

*Parmy nostre plaisant banquet.
Il ne faut point pour la confire
D'ailleurs mille douceurs élire :
Le baiser la sausse fera
A laquelle on la mangera.
Baise moy donc, ma toute belle,
Baise moy, mais en colombelle :
Ca baise moy, mais moytement :
Ten moy ta langue vitement,
Et vien sur ma langue moleté
Prendre auec ta langue folete
La Cerise : il te fait beau voir ;
Quoy? tu voudrois desia l'auoir?
Il faut bien plus de peine prendre
Deuant qu'on me la face rendre :
Il me faut bien rebaisoter,
Il me faut bien resuçoter.
Il faut bien deuant que tu l'ayes
Que mille doux mots tu begayes
Entre mes leures grassement,
D'vn enfantin mignardement.
Ainsi la simplete pucelle
Apatelant la passerelle
La fait cent fois repipier :
Ainsi me veuz-ie voir prier :
Ainsi tout mignard l'enfant nice
Entre les bras de sa nourrice
La baise & l'acolle cent fois
Deuant que d'auoir vne noix.
Rien en amours ne peut tant plaire,
Comme l'enfant bien contrefaire :
Aussi n'est-ce pas vn enfant
Que ce dieu de nous trionfant?
Di donc en parolle enfantine,
Di moy mignardement, Francine,
Maint doux propos & iure moy
En amours eternelle foy.
Di moy donc di moy, ma Belonne :*

Baïf, suis-ie pas ta mignonne
Autant que tu es mon mignon :
Suis-ie pas ta mignonne an non?
Et ie te diray, ma Belonne :
Autant que tu es ma mignonne
Francine suis-ie ton mignon,
Suis-ie pas ton mignon an non?
Et tu me diras ma Belonne :
Autant que ie suis ta mignonne
Mon Baïf tu es mon mignon,
Et ne diray iamais que non.
Et ie te diray, ma belonne :
Francine tu es ma mignonne
Autant que ie suis ton mignon,
Et ne diray iamais que non.
 Puis tirant acoup ton aleine,
Vien-t'en soufler à bouche pleine,
Sans nulle force ton doux vent
Dans ma bouche le receuant,
Puis tirant acoup mon aleine,
I'iray soufler à bouche pleine,
Sans nulle force mon doux vent
Dans ta bouche le receuant.
Tandis ny nos langues lassiues
Ny nos dents ne seront oysiues,
Ou soit pour s'entredardiller,
Ou soit pour s'entremordiller.
En fin las de ta mignardise
Ie te quiteray la Cerise,
A fin que tu puisses, m'amour,
En faire tes jeux à ton tour.
Ha, tu l'as donques en ta bouche!
Ca mon cœur, ça Francine, aprouche,
Quoy? tu ne veux pas t'aproucher,
Tu ne veux te laisser toucher?
Ha, ma petite toute belle
Ne me fay tant de la rebelle :
Ha, belle ie meur de desir

De iouir du perdu plaisir.
Si i'usse sceu ton entreprise
Tu n'usses encor la cerise.
Ie n'estimoy, moy trop hatif,
Ton cœur si fort vindicatif.
La douceur de ta face belle
Ne te disoit pas si cruelle ;
Qui voyant si douce beauté,
Se deffiroit de cruauté ?
Quoy ? tu te sens donc outragee ?
Quoy ? tu veux estre reuangee ?
Dis-tu que d'vn trop long desir
Ie t'ay fait payer ce plaisir ?
Mais mais durant ta courte atente
Mon baiser t'a faite contente :
Mais mais tu ne veux pas aiser
Ma longue atente d'vn baiser.
C'est assez fait de la farouche :
Mon œil, mon cœur, ten moy ta bouche :
Tu me tiens en trop long émoy :
Mon tout, mon ame, baise moy.
Helas, plus que trop tu te vanges :
S'à la raison tu ne te ranges,
Farouche tu ne seras plus,
Mais cruelle par ton refus.
Baise baise moy donc cruelle,
Laisse toy baiser, fiere belle,
La guigne laisse moy chercher
Où tu l'aurois bien peu cacher.
Mauuaise, où me l'as tu celee ?
Friande, tu l'as aualee.
Non as, Friande, ie la voy,
Mais las elle n'est pas à moy.
Mais sans faire tant la farouche,
Laisse entrer ma langue en ta bouche
Pour l'aller trouuer au dedans,
Où elle est derriere tes dents.
Mauuaise friande inhumaine,

Enuiron toy ie per ma peine,
Tu me la fçais fi bien cacher
Qu'en vain ie la voudroy chercher.
Voy, ie pâme la bouche bee,
Si tu ne l'as du tout mangee.
Dans ma bouche laiffe-la cheoir :
Regarde, ie n'en veu rien veoir.
Ha ie la tien ma mignonnette,
Ie l'ay ie l'ay ma Francinette,
Mais voy, de trop grand appetit
Ie l'ay écrazee vn petit.
Cà vient çà, Francinette, aprouche,
Cà çà vien toft : bouche fur bouche,
Leures fur leures, dents fur dents,
La fuçoter icy dedans.
Gardon nous bien, friandelette,
Qu'en perdions vne goutelette :
De la Cerife elle n'a rien,
C'eft vn vray ius nectarien,
Qui en rien au nectar ne cede,
Que fert l'échanfon Ganymede :
Mais taifon-nous-en, que les dieux
Ne foyent fur le noftre enuieux.

Puis qu'ainfi mon maleur m'efloigne de Madame,
  M'enuironnant d'ennuis,
De tes triftes penfers decharge toy mon ame,
  En ce bois où ie fuis :
 Rien en ce lieu n'entendra ta querelle,
  Que les petis oyfeaux,
 Qui leur chanfon ioindront auecques elle,
  Deffus les arbriffeaux.
  Las, quelle ma plainte premiere,
  Ou quelle fera ma derniere ?
Amour qui de mon mal deuife auecque moy,
M'en laiffe tout douteux en merueilleux émoy.
Mais bien que tout cela que feul i'en puiffe dire

Mon mal n'aproche en rien,
Si me plaindray-ie seul, du mal qui me martire.
En attendant vn bien.
« Car nos souspirs durant nostre parole
« Pour le moins ont repos,
« Et la douleur de l'Amour se fait mole,
« Quand on en tient propos.
Ie dy qu'encores que ie voye
Dix mille choses en ma voye,
Vne dame ie voy, ie voy tanseulement,
Seule cause & repos de mon cruel tourment.
En la voyant ainsi, rauy ie me pourmeine.
Deuers elle tirant :
Et mon ame, qu'Amour à son plaisir demeine
Tousiours la martirant,
Tantost se rit & tantost se lamente :
S'asseure & puis a peur :
Ores sa ioye ores son dueil augmente,
Au gré de ce trompeur :
Et comme l'ame se transporte
Ma face change en mesme sorte,
Tellement que celuy qui changer la verroit,
S'il conoissoit Amour, amoureux me diroit.
A chaque pas dans moy (pour celle que i'adore,
Qui prend mon mal en jeu)
Naist vn penser nouueau, qui sans cesse deuore
Mon cœur d'vn nouueau feu :
Et toutefois ne me prend nulle enuie
De l'amour m'estranger,
Et pour n'aimer, ma douce amere vie
Ie ne voudroy changer.
Et qui sçait (dy-ie), quoy qu'il tarde,
A quel bon heur Amour te garde?
« Tel qui rien ne s'estime, est d'vn autre estimé :
« Et tel ne s'aime point, qui est d'vn autre aimé.
Où quelque chesne espaix estant son frais ombrage
Ie m'arreste tout coy :
Et dans le tronc prochain, son corps & son visage

l'imagine & ie voy.
Puis quand à moy je reuien, tout sur l'heure
Mon cœur glacé me bat :
Mais tout le temps qu'en abus ie demeure,
Ce doux abus l'ébat :
Quand l'imaginant ie m'oublie
Cet abus conforte ma vie :
Et lors ie l'aperçoy si belle en tant de lieux,
Que si l'erreur duroit, ie ne voudroy pas mieux.
Mais si ie reconoy que mon heur n'est que feinte,
Sentant mon vray maleur,
Il me faut bien alors recommencer ma plainte
Auecque ma douleur.
Songeant combien est lointain cet espace
Qui l'oste de mes yeux,
Combien est loin celle diuine face
Qui me suit en tous lieux.
Que sçais-tu ? (apar moy ie pense)
Peut estre elle plaint ton absence,
Et seule elle en souspire en la part où elle est :
Mon ame en ce penser plus qu'en autre se plaist.
Ie voudroy denombrer tous les grains de l'aréne
Des riues de la mer :
Ou dedans vn tonneau i'oseroy par ma peine
La mer mesme enfermer :
Quand les pensers que ie discour sans cesse
Conter ie cuideroy,
En quelque part qu'absent de ma Maistresse
Mes pas ie guideroy.
Sufise donc seulement dire,
Que la dame que ie desire
I'aime de telle amour qu'autre ne puis aimer,
Ny autre ie ne puis en mes plaintes nommer.
Chanson va ten outre Loire, & t'adresse
Prés des riues du Clain :
Auise bien pour trouuer ma Maistresse
Où l'air est plus serain.
Dy à mon cœur qu'en vain i'apelle,

(*Si bien il se trouue auec elle*)
Que son maistre le dit heureux d'estre en l'endroit
Où d'estre aueque luy trop heureux se tiendroit.

Las, qu'Amour de son feu la raison éblouist,
« Quand il se fait seigneur, ains tyran de nostre ame !
« Il fait qu'on blâme autruy, que soy mesme on se blâme,
« Voire luy mesme aussi, mais il s'en reiouist :
  « Et ne se fait que rire
  « De nous voir en martire.
Pardonnez moy, Dame, si quelquefois
I'ay blasfemé vous surnommant cruelle :
Lors la douleur forçoit ma folle voix,
De vous crier contre la raison, telle.
Pardonnez moy si i'ay fait cette erreur :
  C'est l'amour forte
  Qui me transporte,
Le faux en lieu du vray prenant en ma fureur.
Les beaux cieux estoilez, & les astres des cieux,
Et le soleil ardant ne perdent leur lumiere.
Mais gardent en tout temps leur clairté coutumiere
Estans mesmes tousiours, non mesmes à nos yeux.
  Quand quelque épesse nuë,
  Empesche nostre vuë
Lors faussement obscurs nous les nommons :
Non qu'ils soyent tels de leur vraye nature,
Mais aueuglez tels nous les estimons
Au iugement de nostre vuē obscure.
Madame ainsi vostre douce beauté
  Ie dy cruelle,
  Qui n'est pas telle,
Mais telle ie sentoy d'Amour la cruauté.
Qui est-ce qui voyant vostre belle douceur,
Qui se decouure à tous en vostre beau visage,
Ne iugera soudain du dehors, qu'vn courage
Aussi doux au dedans se loge en vostre cœur ?
  Mais Amour delibere

Le cruel me defaire !
S'il le vouloit, ie voudroy bien mourir :
Et veu mon mal ie haïroy ma vie.
(Au moins la mort mon mal pourroit guerir)
N'eſtoit que i'ay de vous ſeruir enuie.
Mais ſi du mal où ie m'aime pour vous
   Douce eſt la peine
   Qui me demeine,
Combien donc le mourir m'en deuroit eſtre doux ?
Or s'il veut que ie viue au moins qu'à ce tourment,
 Duquel mes ſens ſurpris ce dieu cruel afolle,
 Ce dieu cruel me donne égalle la parolle,
 Pour voir comme ie ſuis traité cruellement.
   Au moins puiſſé-ie dire
   Quel eſt mon dur martire
Afin au moins que ſi i'aloy mourir
Vous ne puiſſiez m'acuſer de pareſſe,
De n'auoir ſceu à mon mal ſecourir,
Le decouurant à voſtre gentilleſſe :
Et ie ſçay bien, ſi de mon amitié
   Et de ma peine
   Eſtiez certaine,
Voſtre teint moins vermeil paliroit de pitié.
Las, ſi celle pour qui en peine Amour me tient
 N'a pitié de mon mal, quelle autre en fera conte ?
 Ie n'atten point ſecours au mal qui me ſurmonte,
 (Pour ne flater mon mal) ſi de vous il ne vient.
   Donc Madame vous plaiſe
   M'oſter de ce malaiſe.
Si vous voulez parler de delayer
Parlez d'oſter de moy toute eſperance :
Employez moy ſi voulez m'employer,
D'atendre plus ie n'auroy la puiſſance,
Si vous voulez iamais me faire foy
   De m'eſtre amie,
   Sauuez ma vie,
Qui ſera pour iamais bien plus à vous qu'à moy.
Chanſon, va toſt où te mande mon cœur :

Ne fay demeure,
Pour le peu d'heure,
Qui me reste à finir ma vie ou ma langueur.

Si iamais vne amour en amant s'est trouuee
  Ferme & non variable, elle l'est dedans moy.
  Ie m'en suis le témoin, moy mesme ie m'en croy,
  Qui ay d'vn seur essay ma constance esprouuee.
      Six fois la lune pleine
      S'est vuë dans les cieux.
      Depuis que de mes yeux
      Est absente bien loin,
      Celle là qui en peine
      Me detient d'vn doux soin.
  Mais pour le temps que ie suis absent d'elle,
  Ie ne sen point luy estre moins fidelle :
  Ie l'aime autant comme le premier iour :
  « Changer païs ne changer point l'amour.
De dire que ie n'eusse encores du martire,
  Vrayment ie mentiroy : ie souffre grand tourment,
  Mais bien que grand il soit, ce m'est alegement
  Pour celle le souffrir que seule ie desire.
      Si suis-ie en doute grande
      Quand c'est qu'on souffre plus
      En l'amoureux refus,
      Ou present ou absent :
      Là où Amour commande
      A son gré nous forçant.
  C'est vn grand mal en amours que l'absence :
  C'est pis encor de la triste presence,
  Quand le refus y est continuel :
  « Tousiours Amour sans vn frere est cruel.
Tandis que i'ay vécu demeurant aupres d'elle,
  Et qu'il m'étoit permis luy decouurir mon cœur,
  Ma foy elle payoit d'vne telle rigueur
  Qu'à regret maugré moy ie luy estoy fidelle.
      Mais si tost que de vuë

   La belle ie perdoy,
   Et que ie me rendoy
   Aux penfers amoureux,
   Elle eft (difoy-ie) émuë
   De me voir langoureux.
 Deux ou trois iours me paiſſoit telle atente :
 Mais l'alant voir (ô cruauté conftante !)
 Ie la trouuoy telle comme deuant.
  « *Les amoureux ne viuent que de vent.*
Maintenant que ie fuis reuenu voir ma Seine,
 Loin des riues du Clain où madame fe tient,
 Ie penfe que de moy autant il luy fouuient
 Comme il me fouuient d'elle en vne douce peine :
   Et toufiours ie me flate
   De ce doux reconfort.
   Si ie me trompe, au fort
   C'eft bien fort doucement
   Ny qu'elle foit ingrate
   Ie ne croy nullement :
 Mais fans foupfon ie vy en affeurance.
  « *Quand le maleur ou l'heur vient de creance,*
  « *Qui croit fon mal il eft bien maleureux :*
  « *Croire fon bien fait heureux l'amoureux.*
Tout le but que l'amant à fes deffeins propofe
 « *C'eft de fe croire aimé comme il aime ardemment :*
 « *Et lors il ne fent plus de l'amour le tourment,*
 « *Quand il croit que fa dame à l'aimer fe difpofe.*
   Lors de fa fantaifie,
   Tout ce qui eft d'amer
   Au jeu douteux d'aimer
   Sort quitant au plaifir :
   La peur, la ialoufie,
   Et l'importun defir.
  « *Opinion de fes patures vaines*
  « *Paift & nourrift toutes chofes humaines :*
  « *Chacun s'abufe en fon affection :*
  « *Sur tout Amour n'eft qu'en opinion.*
Tel amoureux i'ay vu, qui apreftoit à rire

A celle qu'il aimoit, vivre le plus heureux,
Viure le plus content des contents amoureux,
S'asseurant d'estre aimé de celle qu'il desire :
  Et tout pour l'amour d'elle,
  Faire des sauts en l'air :
  Tousiours d'elle parler :
  S'en contenter autant
  Que de la plus fidelle
  On doit estre contant.
Tous le plaignoyent, & ie m'en prin à rire :
Prenez le cas (lors ce leur vin-ie dire)
Qu'vn songe doux il songe en ce faisant.
« *Qui aime veille en vn songe plaisant,*
Chanson, va t'en dire pour moy à celle,
(Vers qui autant qu'en graces elle excelle,
I'excelle en foy) que ie suis tousiours sien :
« *Contre vn bon cœur l'absence ne peut rien.*

M<small>A</small> *Francine il est temps de te montrer au iour :*
Ma mignonne, il ne faut faire plus long seiour
En l'oubly paresseux : il est temps que ta gloire
Commence de gagner vne belle memoire.
Il faut tout maintenant que l'on sçache combien
Ie me sen bienheureux d'estre plus tien que mien,
Et que de ce beau feu, que ie cele dans l'ame,
Deuant les yeux de tous luyse la belle flâme.
 Francine, ie sçay bien, que tous ceux qui verront
Les vers que ie t'écry, ne les approuueront :
Aussi n'ay-ie entrepris de me peiner de faire
Vn ouurage, qui peust ensemble satisfaire
A mille iugements : s'y plaise qui voudra,
Ou s'y deplaise, ainsi qu'vn chacun l'entendra,
M'amie il ne m'en chaut : tel en pourra medire
Duquel on medira s'il entreprend d'écrire.
 Le pis que lon dira, c'est que ie suis de ceux
Qui à se repolir sont vn peu paresseux,
Et que mes rudes vers n'ont etté sur l'enclume

*Remis aſſez de fois : auſſi ma foible plume
Ie crein de trop erner, & ie crein d'effacer
Et reffacer ma rime & de la retracer :
Et pour n'en mentir point mes ongles ie ne ronge
Pour ragencer vn vers que cent fois ie reſonge.
Mais bien que ie ne puiſſe eſtre ſi diligent,
Qu'eſt vn qui plus ſoigneux ſon ſtile va rangeant,
Ie ne le veu blâmer, mais grandement i'eſtime
L'écriuain, qui poliſt & repoliſt ſa rime.
Si eſt-ce que ie croy, que le feu gracieux
Qu'amour dans mon eſprit aluma de tes yeux,
A bien telle vertu, que promettre ie t'oſe
Quelque honneur à venir des vers que ie compoſe.*

FIN DV QVATRIEME ET DERNIER LIVRE
DE L'AMOVR DE FRANCINE.

PREMIER LIVRE

DES

DIVERSES AMOVRS

DE I. A. DE BAIF.

Helas *faut-il encor, faux Amour, que ie fente*
  Ton flambeau prefque efteint s'alumer dans mon cœur?
  N'ay-ie pas effayé plus que trop la douleur
  Que fouffre vn pauure amant quand ton feu le tourmente?
En quoy t'ay-ie offenfé, finon qu'auffi conftante
  Ie t'ay monftré ma foy, que tu m'as ta rigueur?
  Comment? ne t'ay-ie pas rendu ffez d'honneur,
  Faifant par mes écris que par tout on te chante?
Seroit-ce point Amour, qu'ayant de moy pitié,
  Tu veux recompenfer auiourduy mon feruice,
  Du loyer mutuel d'vne double amitié?
O que par ta faueur fi heureux ie me viffe!
  Ou fi tu veux encor monftrer ta mauuaiftié,
  Pren & fay de ma vie vn dernier facrifice.

En vous, Belle, reluiſt ſi diuine beauté,
  Que le bien de la voir tout autre bien ſurpaſſe :
  O mille fois heureux, qui reçoit tant de grace,
  Que de choir eſblouy ſous tant viue clarté !
Et ſi i'auoy tant d'heur que fuſſe en liberté,
  Quand i'en auroy deſir, de reuoir voſtre face,
  Non tant que ie voudroy, mais pour vn peu d'eſpace :
  Ie viuroy iouiſſant d'entiere bienheurté.
Car le moindre rayon qui de vos doux yeux ſorte,
  Vne ioye ſi pure auec ſi beau deſir,
  Par les yeux iuſqu'au cœur en vn moment apporte :
Que l'heur qui en reuient, ne ſe pourroit bien dire,
  Ny meſme ie ne puis rapporter le plaiſir,
  Que de penſer en vous tant ſeulement ie tire.

Amour deſia ceſſoit de me faire la guerre :
  Et les feux de Meline & de Francine eſteints,
  Relachoyent mes eſprits plus libres & plus ſains :
  Et de ma liberté i'alloy reprendre l'erre.
Mais en celle ſaiſon, que le ciel & la terre
  S'entre-vont careſſant d'vn doux deſir atteints,
  Madalene ie vy. Las ! Amour, que ie creins
  Que ton feu ne me bruſle, & ton las ne m'enſerre.
Quand ie vy ſes beaux yeux, ie dy, c'eſt ma Meline,
  Tant ils ſembloyent aux ſiens : Quand ſa bouche ie vy,
  Et ſon ris qui me prit, ie dy, c'eſt ma Francine.
Ainſi voyant Meline & Francine en vous, Belle,
  Ne faut s'emerueiller ſi vous m'auez rauy,
  Et ſi Amour au double en moy ſe renouvelle.

  Donques, Alix, tu t'en viens éprouuer
    Auecques moy, que peut vne Maiſtreſſe ?
    Le dieu d'Amours là de bon heur t'adreſſe,
    Où ie vouloy ma conſtance prouuer.
  Tu n'uſſes peu, Damoiſelle, trouuer,
    Où plus de grace & plus de gentilleſſe
    Soit aſſemblee : & faut que ie confeſſe
    Qu'elle a bien peu de mon cœur me priuer.

Mais puis qu'il plaiſt à Venus de nous ioindre
 Sous meſme ioug : puiſqu'Amour nous veut poindre
 D'vn meſme trait tous deux en meſme part :
S'il nous vient bien de beauté ſi naïue,
 Il ſera double, & ſi mal en arriue,
 Moindre eſt le mal qui à deux ſe depart.

Helas mon Dieu ! las, que i'ay grand vouloir
 Et grand raiſon de me pleindre & douloir :
 Mais la douleur me preſſe tellement
 Que ie ne puis m'en pleindre ſeulement !
I'ay le cœur gros d'angoiſſes & d'ennuis,
 Et l'alleger d'vn ſouſpir ie ne puis :
 I'ay le cerueau appeſanty de dueil,
 Et ie ne iette vne larme de l'œil.
Las ! ie ne puis qu'à hoquets reſpirer,
 Et l'on me voit comme à la fin tirer,
 Et toutesfois ie ne ſçauroy mourir,
 Car cela ſeul me pourroit ſecourir.
Peuſſé-ie au moins l'eſtrange mal nommer
 Dont ie me ſens grieuement conſommer :
 Vn Medecin ſçachant que ce ſeroit
 Quelque remede à ce mal donneroit.
Le Medecin par la contre-poiſon
 A la poiſon donne bien gueriſon :
 Si quelcun eſt mors d'vn chien enragé,
 L'eau de la mer l'a ſoudain ſoulagé.
S'vn Scorpion l'a quelque part bleſſé,
 Le Scorpion ſur la playe froiſſé
 Le regueriſt : & le meſme venin
 Qui fut mortel, luy eſt doux & benin.
Nul à ce mal encores n'a trouué
 Pour le guerir, vn remede éprouué :
 Mais au rebours qui le cuide alleger
 Par medecine, il le fait rengreger.
Or ie diray comme on dit qu'il a nom,
 Hé, c'eſt Amour ! ſi vn mal ſi felon,

Vn mal qui eſt ſur tout mal ennuieux,
Peut meriter vn nom tant gracieux.
Tous autres maux ſont maux qu'on peut guerir :
Ce mal eſt ſeul qu'on ne peut ſecourir.
Maints bons eſprits de l'Amour ont traitté,
Mais ils n'en ont rien certain arreſté.
Tous autres maux reçoyuent gueriſon
En leur donnant leur contraire poiſon :
Ce mal diuers de poiſons compoſé
N'a nul ſecours dont puiſſe eſtre apaiſé.
Hé, c'eſt Amour ! qu'on peut & non à tort,
Nommer Amour pource qu'il mét à mort,
Non vne fois, mais des fois plus de cent.
Celuy le ſçait qui tel que moy, le ſent.
Hé, c'eſt Amour ! ce meurdrier où il eſt
Fait tout ſoudain que la vie deplaiſt,
Qui n'eſt plus vie, ains eſt ſans reconfort
Et ſans plaiſir, vne viuante mort.
Ce faux Amour, abus du genre humain,
Touſiours promet de la perte du gain :
Loyal ailleurs, parjure en ſon endroit,
Il pretent plus où il a moins de droit.
C'eſt vn deſir, qui en vain attendant
Vne bonne heure, emmeine en ſe perdant
Nos meilleurs ans, & laiſſe en lieu de luy
Pour tout confort, la vergongne & l'ennuy.
Vn faux cuider qui trouble tellement
D'eſpoir & peur le foible entendement,
Qu'il l'éblouïſt & l'empeſche de voir,
Au meilleur ſens oſtant le vray ſçauoir.
Vn fraile bien, qui meurt le plus ſouuent
Dans le berceau : vn mal touſiours viuant :
Qui quand aucun par haʒard le turoit,
Renaiſtroit pire, & ſe perpeturoit.
Fermer du cœur les portes aux amis,
Mettre les clefs és mains des ennemis,
Fuir franchiſe, & chercher la priſon,
Faire mener par les ſens la raiſon,

Se confumer au dedans ennuyeux,
  Se decouurir en la face ioyeux,
  Vn rire feint, vn naïf larmoyer,
  Se plaire en deuil, de ioye s'ennuyer,
Deuant fon feu en glaçons fe geller,
  Et l'eloignant en flammes fe bruler,
  Vn penfer long, vn parler à hocquets,
  N'acheuer rien, faire dix mil aprefts
En beau chemin auoir peur de bruncher,
  Entre cailloux courir & trebucher :
  La voye aifee & droitte pour entrer,
  Puis n'en pouuoir l'iffuë rencontrer :
Ce font les biens que cet Amour nous fait,
  Se decouurant par maint diuers effait,
  Bien qu'à la fin fa bouillante fureur
  Nous pouffe tous en vne mefme erreur
Amour eft comme vne grande foreft,
  Où nul chemin frais battu n'apparoift,
  Tant que c'eft force, à qui veut s'auoyer
  Dans l'epeffeur du bois, fe fouruoyer.
Qui haut, qui bas, qui ça, qui là fe pert :
  Chacun y voit fon danger bien appert :
  Mais trop craintif s'en tirer il ne veut,
  Ou s'il le veut, le chetif ne le peut.
Qui met le pié fur le piege amoureux,
  S'ofte deuant qu'eftre plus malheureux,
  S'il y eft pris. Amour (comme lon voit)
  N'eft qu'vne erreur qui les hommes deçoit.
On me viendra, poffible, reprocher,
  O toy qui viens curieux t'empefcher
  Du fait d'autruy, ton vice t'eft caché,
  Blafmant cela dont tu es entaché.
Ie le confeffe : & bien que vueille bien
  Pour m'en ofter effayer tout moyen :
  Si fort auant egaré ie me fuis
  Que le voulant refortir ie ne puis.

Voyez que fait en Amour loyauté,
  Plus volontiers ie regarde ma belle,
  Qu'autre beauté, tant diuine soit-elle,
  Qui les humains tire à sa nouueauté.
Par tout ailleurs le voir me soit osté,
  Mais que te voye, ô gente Damoiselle.
  L'heur de te voir tout l'heur du monde excelle,
  Comme tu es excellente en beauté.
O nuit mauuaise, ô mauuais le someil,
  Par qui ie pers en te perdant de vuë,
  L'aise du feu qui m'echauffe le cœur !
Heureux le iour, heureux le beau reueïl,
  Par qui tu m'es deuant les yeux rendue,
  Pour me brusler de si gentille ardeur !

I'aime ce teint comme roses vermeil,
  I'aime du front ceste rondeur parfette,
  I'aime des dents la blancheur pure & nette
  Sous vn coral qui rougît sans pareil.
I'aime du ris, des transis le reueil,
  Aux deux costez la iumelle fossette,
  I'aime au menton ceste double bossette,
  I'aime cet œil qui fait honte au Soleil.
I'aime du poil le blondoyant ondage,
  I'aime du nez (ornement du visage)
  Le beau pourfil par mesure estendu.
Mais sur tout i'aime vne sagesse rare
  En ce parler qui mes esprits égare,
  Pillant mon cœur de merueille esperdu.

O douce voix des pensers messagere !
  O quel pouuoir tes gracieux accents
  Ont dessus moy ! ils rauissent mes sens :
  L'âme me laisse & s'enfuit estrangere.
Rien de si doux l'Auete menagere
  Ne recueillist des timiers fleurissants :
  Rien tant sucré ne nous sont fournissans
  Les doux tuyaux des cannes de Madere.

O douce voix! qu'on ceſſe de vanter
  Du vieil Orphé le merueilleux chanter,
  Qu'on taiſe encor la meurdriere Sirene :
Puis qu'en mourant de grand aiſe rauy,
  Pour remourir, en plaiſir ie reuy,
  Par toy, voix douce, angelique, ſerene.

I'aymeroy mieux eſtre encor à ſçauoir
  Cette amiable & flateuſe promeſſe,
  Que de ſouffrir ſi amere detreſſe
Eſperant trop l'heur que deſire auoir.
Ce n'eſt grand mal ſon deſir deceuoir
  D'eſpoir legier, d'incertaine lieſſe :
  Mais d'vn tel bien l'aſſeurance, Maitreſſe,
Sans trop d'ennuy lon ne peu conceuoir.
Mon mieux ſeroit que me fuſſes rebelle,
  Non m'aſſeurer de ce qui me martelle,
  En me donnant dequoy plus me douloir.
Qu'ay-ie gaigné que mon bien tu deſires,
  Quand toy voulant aſſoupir mes martyres
  Le ſort ne veut accomplir ton vouloir?

Sɪ à bon droit ſeruiteur ſe peut pleindre
  D'eſtre en amour plus que nul miſerable,
  Ie ſuis celuy qui m'en plein ſans rien féindre.
Eſcoutez Cieux mon amour admirable :
  Eſcoute ô terre, ô mer, ô tout le monde,
  La cruauté d'vn cœur inexorable.
Il n'eſt amant en qui foy plus abonde,
  On n'ayme point d'affection plus ſainte :
  Mais ma bonté à mon malheur redonde.
D'autant qu'en moy n'eſt malice ny feinte,
  D'autant qu'aymer ſaintement ie propoſe,
  D'autant que i'ay mon ame au vif atteinte,
De me tromper vne autre ſe diſpoſe,
  A l'amour ſainte eſt contraire & rebelle,
  Et de ſon cœur luy tient la porte cloſe.

Las! i'eſperoy, comme elle ſembloit belle,
Et de façon humaine & gracieuſe,
Ne rencontrer rien de faſcheux en elle :
Mais au rebours elle m'eſt dedaigneuſe,
Et ſa beauté qui ſembloit tant benine
Cachoit l'orgueil d'vne ame audacieuſe.
Ie ne penſoy qu'vne amitié diuine
Dans vn cœur net, deuſt cauſer tant de peine
A celuy la qui en eſt le moins dine.
Et quel loyer receura l'amour vaine,
Si l'amitié qui eſt la plus honeſte,
A qui la ſuit tant de trauail ameine?
Ie ne dy point mille ennuis que m'apreſte
Ma paſſion, ny les nuits que ie veille,
Ny les tourments où les iours ie m'arreſte.
Nul ne croiroit ſans bien grande merueille,
Comme l'amour tout mon aiſe renuerſe,
Car ma douleur ne trouue ſa pareille.
Ie ne dy point en ma peine diuerſe
Ny les ſanglots que ſans fin ie ſouſpire
Ny tous les pleurs que de mes yeux ie verſe.
Ie laiſſe là mon infini martyre,
Langue iamais ne le feroit entendre,
Ny iamais main ne le pourroit décrire.
Moy qui le ſen, ie ne le puis comprendre,
Ny celle auſſi qui ſeule me le donne :
Car ie pourroy plus douce me la rendre.
Mais ne pouuant pour moy ny pour perſonne,
L'entendre bien, & contraint de le taire,
D'auoir ſecours tout eſpoir m'abandonne.
Cruelle, mais comme te peut tant plaire
Que mon amour, ſi loyale & ſi pure
Ait de ſa foy vn ſi maigre ſalaire?
Pour m'eprouuer s'il te plaiſt que i'endure,
Ie te feray de ma foy telle preuue,
Que tu verras (combien que mon mal dure)
Qu'vn plus conſtant ſeruiteur ne ſe treuue.

Gentil iardin, verd & fleury parterre,
  Que Madelon (or penſant apar ſoy,
  Ores chantant) pille d'vn ſi beau doy,
  Qu'il feroit honte aux roſes qu'elle ſerre.
Dittes moy fleurs (ainſi iamais la terre
  Sous vous ne ſeche) ô belles dittes moy,
  En vous cueillant s'elle penſe à ma foy :
  Plaint-elle point la douleur qui m'enſerre?
Dit elle point humaine, Pleuſt à Dieu
  Que mon amant arriuaſt en ce lieu :
  De trop ſouffrir & de viure il ſe laſſe.
Le diſe ou non, d'icy ie n'en oy rien :
  Mais elle fait de toy, ie le ſçay bien
  Vn paradis où tout bon heur s'amaſſe.

La belle eſtoile amenant la lumiere,
  Chaſſoit deſia les autres feux des cieux,
  Et du Soleil la iaune auancouriere
  Portoit le iour aux hommes & aux dieux,
Quand le ſomeil de ſon aiſle legiere
  S'en vint flatter mes temples & mes yeux,
  Qui reſpandoyent de pleurs vne riuiere,
  Gros de trauail & regret ennuyeux.
Voicy, Maiſtreſſe, vn ſonge deceuable
  Qui te ietta dans mes bras, & ſoudain
  Ie te cuidoye embraſſer amiable.
Quand ie ſenti de ton fantoſme vain
  Par ma poitrine vne image effroiable
  D'vn froid ſerpent ſe gliſſer en mon ſein.

Songe faſcheux, plein de toute miſere,
  Qui me feit voir ma belle entre mes bras,
  Et ſur le point des amoureux ébas
  En vn ſerpent ſa feinte vint deffere.
Il me monſtra toute ma peine claire :
  Ie ſceu mon mal qui ne m'aueuglant pas
  Vif & voyant me conduit au treſpas :
  Ie le voy bien & ne puis m'en diſtraire.

Iean de Baïf. —

Morfé prenant pitié de ma douleur,
　M'acertenoit de mon proche malheur,
　Pour m'efforcer d'en eſtre vn iour deliure.
Mais que me vaut preuoir ainſi mon mal
　Pour m'en garder, quand mon malheur fatal
　Bon gré maugré me contreint de le ſuiure?

Sont-ce deux yeux ou deux ſoleils, Madame?
　Car deuant eux ie ne me puis monſtrer,
　Que tout à coup ils ne viennent m'outrer
　De leur ardeur au profond de mon ame :
Que tout ſoudain ie ne ſente vne flâme,
　Quand ces beaux yeux ie vien à rencontrer :
　Dedans mes os la fieure ils font entrer,
　Qui ſang, eſprits & mouëlles enflâme.
Ce ne ſont yeux de Madelon les yeux :
　Ce ſont d'Amour les flambeaux gracieux,
　Dont aprement le beau feu me conſume.
Les Graces ſeurs y mettent leurs attraits,
　Meſme Venus en atinte les traits,
　L'archer Amour ſes fleches en allume.

Qui ſe dira plus malheureux que moy,
　Souffrir d'amour vn plus grand infortune
　Que i'ay receu de celle que i'aimoy?
I'auoy pour elle oublié ma fortune,
　Et pour l'aymer ie m'eſtoy voulu mal,
　Moy-meſme & tout ie haïſſoy pour vne.
Iamais nul feu ne fut au mien egal,
　Nul feu d'amour : tant d'amour ie bruſloye,
　D'amour à moy mortellement fatal!
Pour vn ennuy ie fuyoy toute ioye,
　Pour vn malheur toute proſperité,
　Pour vne mort mon viure ie perdoye.
Le faux m'eſtoit au lieu de verité,
　Pour le certain ie ſuiuoy l'eſperance,
　Receuant mal pour le bien merité.

Ie me plaisois en toute doleance
  Me deplaisant en tout autre plaisir,
  Prenant en pleurs & souspirs ma plaisance.
Tant ardemment m'enflammoit vn desir
  D'entrer vn iour en la grace de celle
  Que i'auoy pu dessus toutes choisir.
Mais celle-la qui m'a esté cruelle
  Par si longtemps, sans se mollir en rien,
  Reçoit vn autre, helas! qui iouïst d'elle.
Vn autre, helas! qui reçoit tout le bien
  Que i'auoy pu par si loyal seruice,
  Hé, meriter, qui deuroit estre mien.
Mais il iouïst, sans qu'en rien i'en iouïsse,
  De tout le bien que i'auoy deserui :
  Il en iouïst, & faut que ie languisse.
De mon labeur le fruit il a rauy :
  En vn moment le gibbier il maistrise,
  Qu'en vain i'auoy si long temps poursuiuy.
Donc i'ay dressé des colets l'entreprise
  Auec trauail? sans trauail vn autre a
  De mon trauail le proffit & la prise.
O le faux œil, qui traitrement m'outra!
  O le faux trait qui dans mon cœur se coule
  Quand Amour traistre en ce point m'acoustra!
Ainsi les œufs on dérobe à la poule,
  Ainsi le bœuf ne laboure pour soy,
  Ainsi le miel pour l'abeille on n'ecoule.
Quand vn autre a ce qui estoit à moy,
  Quand i'ay batu des buissons, & la proye
  Tumber aux mains d'vn auolé ie voy,
Qui sans trauail de ma peine a la ioye.

Comment peux-tu Nature ainsi cacher,
  Dessous vn miel vne amere aluine,
  Sous vne cire vn endurci rocher?
Si grand fierté sous beauté si diuine,
  Sous face d'Ange vne ire de lyon,

Sous maintien *simple vne traison si fine ?*
Traistre beauté, traistre perfection,
 Traistre parler, traistres yeux, traistre grace,
 Qui surprenez ma simple affection !
Ainsi le traistre oyseleur qui enlasse
 Dans les filets les abusez oyseaux,
 D'vn chant trompeur les tire en sa tirasse.
Ainsi voit-on le pescheur sur les eaux,
 Par l'aim caché sous vne amorce belle
 Les poissons pris banir de leurs ruisseaux.
Les mariniers aloyent d'vne mort telle
 Perir aux bans des filles d'Achelois,
 Tirez du chant de leur feinte cautelle.
Qui n'eust esté abusé de ta voix,
 Fausse, cruelle & trompeuse Sirene,
 Lors que si doux auec moy tu parlois ?
Feinte douceur, d'où naist si longue peine,
 Quand d'vn clin d'œil languissant traistrement
 Tu m'esperdis l'âme depuis mal saine !
Si tu voulois me traitter fierement,
 Pourquoy deslors ne me fus-tu farouche,
 Sans me flatter à si cruel tourment ?
Pourquoy deslors ne m'oignis-tu ta bouche
 De fiel amer, qui te noyoit le cœur
 Pour me seurer dés la premiere aprouche ?
Sans m'apaster d'vne feinte douceur,
 Pour m'alaitter d'vne vraye amertume,
 D'vn court plaisir pour si longue douleur ?
O froid glaçon, qui chaudement m'allume !
 O mol lien, qui durement m'estreint !
 O chaude ardeur, qui lente me consume !
Folle prison, qui libre me contreint
 Contre mon gré d'aimer mon ennemie !
 Si i'ay perdu, l'autre de perdre craint.
Ie ne l'ay plus, vn autre a mon amie :
 Ce qu'ay perdu, laisson comme perdu :
 Viuons à nous. Il est temps qu'on oublie
 Ce qui ne peut estre iamais rendu.

Si nous deuions tous deux receuoir aife,
  Toy te fentant bien aimee de moy,
  Moy me voyant autant aimé de toy,
  Que gagnes-tu de m'eftre fi mauuaife?
Pourquoy faut-il que pluftoft te defplaife
  A toy qu'à moy le gage de la foy?
  L'honneur l'enioint : O dure & fauffe Loy !
  Deuant l'amour la loy d'honneur fe taife.
Pourquoy pluftoft nous auons-nous permis
  Prendre de vous, qu'à vous de nous permettre
  Le loyer du aux fideles amis?
Si vous fentez tous les mefmes defirs
  Que la nature en nous a voulu mettre :
  Qui vous deffend tous les mefmes plaifirs?

Cupidon, qui des traits que ton petit bras pouffe
  Dans les cœurs des humains, les detiens en foucy,
  Et les contreints veiller : tu dors tu dors icy,
  O le cruel enfant d'vne mere tant douce !
Tu n'as ny l'arc au poing, n'en efcharpe la trouffe
  Pleine de traits à feu, ny tu n'as point auffi
  Ton brandon en la main, & femble qu'adoucy
  Tu ceffes de braffer aux amans quelque trouffe.
Dor ou fein de dormir : ronfle d'vn profond fomme.
  S'y fie qui voudra : mais ie fçay trop bien comme
  Où tu fembles plus doux, il y a moins de foy.
Tu auras beau dormir, faux enfant plein de feinte :
  Tant que tu dormiras, ie veilleray de crainte,
  Que fonges en dormant quelque mal contre moy.

Belle, ie croy que foyez tant honnefte,
  Vous efloignant de toute mauuaiftié,
  Que vous auriez de ma langueur pitié,
  Si ie pouuoy vous en faire requefte.
Mais l'amour grand qui martelle ma tefte,
  Ne me permet de dire la moitié
  De mon defir, & pour quelque amitié
  Que me monftriez, tout muet il m'arrefte.

Puis qu'vn malheur ne veut que ie le die,
Vous qui auez de ma mort & ma vie,
O ma princeffe, en vos mains le pouuoir,
Regardez bien, que c'eft que dire on n'ofe
Au fait d'amour, & vous fçaurez la chofe,
Que pour fecours de vous ie veux auoir.

La dame de mon heur, de qui l'image belle,
Eft viue dedans moy, las! ne daigne œillader
La playe, que mes yeux trop prompts à regarder
Porterent dans mon cœur, qui va mourir pour elle.
Mais chiche de pitié, dedaigneufe & cruelle
Se deftourne & ne veut, tant foit peu, retarder
Pour m'ouïr ny me voir : moy ne pouuant m'aider
Ie fuis à la mercy de qui m'eft plus rebelle.
Ainfi defefperé, m'éfcriant de douleur
Comme fi fuffes loin, ô Mort ie te demande,
Qui m'oyant auffi toft me refpons de mon cœur.
Puis te fentant fi pres à toy me recommande,
O mon dernier fecours : Telle m'eft la rigueur
De l'Amour, que la mort i'eftime douceur grande.

Ce ne font baifers que donne
Ma mignonne,
Mais quelque bien qui vaut mieux :
Lors que fa bouche elle approuche
De ma bouche
Iettant parfuns precieux.
Ie fen du mufc & du bame,
Du cinname,
Du nard & de l'ambre gris :
Encore fa fouëue aleine
Ie fen pleine
D'odeurs de plus rare pris.
La douceur qui en degoutte,
O ie goutte
Plus douce qu'autre liqueur :

Et cefte manne diuine
    Nectarine,
Me chatouille iufqu'au cœur.
Cefte diuine ambrofie
    Deïfie
Celuy qui la peut goufter :
Et nous peut cefte viande
    Si friande
Du ranc des hommes oufter.
Ne m'en donne plus, Maiftreffe,
    Si deeffe
Tu ne te fais auec moy :
Car des dieux ie ne veux eftre
    Dieu ny maiftre
Si ce n'eft auecques toy.

Penser, qui en feus & en glaces
  Detiens mon miferable cœur :
Penfer, qui cette douleur braffes,
  Pour me confumer en langueur :
Que feray-ie ? n'auray-ie rien ?
Vn autre prendra-il mon bien ?
Il faut qu'à glaner ie me mette ?
  L'autre a cueilli tout le meilleur :
Vn autre fera la cueillette,
  I'en auray fait tout le labeur.
S'il ne me touche nullement :
Pourquoy m'en donné-ie tourment ?
La vierge eft femblable à la rofe,
  Qui fleurift dans vn beau iardin,
Sur l'efpineux rofier declofe :
  Elle a la rofee au matin :
La terre, l'eau, l'air, le vent doux,
Qui leur faueur luy donnent tous.
Le troupeau, ny la paftourelle
  Ne la viennent point approcher :
Maint gentilhomme & damoifelle

        Espere d'vn iour la toucher,
        Ou pour la flerer en la main,
        Ou pour s'en reparer le sein.
Mais de sa branche maternelle
        On n'a si tost rauy la fleur,
        Que tout ce qui estoit en elle
        D'amour de grace & de faueur,
        Que de tous lieux elle auoit tant,
        Elle perd tout en vn instant.
La vierge aussi qui par megarde
        Laisse cueillir sa tendre fleur
        (Qu'il faut qu'aussi cher elle garde
        Et que ses yeux & que son cœur)
        Aussi tost perdus elle voit.
        Les cœurs des amans qu'elle auoit.
De tous soit-elle mesprisee,
        Et qu'elle ayt l'amour seulement
        De celuy, auquel l'abusee
        S'est donnee si follement,
        Perdant pour vn particulier
        De vrais amans plus d'vn millier.
Ah fortune ingrate & cruelle,
        On rit ailleurs, ie pleure icy :
        Mais pourroy-ie bien de ma belle,
        M'oster mon amoureux soucy ?
        Plustost me soit dernier ce iour,
        Que ie viue sans son amour.

P<small>ENSER</small>, *en qui mes ans ie passe*
        Depuis qu'en moy ie t'ay receu :
        Penser, contr'vn rocher de glace
        Seray-ie vn Mongibel de feu,
        Tousiours sans que mon bruslement
        L'atiedisse tant seulement ?
Tousiours apres ceste fuitiue.
        La poursuitte que ie feray
        Sera-elle bien si tardiue
        Que iamais ne l'atraperay ?

Lacheray-ie prise deuant
Que d'auoir pris le plus souuant?
La vierge est semblable à la vigne,
  Qui seule naist en lieu desert:
  Ensemble elle a tige & racine,
  Ses raisins souuent elle perd:
  Nul vigneron n'en a soucy,
  Nul seigneur ne s'y plaist aussi.
Mais quand sur vne belle treille,
  Le maistre la fait redresser,
  Vn ombrage frais à merueille
  Alentour elle vient pousser.
  Alors dessous son pampre vert
  Vn chacun se met à couuert:
Chacun en aime l'ombre belle,
  Chacun chez soy la veut auoir:
  Chacun cherche & s'approche d'elle
  Pour le plaisir en receuoir:
  Le vigneron en a soucy,
  Le seigneur l'aime bien aussi.
La vierge aussi tant que seulette
  Elle n'a point d'amy certain,
  Nul ne l'aime d'amour parfette,
  Tout son bien & plaisir est vain:
  Mais s'elle a quelque amy fidel,
  Au monde il n'est vn plaisir tel.
De tous soit elle desiree,
  De nul aimee seurement,
  Qui de toute amour retiree,
  N'aime vn amy parfaitement,
  Ayant cent mille amis à soy,
  Et pas vn qui luy tienne foy.
Ah, Amour ingrat! dont la flâme
  Me fait aimer sans estre aimé,
  Amoly moy ceste dure ame,
  Fay que son cœur soit enflâmé,
  Et fay luy conoistre son bien
  Qu'elle hayt autant que le mien.

Toute gaye penſee en mon cœur paſſagiere,
    Auſſi toſt qu'elle y entre auſſi toſt elle en ſort :
    Si c'eſt de me rauoir, ie la hay comme mort,
    Et de la retenir vrayment ne me chaut guiere.
L'amoureuſe langueur m'eſt ſi fort couſtumiere,
    Que ne ſçachant que c'eſt d'aiſe & de reconfort,
    Me conſoler d'eſpoir eſt me faire grand tort,
    Tant ie hay le plaiſir, tant la peine m'eſt chiere.
Mon cœur deſeſperé, fontaine de douleur,
    Abiſme de trauail, le but de tout malheur,
    Se nourriſt de ſouſpirs, regrets & doleance.
Le pauure patient eſt certain de mourir
    Quand il hayt plus cela qui le peut ſecourir,
    Haï de qui luy peut donner plus d'alegeance.

Nature deſſeignant vne rare facture,
    Rare en perfection, forma premierement
    Vn projet merueilleux d'vn riche diamant,
    Qui rapportoit en tout voſtre belle figure,
Et n'y falloit que l'ame : A l'heure la Nature
    De l'œuure proietté voit le commencement :
    S'emerueille : en reçoit vn tel contentement,
    Qu'elle n'oſe eſperer plus belle creature.
Dextrement elle met en ſes membres le poux,
    Y laiſſe le naïf de ſon viſage doux,
    A ce qui ne ſentoit donne le ſentiment,
L'amollit, & luy fit la bouche reſpirer,
    Les oreilles ouïr, l'œil voir, le nez flerer,
    Le cœur en ſa durté demeurer diamant.

Belle, que doy-ie faire ? eſtant aupres de toy
    Sans rien plus deſirer ie me trouue contant :
    O contentement faux ! car apres en eſtant
    Eloigné ie retumbe en mon premier émoy.
Ie meur de n'auoir pris le loyer de ma foy,
    Loyer que loin de toy, las ! ie deſire tant
    Qu'vn extrême regret en trop le ſouhettant
    Me vient ſaiſir mon cœur l'arrachant hors de moy.

Maiſtreſſe, ie te pry, ſi tu me veux garder,
    A fin d'auoir en moy vn conſtant ſeruiteur,
    Y prenant le plaiſir tel que tu m'as iuré,
Ne vueilles plus long temps ton ſecours retarder :
    Le mal que ſouffre eſt tel, ſi ie n'ay ta faueur,
    Il me faudra mourir, c'eſt vn cas aſſeuré.

Que franc de paſſion par la ſeule lecture
    De mes vers amoureux tu conçoyues l'amour !
    Delbene il ſeroit vray que la nuit fuſt de iour,
    La chaleur en hyuer, en eſté la froidure.
Trompe quelque apprenty : moy ruſé ie m'aſſure
    Que du fils de Venus ton cœur eſt le ſeiour :
    Les ſignes en ſont clairs : ne va point alentour,
    Confeſſe que tu ſens l'amoureuſe pointure.
En cet age garny de toute gentilleſſe,
    Vne façon penſiue, vn parler à ſouſpirs,
    T'accuſent de ſeruir quelque belle Maiſtreſſe.
Ie preuoy bien qu'Amour & Venus & les Muſes
    Te dicteront des vers, qui pleins de chauds deſirs,
    Te conuaincront de faux, deſcouuriront tes ruſes.

I'ᴀʏ *pris telle couſtume,*
    Que la douce amertume
    M'eſt plaiſante liqueur,
    Et la douceur amere
    D'vn gouſt à ſoy contraire
    Me vient à contrecœur.
Le doux ſur tout m'agree,
    La douceur me recree,
    De douceur ie me pais,
    Delicat de nature,
    Du doux ma nourriture
    Delicate ie fais.
Le chardon & l'eſpine,
    L'ortie, l'aluïne,
    Le ſerpent, le crapaut,

C'est ce que ie demande :
Quand i'ay telle viande
Rien plus il ne me faut.
Ostez telle viande,
Si ma bouche friande
A tout ce qui luy plaist :
Et si de friandises,
Qui soyent des plus exquises,
A son goust se repaist.
Vne faim violante
Mes entrailles rongeante,
Me minoit de langueur :
D'vne seule personne,
Qui reconfort me donne,
I'implore la faueur.
Ie languissoy tout blesme
D'vne faim si extrême
Que la mort i'attendois :
D'vne personne alheure
Qui à mon mal sequeure
L'aide ie demandois.
La personne amiable
Au besoin pitoiable
S'en vint me secourir :
Et de telle viande
Que ma faim luy demande,
Me sauua de mourir.
La personne requise,
De grand pitié surprise
S'en vient me soulager :
Et selon ma requeste
Des viandes m'apreste
Que ie vouloy manger.
Dames, la fleur des belles
(Ainsi soyent immortelles
Vos beautez & vertus)
De ces deux secourables
Enuers moy charitables

             Qui merite le plus?
        Mais, Dames, qui vous semble
         De ces deux mis ensemble
           Auoir plus merité?
         Ditte-le, ainsi vostre ame
          Ne sente point la fláme
           De l'amour irrité.

Ore de mal en bien se veut tourner la chance,
   Qui par vn trop long temps a duré contre moy :
   Il faut vne autre fois essayer si ma foy
   Pourroit bien rencontrer heureuse recompense.
Tousiours la mer grondant contre vn vaisseau ne tance :
   L'air serain du fort temps chasse le triste effroy,
   Et le Printemps l'Hyuer : le retour doux & coy
   De l'amiable paix suit des guerres l'outrance.
Tousiours le flot contraire à ma nef ne sera,
   Mais bien tost vn bon vent ses voiles enflera,
   Qui la fera surgir à son port desirable.
Tel doux espoir me vient de la gaye douceur,
   Qui me rit fauorable en cest œil rauisseur,
   De viure autant heureux qu'ay vescu miserable.

Belle, penseriez-vous que la cinquiéme annee
   Auroit pu de mon cœur effacer l'aliance
   Que nous auions iuree? auriez-vous defiance
   Que i'usse voulu perdre vne amour si bien nee?
Toute Lethe m'estant en breuuage donnee,
   Encor ne m'ust pas fait la mettre en oubliance :
   Car l'infernal oubly n'exerce sa puissance
   Sur la chose qui vient par les cieux ordonnee.
L'absence de cinq ans, mesme sans nous escrire,
   Ne l'a fait varier : Ne perdons ô ma vie,
   Par defiance vn bien le plus grand qu'on desire,
Et comment ne seroit nostre amitié celeste,
   Qui dés le premier iour naquit tant accomplie,
   Que rien pour la parfaire auiourdhuy ne luy reste?

Maiſtreſſe, ne cherchon preuue plus ſoueueraine
  A noſtre affection, puis que le long eſpace
  De cinq ans ne l'a peu démouuoir de ſa place,
  Et mille ans ne pourroyent la rendre plus certaine.
Le temps en nous fuyant nos meilleurs iours emmeine,
  Et pource regardez qu'à vos yeux il ne paſſe
  N'eſtant bien employé, mais que pour toute grace
  Ainſi qu'il nous lairra, ne nous laiſſe que peine.
Rien n'eſt plus deſplaiſant que regretter ſon age :
  « On meſpriſe ſouuent ce qu'apres on ſouhette :
  « Bien-heureux qui ſçait prendre en temps ſon auantage.
Incontinent le bien en s'offrant ſe retire :
  « Ne le refuſon pas : Et noſtre amour parfaite
  Et l'age bien-ſeant à ce bien nous attire.

Eſt-ce pas aimer bien, quand abſent de ma belle
  Ie n'ay autre penſer que d'elle en mon eſprit ?
  Ou ſoit nuit ou ſoit iour la beauté qui me prit
  Recourant dans mon cœur mon deſir renouuelle.
Si mes yeux trauaillez de trop veiller pour elle
  Se laſchent au ſommeil, en ſonge elle me rit,
  Ou de quelque propos gracieux me cherit,
  Ou i'enten de ſa part quelque bonne nouuelle.
Si mes yeux repoſez voyent luire de iour,
  Ie n'ay autre penſer, ie n'ay autre memoire,
  Rien que noſtre amitié, tout ſeul ie ne diſcour.
Eſt-ce pas aimer bien ? Fuſſé-ie tant heureux
  (Ie ne veux en douter, & ſi n'oſe le croire)
  Que d'eſtre autant aimé que ie ſuis amoureux.

Ie ne fay cas d'vne qui m'aime bien,
  Et celle là qui me hait, me martire :
  Où ie puis tout, helas ! ie ne veux rien,
  Où ie ne puis, vainement ie deſire.
Si ie vouloy me donner à quelqu'vne,
  Certes de moy vous ſeriez ſeule aimee :
  Egallement ie me vouë à chacune,

Car ie fçay bien qu'Amour n'eft que fumee.
  D'vne que plus ie fouhette
  I'ay iouiffance perfette:
  Mais maudite ialouzie,
  Tu me més en frenefie.
  Ditte-moy, eft-ce follie
  D'aimer quand on eft aimé,
  Bien qu'on voye de s'amie
  Vn autre plus eftimé?
I'en ay feruy plus de deux en ma vie,
Qui toutes ont rompu noftre amitié:
Ie fuis à moy : fi vous auez enuie
De m'auouër, vous ferez ma moitié.
  Ie t'aime, non pour tes yeux,
  Ny pour ta face angelique:
  Ie feroy trop frenetique
  D'aimer fans efperer mieux.

Oyez Amans oyez le plus nouuel ennuy,
  Que iamais ayés ouy,
De moy, las! qui me plain, n'ayant dequoy
  Me plaindre que de moy.
Le ciel n'a rien laiffé de fes riches trefors,
  Pour m'orner efprit & corps,
Qui m'ont affujettis, à mon malheur!
  Tant d'hommes de valeur.
Trois d'egale beauté, chacun en fon endroit
  Accomply gentil adroit,
S'offrent à me feruir: impoffible eft,
  Dire qui plus me plaift.
Ainfi que les beautez & les graces qu'ils ont
  En debat pour l'honneur font,
Mon efprit incertain combat au chois
  De l'amour de ces trois.
O combien heureufe eft celle qui n'aime qu'vn,
  Ou qui peut aimer chacun,
Qui a choifi d'vn feul le feu plus doux,

Ou qui ſe donne à tous !
O malheureuſe moy, qui ne puis au beſoin
Perdre honte ! ô facheux ſoin
Qui me retient douteuſe, & pour mon heur
Et pour mon cher honneur !
Amour, inſpire moy dans ce facheux deſir,
Si i'en dois vn ſeul choiſir,
Ou faire de ces trois, chacun autant
L'vn que l'autre contant.

Lettre, que ie te baiſe en baiſant la main belle,
 Qui m'a fait tant de bien que de t'écrire à moy :
 Lettre, gage certain de ſon entiere foy,
 Et de ſa volonté meſſagere fidelle
Qui me viens apportant toute bonne nouuelle,
 Quand ſon affection ie remarque dans toy,
 Et bon veneur d'amour à la trace ie voy
Qu'elle cache en ſon cœur plus qu'elle ne decelle.
Elle m'aſſure auſſi n'auoir l'eſprit de poudre,
 Auquel Amour graua ce qu'elle m'a promis,
 Qui ne peut aiſement s'effacer ne diſſoudre.
Puis gracieuſement m'admoneſte & me tance
 De n'auoir en quatre ans deuers elle tranſmis
 Vn mot qui luy fiſt foy de ma ferme conſtance.

Tout ſe regaillardiſt en ce temps de vendange,
 Mais le jeu plus plaiſant m'eſt amer deſplaiſir,
 Et ie ſuis ennuié des chanſons de plaiſir :
 Où tout rit, de chagrin mon triſte cœur ſe mange.
Que toute gayeté d'autour de moy s'eſtrange.
 Les ſoupirs & les pleurs il me plaiſt de choiſir
 Comme bien conuenants à mon trop vain deſir :
 Que le dueil & l'ennuy de mon coſté ſe range.
Puis que ie ſuis abſent d'auec celle que i'aime
 Plus que mes propres yeux : ſans qui rien ie ne ſuis
 De laquelle eſtant loin ie ſuis loin de moy-meſme.

Mais en ce long malheur, Maistresse, ne dedaigne,
  (Cela seul qui me reste, & que faire ie puis)
  Que mon cœur & mon ame en tout lieu t'acompagne.

Ie seroy bien marry de ne t'aimer, m'Amie:
  I'en iure tes doux yeux, par qui fut allumé
  Ce feu dedans mon cœur, dont seray consumé :
  Car il ne peut mourir si ie ne per la vie.
I'en iure tes cheueux, dont le beau las me lie
  Qui ne rompra iamais. Il est tant estimé,
  De mon cœur qu'il tient pris, il en est tant aimé,
  Que iamais d'en sortir ne peut luy prendre enuie.
Le iour qui me conduit, de ceste flâme vient
  Comme de mon soleil. Ce lien me retient
  Que ne m'aille souiller dans le bourbier du monde.
Nul n'entreprenne donc d'eteindre vn si beau feu,
  Ny d'vn si cher lien defaire le doux neu :
  Car mon souuerain bien dessus les deux ie fonde.

Que viens-tu faire icy, mon cœur, auecque moy ?
  Va, retourne chercher ta Maistresse nouuelle :
  Sois luy plus qu'à moymesme humble doux & fidelle :
  Garde qu'en rien qui soit l'irrites contre toy.
Si elle ne te veut, te vouloir ie ne doy :
  La rigoureuse loy de nostre amour est telle,
  De n'aimer rien, sinon ce qui est aimé d'elle :
  Ie luy en ay iuré l'inuiolable foy.
Va tost la retrouuer : pren mon desir pour guide.
  Mes pensers à relais feront bien le voyage,
  Mais ne te fie pas à l'espoir de la bride.
L'espoir est peu certain : Si raison la veut prendre,
  Tu ne pourras faillir en si bon equipage.
  A Dieu cœur : d'estre à moy ne te faut plus attendre.

  Si pour aimer loyaument
      N'ay que martyre,
  I'espere apres mon tourment
      Contentement.

Amour le iuſte vengeur
De mon iniure,
Me punira la rigueur
De voſtre cœur.
Quand d'vn que pris vous aurez
La mal-traittee,
Ainſi que meriterez,
Lors vous ſerez :
Et moy iouiſſant du bien
D'amour parfette,
I'eſtimeray moins que rien
Voſtre lien.
Vne qui meritera
Ma foy conſtante,
Qui a iamais durera,
En iouira.
Mais voſtre deloyauté
Sera punie
Ainſi qu'elle a merité
Par cruauté.

A celle qui naure mon cœur
Par vne agreable langueur,
Ces fleurettes ie ſeme :
Si ie pren garde à ſa rigueur
Helas ! ſans party i'aime.

A la plus rebelle & plus belle :
D'yeux & de cœur ie la ſçay telle,
Elle auſſi le ſçait bien.
Moy ſeul puny, ma mort i'apelle
Son ſçauoir & le mien.

Qu'eſt-ce qu'aux Nymphes la cohorte
De ces Nymphes voudroit?
Tel d'vne Nymphe l'abit porte,
Qui trouuant ouuerte la porte
Son Satyre vaudroit.

*Amour ſes traits fallacieux
   Darde ſur moy de diuers lieux,
      A fin qu'en toy ie meure :
   Mais ſi diray-ie qu'en tes yeux
      Ses trais ont leur demeure.*

*I'eſtime le verd de tes yeux,
   Mais le parler delicieux
      De ta bouche vermeille
   Rauiſt d'vn larcin gracieux
      Mon ame par l'oreille.*

*Ie ſçay que pour ſon excellence
   Chacune ſe donne aſſurance
      D'auoir conquis mon cœur :
   Mais vne ſeule que ie penſe
      Peut en prendre l'honneur :*

*Vn œil brunét ſage égaré
   En maintien folaſtre aſſuré
      D'vne ſimple cautelle
   I'ay dés ma ieuneſſe adoré.
      Ie vous pry qui eſt elle ?*

*I'ay quelquefois eſté tranſy
   Comme d'autres qui ſont icy :
      Mais ô douce Maiſtreſſe
   Tu fis changer par ta mercy,
      En ioye la deſtreſſe.*

*Que vaut delayer le plaiſir
   Quand l'vn & l'autre a le deſir
      Aueque la puiſſance,
   Puis que la mort s'en doit ſaiſir
      Auant la iouiſſance ?*

*Si la beauté iamais ne part
   Pourquoy la grace ne depart*

Ce qui touſiours demeure :
S'elle meurt que n'en fais-tu part
Auant qu'elle ſe meure ?

Cueillez nous cueillez damoiſelles :
Comme nous vous floriſſez belles :
Mais voſtre belle fleur
Comme nous des heures cruelles
Doit ſentir la rigueur.

Qvi deuons-nous iuger le plus contant des deux,
 Ou celuy qui iouïſt du ſeul bien qu'il deſire,
 Bien-aimant bien-aimé, ſans qu'il l'oſe ny dire
 Ny en faire ſemblant, apar ſoy bienheureux :
Ou celuy qui non plus que l'autre langoureux,
 A tout bien à ſouhait, & franc de tout martire
 En telle liberté que lon ſcauroit eſlire,
 Monſtre l'heur qu'il reçoit des eſbas amoureux.
L'amant aime vrayment qui conduit ſon affaire,
 Et iouyt ſans vn tiers : l'Amour eſt plus certaine
 De qui deux ſeulement ont le mal ou le bien.
Il n'aime qui iouïſt, & ſon bien ne peut taire :
 Car ce n'eſt plus Amour, depuis qu'on la demene
 Aux yeux de tout le monde, & qu'on n'y cele rien.

Quand de mon cœur d'vn trait d'or trauerſé,
 Ie fy preſent à ma douce guerriere,
 Ie criay tant qu'Amour oyt ma priere,
 Comme le mien que ſon cœur ſoit percé.
Il bande l'arc, & vers elle adreſſé
 La mire & tire : elle ne s'en chaut guiere.
 Tu fis bouclier de mon cœur, ô meurdriere,
 Qui de cent trais pour le tien fut bleſſé.
O ſi tu veux, Amour, naurer la belle,
 Qui contre nous eſt ſi dure & rebelle,
 D'vn braue coup retirant double honneur !

Enfonce vn trait de toute ta puiſſance,
　　Qui decoché roide & viſte s'elance
　　Iuſques au ſien atrauers de mon cœur.

Quelle faueur pourroit bien guerdonner
　　Tous les trauaux que i'endure pour elle,
　　Qui dedaigneuſe, orgueilleuſe & cruelle
　　Vn ſeul confort ne daigne me donner?
Que dy-ie, Amour? pourroy-ie aſſez peiner
　　Pour deſſeruir vne grace tant belle,
　　Qui ne ſçauroit vſer de rigueur telle
　　Que ſa beauté ne luy fiſt pardonner?
Combien d'amans la fatale Atalante
　　A deuancez de ſa courſe volante,
　　Qui s'en venoyent à ſes nopces offrir?
Combien d'amans apres Hippodamee
　　Ont de leur mort contenté leur aimee?
　　Moy ne pourray-ie vn ſeul ennuy ſouffrir?

Ce ne ſont pleurs les larmes de madame:
　　Ses larmes ſont gouttes d'eau de ſenteur,
　　Qui eſteindroyent de l'eau-roſe l'odeur,
　　Voire le flair de l'Idalien baſme.
En la ſaiſon, qui ciel & terre embaſme,
　　Qui a gouſté de la douce liqueur,
　　Qui emmielle ou la fueille ou la fleur,
　　Gouſte les pleurs de ſa iumelle flâme.
O quel grand feu par ceſte humeur s'allume!
　　Ceſte eau bruſlante au dedans me conſume
　　Par contréfort me venant enflâmer.
Si ſon pleur bruſle, eſt ce rien de merueille,
　　Quand ce qui eſt en elle plus amer,
　　Se ſent plus doux que l'œuure de l'abeille?

Amour, où ſont tes arcs & tes ſagettes,
　　Par qui te rens toutes ames ſujettes?
　　Ils ſont aux yeux de quatre Damoiſelles,
　　L'honneur choiſi des ſçauantes & belles.

Pithon, où eſt ta parolle attraiante,
　Qui les eſprits & rauiſt & contente?
　Oy le parler de quatre Damoiſelles,
　L'honneur choiſi des ſçauantes & belles.
Venus, où eſt ta ceinture amiable,
　Qui ioint les cœurs d'vn lien deſirable?
　Ceintes en ſont les quatre Damoiſelles,
　L'honneur choiſi des ſçauantes & belles.
Graces où ſont ô compagnes deeſſes,
　Vos doux attraits & gayes gentilleſſes?
　Voy les façons des quatre Damoiſelles,
　L'honneur choiſi des ſçauantes & belles.
Muſes, où ſont vos preſens les plus rares,
　Dont poliſſez les ames plus barbares?
　Oy les chanſons des quatre Damoiſelles,
　L'honneur choiſi des ſçauantes & belles.
O iour heureux! heureuſe noſtre vie
　D'auoir cognu ſi rare compagnie,
　En qui voyons les richeſſes infuſes
　D'Amour, Pithon, Venus, Graces & Muſes.

Va donc, heureux Aneau, receuoir tant d'honneur,
　Que de ceindre vn des doigts de ma belle Maiſtreſſe:
　Ie ſerois enuieux du bien que ie t'adreſſe,
　Si tu me deuois eſtre ingrat de ce bonheur.
Mais pour le bien duquel ie te ſuis moyenneur,
　Tu luy ramenteuras mon amitié ſans ceſſe,
　Luy monſtrant l'engrauure, & la deuiſe expreſſe
　Que tu as pour témoins de l'amour du donneur.
Ceſte Venus qui tient vn flambeau, repreſente
　Ta Maiſtreſſe & la mienne alors qu'elle me prit,
　Rallumant dans mon ame vne flâme plaiſante.
Or puis que cette flâme en mon cœur fut épriſe,
　Lors que d'vn feu cruel i'affranchy mon eſprit,
　QVE PLVS DOVX FEV ME BRVSLE, elle aura pour deuiſe.

Combien que le Soleil ait franchi quatre fois
  Des signes estoillez l'annuelle carriere,
  Sans t'auertir, Maistresse, en aucune maniere
  Du feu que dans mon cœur allumé tu auois :
Bien que ie l'ay celé, ne pense toutefois
  Que ma flâme amoureuse ait esté moins entiere :
  Car le peu de moyen en si ample matiere,
  A fait que mes escrits souuent ne receuois.
Or i'y remediray pour le temps auenir
  Si bien, que ne pourras m'accuser de paresse,
  Te faisant de ma foy tous les iours souuenir.
Muse, dorenauant qu'il ne se passe iour,
  Que ie ne face vn trait, & qu'à iamais ne laisse
  Temoignage certain d'vne parfaite amour.

Ayant esté cinq ans sans la voir, ma Maistresse,
  De Fortune en huit iours vne heure put choisir
  Pour rafrechir l'ardeur de mon bouillant desir,
  Et decouurir l'amour qui iamais ne me laisse.
Mais enuieux Ronsard, me somant de promesse
  De partir auec toy, tu rompis mon plaisir :
  Et m'empeschas d'vser de ce peu de loisir
  Que i'u lors d'adoucir de cinq ans la destresse.
I'esperois arrouser de cent baisers la flâme,
  Qui boust dedans mon cœur : & regardant madame
  I'esperoy rafrechir ma chaude affection.
Mais, las ! plus que deuant allouuy ie demeure :
  La grand'faim que i'auoy de la voir, prit aleure,
  Pour vn ieusne si long, peu de refection.

Venus ouït ma plainte, Amour l'ouït aussi :
  Tous deux me vindrent voir : les sores passerelles
  Tiroyent leur chariot hachant l'air de leurs ailles,
  Qui tout à l'enuiron luisit plus eclairci.
M'ayant ris doucement, Venus me dit ainsi,
  Qu'as-tu, pauure Baïf? qui fait que nous appelles ?
  Bien, si tu as serui deux maistresses rebelles,
  Vne nous te donnons plus encline à merci.

S'elles te veullent mal, ceste-cy t'aimera :
  S'elles t'ont à desdain, outre qu'elle t'estime
  Ceste-cy son vouloir au tien conformera.
Donc tres-douce Venus, oste moy vistement
  Cet ennuyeux soucy qui me ronge & me lime,
  Donne à mon triste cœur heureux contentement.

Donc ie te reuerray, ô ma vie, ô mon ame,
  Où quatre ans & neuf mois s'en vont presque passez
  Que ie laissay mon cœur : las ! Amour, c'est assez,
  Las ! c'est assez vescu & sans cœur & sans dame.
Ie ne sen moindre en moy celle amoureuse fláme
  Qui m'a nourri depuis : mais ces membres cassez,
  Ce teint & ce visage & ces yeux effacez,
  Pourroyent bien meriter mespris, dedain & blame :
Ce n'est ce que tu dois esperer de ta belle,
  Qui a le cœur confit en douceur & bonté,
  Pense de la trouuer autant que toy, fidelle.
Amour me dit ainsi, & soudain i'esternuë.
  Puisse Amour à la mienne vnir sa volonté,
  Si bien qu'elle se donne en mes bras toute nuë.

L'amoureux est chasseur, l'Amour est vne chasse :
  L'vn est apres ses chiens, & ne songe autre chose :
  L'autre apres ses pensers sans relache compose,
  A la pluye & au vent & l'vn & l'autre chasse.
Plustost que se souler l'vn & l'autre se lasse :
  Le Chasseur est au guet, l'Amoureux ne repose :
  L'vn & l'autre vne prise à la fin se propose,
  Et souuent tout leur temps à la queste se passe.
Diane chasseresse au Veneur donne aïde,
  Et Venus flateresse à l'Amoureux preside :
  Diane porte l'arc, Venus aussi le porte :
Ils different d'vn point : le Chasseur est le maistre
  De la prise qu'il fait : l'Amoureux le pense estre,
  Mais la prise tousiours demeure la plus forte.

Ah, Ronsard mon amy, que ie suis amoureux!
　Ou soit que le Soleil descende chez son hoste,
　Ou que l'Aube venant les tenebres nous oste,
　Outré de passions ie pasme langoureux.
O si, quand ta Cassandre en ton cœur desireux
　Alluma ce beau feu sous ta sereistre coste,
　Qui remplit ton saint Loir de l'vn à l'autre coste,
　Et qui par l'vniuers sema ton los heureux.
O si quelque remede, ô si quelque allegeance
　Tu as iamais trouuee à ton gentil tourment,
　Fay part à ton amy de ton experiance.
Non, ne me gueri pas : trop me plaist mon martyre.
　Quoy? martyre, mais bien plein de contentement,
　Pour si douce beauté que tout mon cœur desire.

Mars vn iour desirant sa belle Cytheree,
　Fit ceste triste pleinte apart des autres Dieux:
　O malheur! ô destin sur mon bien enuieux!
　Dure necessité des dieux trop enduree!
Faut-il qu'vn sot Vulcain, qui point ne luy agree,
　Et qui ne cognoist pas combien il est heureux,
　Maistrise vne beauté sans en estre amoureux,
　Et qu'elle soit de moy vainement desiree?
Contrainte rigoureuse, iniuste, qui separe
　Les amans esloignez, & ioint les ennemis,
　Forçant les volontez sous vne loy barbare!
Au moins à ce ialoux, ma Venus, ne le donne:
　Mais mais fay toy rauir le bien que m'as promis,
　Ou comme par dedain à regret l'abandonne.

ORE DE BIEN EN MAL s'iroit tourner la chance,
　Qui auroit peu de temps esté bonne pour moy,
　Belle, si tu voulois mettre en doute ma foy,
　De qui tu as la preuue en si longue constance.
Le Loire, qui gayable en sa source commence,
　Plus l'esloigne, plus d'eaux assemble dedans soy :
　Ainsi plus en auant mon âge aller ie voy,
　Plus mon amour s'accroist en sa perseuerance.

Mais gardant le vouloir que tu me fais paroiſtre,
  Tu es bien refroidie, helas! depuis le iour
  Qu'Amour en ma faueur de ton cœur ſe feit maiſtre.
Donc mon affection ſera moins reconnuë
  Auiourdhuy que i'ay fait preuue de mon amour,
  Qu'elle n'uſt eſté lors qu'elle eſtoit moins connuë?

En ton nom retourné par rencontre ie treuue,
  Maiſtreſſe, que tu peux me DONER MALE BIEN,
  Depuis que tu m'as pris dans l'amoureux lien,
  I'ay fait diuerſement de l'vn & l'autre preuue.
Puis ces lettres encor ie remeſle & rallie,
  Et retrouue en ton nom d'vn autre ſort fatal,
  Que LON A BIEN D'AIMER *&* BONE E RIEN DE MAL,
  Lors par vn doux eſpoir toute douleur i'oublie.
Quand ie voy que tu peux MAL E BIEN *me* DONER
  Tout douteux ie me ſen de peur enuironner,
  D'autant que plus de mal que de bien ſe preſente.
Quand BONE E RIEN DE MAL *ie conſidere apres,*
  Et LON A BIEN D'AIMER, *ces mots ſont ſi expres*
  Que l'Amour me regagne, & la creinte s'abſente.

Qui voit le beau d'vn ſuperbe édifice,
  Fait & mené par bonne Architecture,
  N'admire tant à part l'enrichiſſure
  Des Chapiteaux, Architraue ou Cornice,
Comme voyant de l'entier frontiſpice,
  Et du dedans la parfaitte ſtructure,
  Leur Architecte il priſe en ſa facture,
  Qu'il a conduit d'vn ſi rare artifice.
Et qui te voit, ó toy, dont l'excellence
  Eſt du plus beau que puiſſe la Nature,
  Qui pour te faire employa ſa puiſſance,
Il ne s'arreſte en ta lineature,
  Grace ou beauté : mais il prend conoiſſance
  Du Createur par toy ſa creature.

Peintres, ſi vous voulez me peindre au vray l'image
  De l'Amour, qui s'eſt fait ſeul maiſtre de mon cœur,
  Peignez le clair-voyant, puis que i'ay ce bonheur
  De l'auoir pu choiſir d'vn auis meur & ſage.
Ne luy mettez au dos d'aiſles vn long pennage,
  Comme à celuy qui eſt des volages vainqueur,
  Changeant touſiours de place, inconſtant & moqueur:
  Le mien ferme & conſtant fuit l'amitié volage.
N'armez ſa main d'vn arc ny de fleches ſes dois,
  Ne luy faittes porter ſous l'aiſſelle vn carquois :
  Le mien doux & benin n'a de mal-faire enuie.
Vous pourrez (ſi voulez) vn flambeau luy donner :
  Non qu'il bruſle mon cœur, mais bien pour temoigner
  Que de ſon feu diuin il éclaire à ma vie.

Traiſtre trompeur Deſir, qui loin de ma rebelle,
  Enflames mon courage & l'emplis d'aſſurance,
  D'obtenir le preſent d'entiere iouiſſance,
  Si toſt que me verray ſeul à ſeul auec elle.
Quand ie ſuis en priué deuant ſa face belle,
  Soudain ou tu me fuis couhard en ſa preſence,
  Ou dans moy tu languis, & pers toute puiſſance,
  Sus l'heure te paiſſant de douceur telle quelle.
Mais s'il m'auient apres d'éloigner ma Maiſtreſſe,
  Soudain tu t'en reuiens me combler de detreſſe :
  Ton feu plus violant que dauant me commande,
Ou ſuy moy ou me laiſſe, à fin ou que ie face
  Auec toy mon deuoir d'impetrer toute grace,
  Ou que ſans toy contant ſi haut ie ne pretende.

Le iour que me donnay à vous, ô Madelene,
  Il vous plut me donner celle fleur pitoyable,
  En laquelle Narcis amoureux larmoyable
  Fut mué, ſe mirant dans la triſte fonteine.
Quel preſage eſt-ce cy? Doy-ie apres longue peine
  Receuoir vne mort à la ſienne ſemblable ?
  Non : car ie ne doy pas, comme ce miſerable,
  Mourir pour m'aimer trop d'vne amour ainſi vaine.

Mais, helas! i'ay grand peur d'vne fin plus cruelle :
　　Car defia ie commence à me hayr, ma belle,
　　Pour le mal que me fait l'amour dont ie vous aime.
Et lon dira voyant vne fleur de moy nee,
　　Hé! ce Narcis mourut d'vne autre deftinee,
　　Pour aimer trop autruy, & fe hayr foy-mefme!

Hier cueillant cefte Rofe en Autonne fleurie,
　　Ie my deuant mes yeux noftre Efté qui s'enfuit,
　　Et l'Autonne prochain, & l'Hyuer qui le fuit,
　　Et la fin trop voifine à noftre chere vie.
La voyant auiourduy languiffante & fletrie,
　　Vn regret du paffé à plorer me conduit.
　　La raifon que le dueil pour vn temps a feduit,
　　Iuge que cet exemple à plaifir nous conuie.
Belle, que vous & moy ferons bien à reprendre,
　　He, fi le bien prefent nous dedaignons de prendre
　　Tant que voyans le iour icy nous demourons.
Las, helas! chaque Hyuer les ronces effueilliffent,
　　Puis de fueille nouuelle au Printemps reuerdiffent,
　　Mais fans reuiure plus vne fois nous mourons!

Puis que noftre âge eft de fi peu de terme,
　　Qu'il fe finift fouuent quand il commence :
　　Puifque l'Amour eft de telle inconftance,
　　Qu'il eft moins feur quand il femble plus ferme.
Que voulez-vous plus longuement attendre
　　A receuoir le bien qui fe prefente
　　De noftre foy defia fi vehemente,
　　Qu'elle ne peut d'auantage s'eftendre?
Or careffon gayement l'auanture
　　Qui s'offre à nous d'vne amour affuree :
　　Qui peut iouir il eft fol s'il endure.
L'occafion eft de peu de duree :
　　Qui ne l'empoigne, & qui ne s'en affure,
　　Elle eft apres (mais en vain) defiree.

Qve Venus m'eſt contraire & fauorable
 En m'adreſſant mignonne ſi traictable :
  Mais, las ! trop ieune d'ans.
 Elle veut bien à mon deſir complaire,
 Et n'y ſçauroit encores ſatisfaire,
  Par la faute du temps.
Que pleuſt aux Dieux que cinq de mes annees
 Se puſſent perdre, & luy eſtre donnees !
  Ie ſeroy trop heureux.
 Car elle auroit enſemble le courage,
 Et le moyen, & bien conuenant l'âge
  Au plaiſir amoureux.
Ou maintenant nous ne pouuons que prendre
 Les vains baiſers, ſans en deuoir atendre
  Qu'vn deſir plus cruel.
 Lors nous pourrions au plaiſir de la bouche
 Ioindre le bien qu'ont ceux que Venus touche
  D'vn vouloir mutuel.
Ah ! ie crain fort quand tu ſeras plus meure
 D'âge & de cors, que tes parens aleure
  Te ſoyent plus rigoureux.
 Ah ! ie crein fort que par eux renfermee
 Dans la maiſon, en vain tu ſois aimee
  De moy trop malheureux.
Ah ! i'ay grand'peur que quand l'âge parfaite
 Au jeu d'amour plus propre t'aura faite,
  Tu changes ce bon cœur.
 Et ſi ie vien deuant toy comparoiſtre,
 Que lors feignant de ne me plus cognoiſtre,
  Tu me tiennes rigueur.
Mais tu n'as point (ou ta beauté m'abuſe)
 L'eſprit bien né à faire telle ruſe,
  Feignant de m'oublier.
 Et la douceur de cette face belle
 Decouure à l'œil ta bonté naturelle,
  Qui ne doit varier.
Or attendant que l'âge te meuriſſe,

A fin qu'vn iour plus heureux ie iouïsse
    Du desiré plaisir :
Par les baisers vengeons nous de la perte
Que nous faisons pour ton âge trop verte,
    Qui nuit à mon desir.
Sus baise moy, ò mon ame, ò ma vie,
Cent mille fois : encores mon enuie
    Ne s'en passera pas.
En attendant plus heureuses annees
Faisons couler les plaisantes iournees
    En ces petits ébas.

  Ie *veu choisir vne amie*
  Qui iamais plus ne varie.

 Avtrefois m'estoy donné
 A vne maistresse belle,
 Mais i'en suis abandonné
 Pour vn autre moins fidelle,
Et si ne m'a pas trompé,
 Car ie l'estimoy bien telle,
 Combien que me soy monstré
 Plus constant qu'elle rebelle :
Elle n'a point eu pitié
 De ma passion cruelle :
 Plus luy monstroy d'amitié,
 Et moins ie fus aimé d'elle.
Or me sentant mal traitté
 I'en pourchasse vne plus belle :
 Luy vouant ma loyauté
 Ie n'en atten pas moins d'elle.

A qui vous fait amoureuse semonce,
 Ie ne veux point aimer, c'est la responce :
Celle iamais ne deuroit estre belle,
Qui à l'amour voudroit estre rebelle.
Est-ce bien fait le cœur des autres prendre,

Et sous l'amour ne se vouloir pas rendre?
Et vouloir bien de tous estre seruie,
Ne voulant estre à l'amour asseruie?
Ne soyez plus de l'amour dedaigneuse
Ou vous monstrez moins belle & gracieuse :
Pensez qu'amour des plus grans se fait maistre,
Et le seruir, deshonneur ne peut estre.
Autant vaudroit estre mort que de viure
Sans sauourer les plaisirs qu'amour liure :
Il faut aimer : la beauté, ny la grace,
Ny le sçauoir sans aimer n'est que glace.
Fors le plaisir, tout le reste est mensonge :
L'âge s'en vole, & passe comme vn songe :
Donnez prenez mutuelle plaisance,
Pour ne mourir en vaine repentance.

ACROSTICHE.

Chercher conuient ailleurs ma recompanse,
Amour le veut, qui eut sur moy puissance :
Rien ne me sert d'auoir esté fidelle,
La loyauté me la rendoit cruelle :
Espoir trompeur me promettoit grande aise
Si i'usse attaint le cœur de la mauuaise.
Tant plus d'effort i'ay fait d'estre en sa grace,
Il me venoit d'elle plus de disgrace :
Et si d'amour ie souffrois amertume,
Rire de moy elle auoit de coustume.
Sa grand douceur & sa face benigne
Estoit le miel qui couuoit l'aluïne :
Le peu de bien que i'auoy d'esperance,
Incontinent deuenoit doleance
Ne m'aimer point à fin d'en aimer vne,
Faisoit son cœur estre plein de rancune.
Railler d'amour il me prend vne enuie :
Amour n'est rien qu'vn tourment de la vie.

N'aimer que foy eſt vne forte armure
S'on veut fuir l'amoureuſe bleſſure.
On ne doit tant priſer vne perſonne,
Et foy ſi peu, que pour rien on ſe donne.
Si vous voulez garder voſtre maiſtriſe
Eſtimez-moy autant que ie vous priſe.
De quoy veut-on que l'amour ſe repaiſſe
Eſtant vaſſal d'vne belle maiſtreſſe?
Si de l'eſpoir, c'eſt vne choſe vaine :
Eſpoir n'eſt bien, mais pluſtoſt vne peine,
Si des beautez, les beautez nous martyrent
Eſtans forclos dou nos ames aſpirent.
Tenir le bien pour lequel on endure
Eſt de l'amour la vraye nourriture.
Rire il s'en faut qui n'a que l'eſperance,
Et ſeruir bien ayant la iouiſſance.

Qvoy que ces refrognez debordez à medire,
 Bauent impudemment de l'Amour, & de ceux
 Qui à luy rendre honneur non iamais pareſſeux,
 Oſent heureuſement leurs beaux deſirs écrire :
Viue viue l'Amour. Les fleches qu'il nous tire
 Nous font le corps adroit & l'eſprit vigoureux.
 L'homme qui n'eſt touché du brandon amoureux,
 Fichant le cœur en bas, rien de haut ne deſire.
Ronſard, ſi le vainqueur (qui toutes choſes donte,
 Les mortelles en terre, les diuines aux cieux)
 Nous a dontez nos cœurs, n'en rougiſſons de honte.
Quiconque cherche Amour, il ſuit choſe diuine :
 Si Dieu meſme n'aimoit ce monde ſpacieux,
 L'vniuers demembré s'en iroit à ruine

Ie croyray deſormais, Maintenon, la rapine
 Que Ceres fit iadis du bel Iaſion,
 Et la Lune en Latmos du paſtre Endymion,
 Et du ieune Adonis la riante Cyprine.

Puis que tant est puissante vne beauté diuine,
  Puis qu'ay veu la Maistresse à vostre affection,
  En passant vous rauir, par vn petit rayon
  Ecarté de son œil, plein de force emantine.
Car ainsi que l'Emant le fer prochain attire,
  Elle tira de vous, non l'esprit seulement,
  Mais le corps & le cœur, qui pour elle souspire.
Et me laissastes seul plein d'ebaïssement,
  Et de ce beau penser qu'Amour me fait escrire,
  Celebrant à iamais si doux rauissement.

A vous, de qui l'esprit a de moy merité
  Par ses rares vertus, que soyez ma Maistresse :
  A vous, à qui ie suis, ces Poëtes i'adresse,
  Present digne de vous pour leur diuinité.
Comme la gente Auete au plus beau de l'Esté,
  Des fleurs tire le miel, l'amertume delaisse :
  Par ces prez fleurissans, selon vostre sagesse,
  Assemblez la douceur, & passez la fierté.
Et quand vous choisirez vne ame au vif atteinte
  Par cet enfant archer, qui donte hommes & dieux,
  Pensez que ie vous fay de mon Amour la pleinte.
Si le Poëte monstre vn cœur plein de constance,
  Vous souuienne du mien : Et s'il espere mieux,
  Que ie puisse esperer en ma perseuerance.

Le temps estoit venu, que les celestes feux
  Se regardoyent benins pour faire au monde naistre
  Vn parangon d'honneur, qui deuoit vn iour estre
  L'exercice & l'obiet des esprits vertueux.
Nature dedaignant les hommes vicieux
  Indignes d'vn tel bien, la Nymphe a fait paroistre
  Premier entre les Mons : qui fit le peuple adestre,
  De grossier bien apris, de rude gracieux.
Depuis en nostre court belle elle est apparuë,
  Comme vn Astre nouueau : cent & cent qui l'ont vuë
  Pour guide à la vertu choisirent sa beauté.

Entre ceux qui se sont dediez à la belle,
  Comme en grace & valeur sur toutes elle excelle
  Sur tous ses seruiteurs i'excelle en loyauté.

C'EST trop langui, cessons d'estre amoureux.
  Celuy vrayment est des plus malheureux,
  Qui de son gré s'esclaue langoureux
    Sous vne femme.
Mais ie l'ay fait, & certes ie m'en blame :
  Lors ie pensoy (pauure sot) que madame
  Sentist au cœur vne pareille flame
    A mon ardeur :
Et ie croyoy qu'autre n'auoit faueur
  Telle que moy, & pour sa grand' valeur,
  Si i'auoy mal, i'aimoy bien mon malheur
    Sous sa promesse.
Mais i'ay cognu sa lasciue ieunesse,
  I'ay bien cognu que ma belle maistresse,
  Ce que i'auois à d'autres aussi laisse
    Sans nul refus.
I'en suis de honte encore tout confus
  Recognoissant (las si tard !) mon abus,
  Où m'a trompé la traitresse Venus
    Sous sa feintise.
De toute femme en mesme ranc soit prise
  Dorenauant la gaye mignardise :
  Et sans que plus quelcune te maistrise
    Pren ton plaisir.
Ne vueilles vne entre toutes choisir :
  Mais soit égal en toutes ton desir,
  Ne te laissant de folle amour saisir
    Qui nous assomme.
La femme c'est vn vray tourment de l'homme,
  Quand on s'adonne à vne seule, comme
  I'ay fait dauant : mais qui ne s'y consomme
    Ce n'est que jeu.
Comme vn miroir, de ce qui en est veu,

Garde vn portrait, qui est dedans receu :
Mais aussi tost qu'il n'est plus apperceu
    Le portrait laisse.
Ainsi faut-il qu'aussi tost l'amour cesse
  Comme on perdra de vuë sa maistresse :
  Et sans tourment faut prendre la liesse
    Tant qu'on la voit.
Ne la voyant oublier on la doit :
  Quoy qu'elle face, ou que la belle soit,
  Si vn mignon faueur d'elle reçoit,
    Ne t'en tourmente.
Si le mignon d'auoir receu se vante
  Mille faueurs, pource ne t'espouuante :
  Mais vante toy, si elle se presente
    De les rauoir.
Si elle aussi te pense deceuoir
  A vn mignon les faisant receuoir :
  Pour t'en vanger, fais ailleurs ton deuoir
    En son absence.
Ainsi l'on tourne en l'amoureuse dance :
  L'on peut ainsi, sans nulle desplaisance,
  Se reuanchant d'vne gaye vangeance
    Faire l'amour.
S'elle te iure abandonner ce iour
  Plustost qu'vn autre en son cœur fist sejour,
  Iure-le aussi, te moquant à ton tour
    De sa sottise.
Mon cher Belleau, voicy la vraye guise
  Dont faut souffrir que ce Dieu nous atise,
  Qui ciel & mer & la terre maistrise :
    Aimons ainsi.
Vn autre sot, palle, morne, transi,
  Ronge son cœur de l'amoureux soucy,
  Triste ialoux s'vn autre rit aussi,
    Auec sa dame.
Il est bien fol, qui laisse dans son ame
  Si fort gagner vne amoureuse flame,
  Qu'il soit ialoux, voire qu'il se diffame

Pour l'heur d'autruy.

Du bien d'vn autre endurer de l'ennuy,
　Voire du sien, mon Belleau, ie le fuy :
　Tout autrement mon amour ie poursuy :
　　Mien ie veu viure.
Tant que viuray, comme toy ie veu suiure
　Vn train d'amour, de tout soucy deliure :
　C'est bien assez si pour nous nostre liure
　　Se voit transi.

Gans bienheureux, de celle qui me tuë
　Allez couurir les delicates mains,
　Et les beaux doits chastement inhumains,
　Lors que payer ma foy ie m'euertuë.
I'alloy donter ma Maistresse abatuë,
　Sans les beaux doits qui brisent mes desseins :
　Car leur deffence a bien pu rendre vains
　Tous mes efforts où vainement ie suë.
Mauuaise main, que tu me fais grand tort
　De m'empescher vn tel bonheur : au fort
　Tu luy complais, & moy ie t'en guerdonne.
Que ie suis fol de te contregarder,
　Rebelle main, qui me viens engarder
　D'auoir le bien qu'aux fidelles on donne.

Ce fut vn iour du moys le plus gaillard,
　Le plus serein qui luisit de l'annee :
　Le ciel rioit, & la terre atournee
　De peintes fleurs rioit de toute part :
Quand vn chagrin & malplaisant vieillard
　Fascha ma belle : elle toute esploree
　Fronça le front, d'vne chaude rosee
　De pleurs mouillant son visage mignard.
A coup ie voy le Soleil d'vne nuë
　Voiler sa face : vne soudaine pluye
　Ie voy du ciel en terre deualler.

Elle essuya ses larmes : d'vne vuë
  Ie voy la haut le Soleil, qui essuye
  Le ciel serein, sa face deuoiler.

Quel bon ange dans vous ce desir a fait naistre,
  Madame, de me voir? ha de vostre desir
  Naist vn desir plus grand, qui mon cœur vient saisir,
  Non de voir, mais d'aimer, si digne i'en puis estre.
Et ie n'ose, craintif, deuant vous comparoistre,
  De crainte que nous deux ne sentions desplaisir :
  Moy, que de vous aimer me repente à loisir :
  Vous, qui me dedaigniez quand me viendrez conoistre.
Vous trouuant moins en moy que ne vous promettez :
  Moy trouuant plus en vous que ne puis me promettre,
  De dons, beautez, vertus, graces, honnestetez,
Qui pourroyent me voller ma douce liberté :
  Si faut-il au hazard d'vn si grand bien se mettre.
  Deussé-ie en vos prisons demeurer arresté.

Trait, feu, piege d'Amour, n'a point ars, ny pressé,
  Vn cœur plus dur, plus froid, plus libre que le mien,
  Lors qu'vn œil, vne bouche, vn chef me firent tien,
  Belle, qui m'as nauré, enflâmé, enlassé.
Plus que marbre & que glace endurcy & glacé,
  Du tout mien ne creignoy fleche, flâme ou lien,
  D'arc, de brandon, de las : quand d'vn poil le retien,
  Vn baiser, vn trait d'yeux m'ont pris, bruslé, blessé.
I'en suis outré, grillé, lié de telle sorte,
  Qu'autre cœur n'est ouuert, embrasé ny estreint,
  De blessure, bruslure, ou liûre si forte.
Ce coup, ce chaud, ce neu : profond, ardant, & fort :
  Qui me perce le cœur, le consume, l'estreint,
  Ne peut guerir, s'esteindre ou rompre que par mort.

I'epan des yeux vn fleuue douloureux,
  Depuis le iour que ie fu langoureux,

*Pour auoir veu cette main blanche & nette
Qui de mon cœur tout autre amour reiette.*
O bien-heureux ceux là qu'Amour conioint
En vn vouloir qui ne se change point :
Mais est constant à la mort & la vie,
Et n'est rompu de soupçon ny d'enuie,
Comme le feu par l'eau, comme la cire
Se perd au feu, ie me sens deffaillir,
Et ne veu point de ce lien saillir ;
Le dueil m'est bien, & plaisir le martire.
Il seme en mer, & laboure l'arene,
« Et tend vn rét d'vne entreprise vaine
« Contre le vent, qui fonde son attente
« Au cœur leger d'vne femme inconstante. »

O doux souspirs, messagers de mon cœur :
O vous sanglots, témoins de ma langueur :
Yeux non plus yeux, mais source d'eau coulante :
Annoncez tost ma douleur violante
A celle là, qui d'vn malin vouloir,
Las, se gaudist s'elle me voit douloir :
A fin qu'encor la meurtriere inhumaine,
De mes ennuis double ioye demeine.
  N'aperçois-tu plus sourde que les flots
Le grief tourment dans ma poitrine enclos ?
N'aperçois-tu la miserable flâme
De ton amour qui m'éprend toute l'ame ?
Cruelle, helas, tu me peux secourir,
Et tu me vois, faute d'aide, mourir
Deuant tes pieds : las ! mourir faute d'éde,
De toy qui tiens de mon mal le remede.
Hé, he, ton front tout voilé de courroux
A moy chetif ne monstre rien de doux :
Ains tout confus, nù d'aduis, plein de doute,
Loin de tout bien en desespoir me boute.
Ha ! que dis-tu ? sa douce priuauté
Ne monstre rien qui soit de cruauté,

Et ſi ie croy qu'elle n'eſt criminelle
Des feintes mors que tu reçois en elle :
Mais non ſçachant ce que c'eſt que d'aimer,
Sans nul propos le doux te ſemble amer,
Languir vaut mieux ſous ſon obeïſſance,
Qu'auoir d'vn autre entiere iouïſſance :
Voire vn ſeul trait de ſa grande beauté
Peut effacer toute ſa cruauté.
Tandis d'eſpoir entretien ton attente,
Qu'elle peut rendre entierement contente.

 Amovr *en moy renouuelle*
  Vn doux deſir :
Vne affection nouuelle
  Me vient ſaiſir :
Vn doux œil, vn beau viſage,
  Vn port honneſte,
D'vne dame belle & ſage
  Ce feu m'apreſte.
 Fais, ô dieu des amoureux,
 Que ie ſois autant heureux
 A ſeruir ceſte Maiſtreſſe,
 Comme ſous vne traitreſſe
 Ie me ſuis veu langoureux.
 Quelcun à tort d'inconſtance
  Me blamera,
Qui ſçachant mon innocence
  M'eſtimera :
Car i'auoy ſi bonne enuie
  D'eſtre fidelle,
Que ie n'auouoy ma vie
  D'autre que d'elle.
 Elle auſſi m'en aſſuroit,
Et de ſa part me iuroit :
Amy, en ma bonne grace
Iamais autre n'aura place :
Mais elle ſe pariuroit.

Ce pendant que l'esperance
  Me deceuoit,
Vn autre la recompense
  En receuoit :
Et durant mon entreprise
  D'amour honneste
Vn autre estoit à la prise,
  Moy à la queste.
Elle a receu l'estranger,
Ne m'en doy-ie pas venger ?
Quand on voit qu'on ne peut faire,
Ce qu'en amours on espere,
C'est le meilleur de changer :
  Bien qu'elle eust esté loyale
    (Ce qui n'est point)
  Et son cœur d'amour égale
    Eust esté point :
  Toutefois la bonne grace
    D'vne plus belle,
  Meritoit que ie laissasse
    L'autre pour elle.
  Mais son peu de loyauté
  Auec son peu de beauté
  M'ont fait estre variable
  Pour d'vne plus amiable
  Desirer la priuauté.

Qvi t'oyt & voit vis à vis
 Celuy (comme il m'est auis)
 A gagné d'vn dieu la place :
 Ou si i'ose dire mieux
 De marcher deuant les Dieux
Il peut bien prendre l'audace.
Car si tost que ie te voy,
 Ma Maistresse, deuant moy,
 Parler, œillader ou rire,
 Le tout si tresdoucement,

>   Pâmé d'ébahiſſement,
>   Ie ne ſçay que ie doy dire,
> Mon eſperit s'eſtourdiſt,
>   Et ma langue s'engourdiſt :
>   De feu tous mes ſens bouillonnent.
>   Ie ſen mes yeux s'éblouir :
>   Ne pouuant plus rien ouir
>   Mes deux oreilles bourdonnent.
> Le trop d'aiſe t'eſt ennuy,
>   Tu te fais trop fort de luy,
>   En luy tu te glorifies :
>   L'aiſe a renuerſé les Roys,
>   Leurs troſnes & leurs arroys,
>   En l'aiſe trop tu te fies.

Nevville, il ne faut pas chercher la gueriſon
  Du mal qui vient d'aimer, aux chanſons langoureuſes
  Des amans, les apaſts des flames amoureuſes,
  Qui flattent en ſon mal noſtre aueugle raiſon.
Premier qu'eſtre ſurpris de ſa douce traiſon,
  Pour euiter d'Amour les fleches douloureuſes,
  Elles pouoyent t'aider. O ames bienheureuſes,
  Qui par le mal d'autruy fuyez telle poiſon !
Ha, ſi celle qui tient l'empire de ton ame,
  Porte auec ſon beau nom le dur cœur de Madame,
  Cher Neuuille, ô quel feu tu t'en vois encourir,
Trop digne de pitié ! Si faut qu'à ta demande
  Du remede d'Amour mon aduis ie te mande :
  Le temps a fait le mal, le temps le doit guerir.

Iamais œil, bouche, poil, de plus rare beauté
  Ne perça, bruſla, prit cœur plus dur, froid, deliure,
  Que le mien, quand i'oſay t'admirer, aimer, ſuiure,
  O belle qui m'en as ateint, ars & domté.
Exemt de paſſion, d'Amour, de loyauté,
  Ne cognoiſſoy l'Enfant qui tant d'aſſauts me liure :
  Vne œillade me tue, vn baiſer me fait viure,
  Vn ret entre les deux me ſuſpend arreſté ;

21*

Le trait me naure tant, le flambeau tant m'emflâme,
  Le lien tant m'eſtreint, qu'onques ne fut dans ame
  Coup plus grand, feu plus chaud, plus ferme liaiſon.
La Mort, dernier ſecours de quelque mal qu'on aye,
  Si l'ame ne meurt point, ne guerira ma playe,
  N'eſteindra mon ardeur, n'ouurira ma priſon.

Si vn loyal Amour merite recompenſe
  D'vn mutuel deſir, le mien ſoit eſtimé :
  Comme ie ſuis amy, que ie ſoy bien aimé :
  Nul deſſus voſtre cœur ſinon moy n'ait puiſſance :
Ou ſi quelque autre l'a, ie n'en ay' cognoiſſance :
  Car ie mourroy de voir autre part allumé,
  Le cœur que ie deſire en moy ſeul enflâmé.
  Si vous faillez, au moins cachez moy voſtre offence.
De ma part vous pouuez fermement aſſurer
  Que la nuit & le iour ie n'ay autre penſee,
  Sinon faire à iamais noſtre amitié durer.
Le dieu qui l'aigre-doux ſçait bien mixtionner
  M'en donne : mais ma peine eſt trop recompenſee
  Si voſtre bonne grace il vous plaiſt me donner.

Mon cœur n'eſt plus à moy, il eſt à vous, m'Amie,
  Amour me le commande, & ie le veux ainſi.
  Que ie viue ſans cœur ? le puis-ie bien auſſi ?
  L'eſpoir d'auoir le voſtre, eſt l'appuy de ma vie.
L'abſence de vos yeux m'eſt grande facherie,
  Mais l'ennuy que i'en pren apar moy i'adoucy,
  Ne me penſant fruſtré d'vn mutuel ſoucy :
  Car vous ne voulez eſtre ingratement ſeruie.
I'ay de voſtre bon cœur voſtre lettre pour gage :
  Mais n'en euſſé-ie point, ne puis ne vous aimer :
  Où lon ſe ſent aimé, lon aime d'auantage.
Gardez-moy voſtre foy, la mienne ie vous garde :
  Amour en champ ingrat ne ſe doit pas ſemer :
  Rien tant comme l'Amour l'Amour ne contregarde.

FIN DV PREMIER LIVRE.

SECOND LIVRE

DES

DIVERSES AMOVRS

DE I. A. DE BAIF.

O le cruel enfant d'vne mere benine
   Douce mere d'vn fils remply de mauuaiſtié !
   O Amour, ô Venus, ô ſi quelque pitié
   Des hommes peut toucher la nature diuine,
Ne me guerroyez plus. Las! Meline & Francine
   Durant mes ans meilleurs m'ont aſſez guerroyé :
   L'âge qu'à vous ſeruir i'ay ſi bien employé,
   D'auoir quelque repos deſormais ſeroit digne.
Que veux-tu faire Amour de cet arc & ces fleches?
   En mille & mille endroits mon cœur eſt entamé :
   Le veux-tu battre encor dedans ſes vieilles breches?
Mais auec ton flambeau que penſes-tu pretendre,
   O Venus, ſur mon cœur en poudre conſumé,
   Si tu n'as entrepris de bruſler vne cendre?

Vne *Maistresse* est bien dure & cruelle,
  Qui ne s'accorde à la fin de promettre
  Le deu loyer d'vn seruiteur fidelle.
Mais celle là qui en oubly va mettre
  Tout son accord, & sans que rien en tienne
  Vient de demain en demain le remettre,
Est bien plus dure : ainsi dure est la mienne,
  Qui ne croit pas de chose qu'elle die
  Qu'vn mot des Dieux aux oreilles paruienne.
Si ma parjure estoit soudain punie
  Se parjurant, & si mon infidelle
  De quelque peine on voyoit poursuiuie :
Ou qu'elle en fust moins gentille ou moins belle :
  Qu'elle en deuinst plus pale ou plus deffete,
  Ou moins gaillarde, apres offence telle.
Mais elle en est plus gaye & plus refete :
  Mais elle en est plus fresche & plus vermeille :
  Et sa beauté s'en monstre plus parfete.
Venus en rit, & ne s'en emerueille :
  Amour en rit, le cruel qui aguise
  A son dur cœur les trais qu'il m'apareille.
O que i'estoy simple en mon entreprise
  Sur vn roseau fondant mon esperance,
  Et sur vn roc pensant l'auoir assise !
Il me deplaist de sus tout, quand ie pense,
  Que par les vents vne fueille portee
  Est fermeté pres de vostre inconstance.
Vous me deuez de promesse arrestee,
  Celle faueur, qu'ouure vostre promesse
  Vous me deuez comme bien meritee.
Ce n'estoit point, mauuaise menteresse,
  En mots douteux que vous me vinstes dire,
  Que me donriez l'amoureuse allegresse.
Mais quel peché se voit au monde pire
  Que de la bouche accorder vne chose,
  Et pensant d'autre en son cœur l'econduire ?
Il vaudroit mieux tenir la bouche close.

Qui romt ſa foy, & ne la garde entiere,
Il n'y a mal que ce parjure n'oſe.
De ma douleur, Dame, il ne me chaut guiere,
Bien qu'vn grand mal en moymeſme ie ſente
Me voyant mis de mon bien ſi arriere.
Ie ſuis marry qu'vne honte apparente
Ne fait rougir quelque peu voſtre face,
Montrant au moins qu'en eſtes repentente.
Mais vous auez toute la meſme audace
Que vous auriez, ſi n'eſtiez parjuree :
Et n'auez rien changé de voſtre grace,
En port, maintien, & regard aſſeuree.
Ie trouue en vous la meſme contenance,
La ſeule foy en vous n'eſt demeuree.
Dame, gardez que par outrecuidance
Vous ne vouliez tout à gré vous permettre,
Pource qu'auez vn peu trop de puiſſance.
Si la Nature en vous euſt voulu mettre
Meſme beauté de corps & de courage,
Pour abuſer vous ne voudriez promettre.
Puisque bien toſt les fleurs de ce viſage
Doyuent fleſtrir, ce front creſpir de rides,
Ces yeux ternir d'vn obſcurcy nuage,
Ce poil blanchir, ces frais couraux humides
Palir ſechez, ces beaux membres agiles
Foibles languir de toutes graces vuides :
Ne laiſſez pas ces graces tant gentilles
Se perdre ainſi : n'en ſoyez tant auares.
Faites-en part dauant qu'elles ſoyent viles :
Ou bien gardant, Dames, vos beautez rares
Si chichement, gardez la foy promiſe,
Que garderoyent les filles des barbares.
Il eſt blamé quiconq' ſa foy meſpriſe
A qui que ſoit, voire à l'ennemy meſme.
Quoy ? ſi l'amy à ſon amy la briſe ?
Ie vous aimoy d'vne amour ſi extreme :
Attendez-vous quelque grande louange
D'auoir trompé celuy qui plus vous aime ?

Ie crain qu'Amour trop foudain ne vous change
 Ces grand's beautez (las! ie ne le defire)
 Ie crain qu'Amour trop iufte ne me vange.
Donques dauant qu'il enflame fon ire
 Repentez-vous, accordez ma demande :
 Deliurez-vous de peur, moy de martyre,
 Sans que pas vn que vous & moy l'entende.

Amour pourquoy fais-tu que ie m'addreffe
 Où toufiours fans party ton arc me bleffe ?
 I'aime fans eftre aimé : ton trait me point
 Pour vne qui s'en rit ne m'aimant point.
Sur le peuplier ie voy les tourterelles
 S'entraimant & baifant viure fidelles :
 Et ie ne puis, helas malheureux moy !
 A ma foy rencontrer egale foy.
Poffible telle auffi me cherche & m'aime,
 A qui ne l'aimant point ie fay de mefme.
 Amour, ce font tes jeux : tu prens plaifir
 De confumer les cœurs d'vn vain defir.
M'amie eft vn foleil en ce bas monde,
 Toute grace & beauté dans elle abonde.
 La blancheur de fon front le lait efteint,
 Et la rofe pallift pres de fon teint.
Plus que fin or reluit fa cheuelure :
 Le fatin n'eft fi doux que fa charnure.
 Mais que fert tout cela, fi ie n'ay rien
 Où ie preten fonder mon plus grand bien ?
Tandis qu'icy ie fuis à me morfondre.
 Elle m'oyt, & n'a foin de me refpondre :
 Vn moins loyal que moy fait fon vouloir
 Tandis qu'elle me met à nonchaloir.
Amour, retire moy de cefte peine,
 Fay mon affection n'eftre plus vaine :
 Mon cœur d'aimer du tout foit diuerty,
 Ou bien que ce ne foit plus fans party.

Ie souffre vn mal extreme,
 Et ie ne sçay par qui,
 Si ce n'est par moy-mesme
 Que ce malheur j'acqui.
 Celle ie ne requi,
 Dont ceste amour est nee :
 Ie croy que ie naqui
 Sous telle destinee.
Si i'accuse ma belle,
 Ce seroit à grand tort :
 Car onques ie n'u d'elle
 Motif de deconfort.
 De nul certain rapport
 Ma flâme elle n'a sceuë :
 Tout iroit à bon port
 S'el' l'auoit apperceuë.
Ie sçay que de Nature
 Elle aime la douceur :
 De fer ou pierre dure
 Elle n'a pas le cœur.
 Sa mere (i'en suis seur)
 De grand douceur abonde :
 Et tant que la rigueur,
 Ne hayt rien en ce monde.
D'amour me doy-ie pleindre
 Qui m'a fait amoureux,
 Venant mon cœur ateindre
 D'vn trait si rigoureux ?
 Las ! ie suis trop heureux
 De ce que sa sagette
 M'a rendu langoureux
 Pour dame si parfette.
Si ie me veu donc pleindre,
 De moy pleindre me doy,
 Qui languy de trop craindre
 En amoureux émoy :
 Car onque de ma foy

Elle n'eut conoiſſance :
Amour fait trop pour moy
M'offrant ſon excellence.
Puis qu'Amour donque m'ouffre
Maiſtreſſe de valeur :
Ce que pour elle on ſouffre
N'eſt aſſez grand'douleur
Pour refroidir mon cœur :
Car i'ay trop bonne enuie
D'eſtre ſon ſeruiteur
Tout le temps de ma vie.

Mais viuons-nous nous autres amoureux,
  Ou ſi c'eſt mort que noſtre fraiſle vie,
  Ou bien quel eſt noſtre eſtat langoureux?
Quand noſtre mort nous meine à noſtre vie
  Mourans pour viure, & viuans pour mourir.
  Quand noſtre vie eſt de la mort ſuiuie.
Pluſtoſt que viure il nous faudroit perir,
  Quand noſtre vie eſt de mille maux pleine,
  Que la mort ſeule a pouuoir de guerir.
Les ſeules morts nous font reprendre aleine
  En noſtre amour, pour fournir aux malheurs
  Où languiſſons d'vne cruelle peine.
Dedans nos morts de nos triſtes douleurs
  Eſt la relaſche : & le reſte du viure,
  Ce ſont tourments angoiſſes & langueurs.
Si nous viuons, l'eſpoir qui nous enyure,
  D'vn viure vain l'ombre nous fait ſonger,
  Qui mille maux ſous vn abus nous liure.
En cent regrets il nous fait replonger :
  Mille remords les eſprits nous tiraillent :
  Mille ſoucis nos cœurs viennent ronger.
Sous mille ennuis nos ſens emeus treſſaillent :
  Mille ſerpents groullent dans noſtre cœur :
  Mille bourreaux en tourments nous trauaillent.
Soit que la dame uſe de ſa rigueur,

Soit que trompeufe elle fe monftre douce,
Toufiours chetifs nous trainons en langueur.
Si elle eft douce, elle nous iette & pouffe
En vn feu pire, & nous perd doublement :
C'eft bien le pis fi elle fe courrouce.
Que ferions-nous, quand toufiours en tourment
Il faut languir, quand noftre mal s'empire
Plus nous cuidons auoir allegement?
En fin des maux la rage toufiours pire
Saifit nos fens de froide pafmaifon,
Affoupiffant de mort noftre martyre.
Soudain fe perd auecque la raifon
Le fentiment de ces peines mortelles,
De qui la mort donne la guarifon,
La guarifon de nos gefnes cruelles :
Si mourir, las! fi mourir c'eft guarir,
Mourir pour viure a des morts immortelles.
O pleuft à Dieu que ce fuft vn mourir
Durant toufiours fans reprendre la vie,
S'on ne nous veut autrement fecourir!
Mais cette mort tout foudain eft fuiuie
D'vn viure, encor plus trifte que deuant,
Qui derechef pour viure nous deuie.
Ainfi la vie & la mort fe fuiuant
Dontent à tour noftre eftat miferable,
Pour viure mort & pour mourir viuant.
Que dirons-nous de l'eftat deplorable
D'vn amoureux, quand fa vie & fa mort
S'entrefuiuant, eft ainfi variable?
Eftants tous deux, il n'eft ny vif ny mort :
Le pauure il eft & fi n'eft pas enfemble :
Des deux fouffrant le variable effort,
Il eft cela que des deux on affemble.

Yeux trop mal-aduifez! par voftre trahifon
Ce doux venin mortel vint troubler ma raifon :
Par vous dedans ma poitrine,

Iusqu'au cœur s'écoula
La poison qui le mine :
Et sur ma langue de là
Elle remonte, cherchant
De sortir par mon triste chant :
Mais ma langue recruë,
Sous le fais abbatuë,
Ne suffist à vomir tel amas de poison.

Qvi *dit qu'Amour est vne folle rage,*
Plus follement luy tout premier enrage.
Il est forcené vrayment
Qui se donne du tourment
Pour vne de mauuaise grace
Qui n'a beau cors ny belle face :
Mais celuy qui aime vne belle,
Est sagement amoureux :
Et son ardeur Amour s'appelle,
Qui le fait bien heureux
Suiure son bien d'vne volonté sage.

Belle, *quand ie te voy,*
Mon esprit & mon émoy
Tout soudain s'enfuit de moy.
(En la sorte ie m'oublie)
Ie ne voy que toy, ma vie.
Belle, si ie ne te voy,
Mon esprit & mon émoy.
Tout soudain recourt à moy :
Tant ton amour me soucie,
Ie ne voy que toy, ma vie.

Cinq *cent baisers donne moy ie te prie,*
Et non vn moins, Catherine m'amie.
S'il s'en falloit vn seul baiser d'autant
(I'en ay iuré) ie ne seroy contant.
Ie ne veu point des baisers qu'à son pere

Donne la fille, ou la sœur à son frere :
Ie veu de ceux que la femme au mary,
L'amie donne à son plus fauory.
Tous les plaisirs de plus longue durée
 Me sont trop courts : le long baiser m'agree.
 I'aime surtout de baiser à loisir,
 Pour ne gouster vn trop soudain plaisir.
Ie ne veu point baiser, Catherinette,
 D'vne Deesse vne image muette :
 Ie ne veu pas vne image accoller
 Qui ne se bouge, & ne sçauroit parler.
Mais en faisant nostre amour ie desire
 Que dans ma bouche vne darde on me tire,
 Tant qu'on pourra, & non point à demy,
 Ou ie diray qu'vn autre est ton amy.
Ie veu parmy que facions à la guise
 Des doux pigeons, cent jeux de mignardise :
 Ie veu parmy cet amoureux deduit,
 Qu'en folatrant nous facions vn doux bruit.
Ces doux baisers, ces jeux que ie demande
 Nous donneront vne douceur si grande
 Qu'il n'y aura si exquise liqueur,
 Sucre ny miel, qui touche tant au cœur.
Si ces baisers tu me donnes, ma vie :
 Et si parmi, tu souffres que manie
 Ton rond tetin : il n'y a si grand Roy
 Que ie ne vueille abandonner pour toy.

Quand i'auroy l'heur, Dame, de pouuoir dire
 Quel est l'amour qui pour toy me martyre,
  I'espereroy t'émouuoir :
  Car ta rigueur n'est pas telle
  Qu'elle ne soit moins cruelle
   Que mon mal n'est grand.
 Mais quand ma langue l'entreprend,
D'en dire vn rien elle n'a le pouuoir :
Et d'autant plus mon mal felon s'empire.

Belle, en qui mon espoir se fonde,
 Ie me voy bien aimé de toy :
Mais tu creins le babil du monde,
 Ie te iure, aussi fais-ie moy :
 Et pource regardons comment
 Nous aimerons discretement.
Quant à toy, tu es coustumiere
 De jeter soupirs & sanglos :
Ouure ton amour en derriere,
 Mais dauant les gens tien-le clos :
 Amour, tant plus il est secret,
 Donne vn plaisir dautant plus net.
Si ton gentil cœur me desire
 Quelque amoureux secret ouurir,
Que ton œil vn seul clin me tire,
 Ie le sçauray bien decouurir :
 Et tout ainsi que l'entendray,
 La response ie te rendray.
Tu pourras bien à la passade
 D'vn pié lassif le mien presser :
Tu pourras d'vne promte œillade
 De loin me rire & caresser :
 Mais gardons-nous, pour faire mieux,
 De plus de temoins que quatre yeux.
Mignonne, n'entre en ialousie
 Si tu me vois baiser souuent,
Puis l'vne & puis l'autre saisie :
 Autant en emporte le vent :
 Ce sera pour dissimuler
 Nostre amour que voulons celer.
Ma bouche sera sur leur bouche,
 Mais i'auray bien le cœur ailleurs :
Ce baiser au cœur point ne touche,
 Ie t'en garde d'autres meilleurs :
 La bouche à la bouche sera,
 Le cœur au cœur s'addressera.
Menant ainsi l'amour, ma vie,

Des enquerantes nous rirons :
Et francs de soupçon & d'enuie,
Du bien d'aimer nous iouïrons :
Nous mocquant des sottes, qui sont
Ialouses du bien qu'elles n'ont.
Elles ne l'ont les mal-aprises,
   Et si enragent de l'auoir :
   Et d'vn desir bruslant éprises
N'ont-ce qu'elle ont en leur pouuoir :
   Et tirant plaisir de l'ennuy,
Souffrent mal pour le bien d'autruy.

Ie ne sçay qu'elle passion
   Dans mon ame est entree,
Qui d'vne seule affection
   L'a follement outree.
Ie ne sçay pas que c'est que ce peut estre,
Mais i'ay apris d'vn qui en est bon maistre,
   Que c'est Amour.
Daimon sorcier, que raison abandonne,
Tu n'as choisi demeure guiere bonne
   Pour ton sejour.
Mon foible corps pour endurer
   A force trop petite,
Et deuant toy ie ne pourroy durer :
   Donc le camp ie te quitte.
O qu'à bon droit les inuentifs Poëtes,
Les Imagiers & peintres curieux,
Arment Venus & son gars furieux,
De torche ardente & flambantes sagettes.
   La clarté belle & plaisante
   De la flâme reluisante,
     Donne plaisir :
   En amour la beauté gaye
   L'âme chatouilleuse égaye
     D'vn beau desir.
De la flâme la bruslure.

A qui la touche de pres
Cuit apres,
De quoy grand mal on endure :
Auſſi la paſſion fole
Au jeu d'amour deceuaut,
Plus auant
On y entre, plus affole.
Comme le feu a lumiere & chaleur,
Amour diuers fait plaiſir & douleur :
Il luit & cuit. La beauté qui atire
C'eſt la clairté qu'au feu lon voit reluire :
Et tout le mal qui rend l'âme dolante,
Peur & ſoupçon, c'eſt la friſſon brulante.

Ie *ne ſçay pas comme mon mal ſe nomme :*
Et ſi ne ſçay (& ſi ie le ſen) comme
Il me tient ſi fort langoureux :
S'il eſt chaut ou froidureux.
Car l'vn & l'autre exceʒ
De chaut & de froidure,
M'aſſaut par mutuel acceʒ.
Ie cuide bien eſtre amoureux :
Et ſans ſçauoir ce que c'eſt que i'endure,
I'en ſen le mal qui dedans me conſomme.

Qvi *uſt penſé qu'Amour vainqueur,*
Vſt peu raſſujettir mon cœur
Aux loix d'vne nouuelle amie ?
Quand ie faiſoy profeſſion
De garder mon affection
En liberté toute ma vie ?
Celle qui me tient aſſerui,
M'ayant à moy-meſme raui,
Par ne ſçay quoy que ne puis dire,
N'a grand auoir ny grand beauté,
Encores moins de loyauté,

Et si tient de moy tout l'empire.
Mes amis voyans ma fureur,
   Souuent me preschent mon erreur
   Pour destourner ma fantasie :
   M'accusant de m'estre amusé,
   Pour me voir en fin abusé
   D'vne que i'ay trop mal choisie.
Ha, mes amis, où sont vos yeux ?
   Pourquoy est-ce que ie voy mieux
   Cela que ne pouuez conoistre?
   Si comme moy le conoissiez
   I'auroy grand'peur que vous fussiez
   Aussi naurez que ie puis estre.
Possible vous auez raison,
   Mais il n'est auiourduy saison
   De m'en faire la remonstrance :
   Ie me play trop en mon abus.
   Tant plus vous me blasmez, tant plus
   Amour prend sur moy de puissance.
Ma mignonne que i'aime tant,
   Qui me viens l'esprit enchantant,
   De qui l'amour si fort me donte :
   Puis que tu es mon seul desir,
   Fay moy gouster tant de plaisir,
   Qu'il efface toute ma honte.

Bien que de tout mon cœur à ton amour i'aspire,
   Si ne t'aime-ie pas assés pour ton merite.
   I'ay le courage grand, mais sa force est petite
   Pour aimer dignement ta valeur que i'admire.
Que pour te contempler, comme ie le desire,
   Ie deuinse vn Argus ! que la bande dépite
   Des vents, qui dans les rocs du Prince Eole habite,
   Vienne en mon cœur, à fin que mieux ie te soupire !
Que ie fusse vn rocher larmoyant en Sipyle,
   A fin de mieux pleurer de mon âge la perte
   Ingratement perdu d'vne amour inutile !

Ou que ie fuſſe fait vne montagne ardente,
   Et que de mon amour la flâme decouuerte
   Par le monde épandiſt ſa lumiere euidente!

Le croyras-tu, Belleau, quand on te le dira,
   Que ie me ſoy remis ſous le ioug amoureux ?
   Mais il y a bien plus, car ie ſuis tant heureux
   Que de pareil labeur on ne m'econdira.
A porter ce doux ioug ma belle m'aidera :
   Nous ſommes d'vn amour elle & moy langoureux :
   D'eſtre ſon bien-aimé ſi ie ſuis deſireux,
   D'eſtre ma bien-aimee elle demandera.
Il eſt vray qu'vn Vulcain bleſme de jalouſie,
   Plus veillant qu'vn Argus, contreint noſtre deſir :
   Et garde que menions en bon heur noſtre vie.
Mais puis que nos deux cœurs ſont points d'vne ſagette :
   Maugré luy nous viendrons à l'amoureux plaiſir,
   Qui d'autant plus eſt doux que plus cher on l'achette.

Iamais longueur de temps, ny lointaine diſtance,
   Ny grace ny beauté d'vn autre ne fera
   Que te puiſſe oublier : mon amour durera
   Tant que mon cœur fera dans mon cors demeurance.
Puis que tu me promés la pareille conſtance,
   Tout le plus grand debat d'entre nous, ce ſera
   De ſurmonter l'vn l'autre à qui plus s'aimera,
   Pour mieux entretenir noſtre ſainte alliance.
Il faut iurant la foy d'vne amour mutuelle,
   Moy de t'eſtre loyal, toy de m'eſtre fidelle,
   Que l'vn & l'autre cœur ſoit d'vn trait entamé.
Ie ne variray pas : mais belle, ie te prie,
   Pour faire vne amitié parfaitte, ne varie :
   Car ie ne puis aimer ſi ie ne ſuis aimé.

Ie veu te faire voir ma flâme decouuerte,
   O mon aimé Duchat : à celle foy non vaine
   Qui a ioint nos deux cœurs d'vne amitié certaine,
   La porte de mon cœur ſera touſiours ouuerte.
Vn plus beau feu ne fit Troye la grand' deſerte,

Qu'est celuy qui me brule : Et si pour vne Helene
Vn Paris se perdit, pour vne Madelene
Ie me per, & n'ay plus de regret à ma perte.
Comme le Phrygien oublia son Enone
Celle (de qui le nom ie teray) j'abandone :
Tant ie l'ay en horreur pour son ingratitude.
Paris fut desloyal à sa bonne maistresse :
Mais pour vne qui m'aime & m'est douce, ie laisse
Vne de cœur ingrat, fiere arrogante & rude.

  Le vin (dit-on) a coustume
   La verité decouurir :
  Amour les cœurs qu'il allume,
   Fera sans feintise ouurir.
  Decouurir ie te desire,
   Ce qu'Amour m'a fait penser
  Sans iamais te l'oser dire :
   Tant i'ay creint de t'offencer.
  Mais n'en soy point offencee,
   Ie te diray sans regret,
  Cela que de ma pensee
   Ie cache au coin plus secret.
  Ie sçay bien, douce ennemie,
   Que iamais de tout ton cœur
  Tu ne m'as esté amie,
   Tesmoin ta longue rigueur.
  Ie le sçay : car de ma vie
   Ie n'ay plus que la moitié :
  I'ay perdu l'autre demie
   Pour ma trop grande amitié.
  L'vne moitié retenuë
   Vit encore en ta beauté :
  Ie ne sçay qu'est deuenuë
   L'autre par ta cruauté.
  S'il arriue qu'il te plaise
   Me sourire de tes yeux,
  Pour vn iour tu me fais aise
   Autant ou plus que les dieux.

S'il auient qu'il te desplaise,
 De cent iours & de cent nuis
 Ie ne recouure mon aise,
 Tant tu me dones d'ennuis.
Mais si tu voulois ensuiure
 L'auis d'vn plus ancien,
 De plus heureusement viure
 Ie t'apprendroy le moyen.
Quand toy qui es ieune d'âge,
 Vn plus âgé tu croiras,
 En receuant auantage
 Vn iour de luy te louras.
Fay sus vn arbre ton aire
 Là où ne puisse auenir
 Nul oyseau pour te mal-faire,
 Quand tu voudrois t'y tenir.
Auiourduy trop libre & franche
 Si dessus l'vne tu es,
 Demain sus vn autre branche
 Changeant ton aire tu fais :
Et d'vne iamais contante,
 De l'vne en l'autre tu vas :
 Ainsi muable inconstante
 Au changement tu t'ébas.
Qui verra ton excellence
 De beauté t'estimera :
 Mais qui sçaura l'inconstance
 De ton cœur, te blamera.
Tel auiourduy tu mesprises,
 Que demain tu aimeras :
 Et tel auiourduy tu prises,
 Que demain tu laisseras.
D'aimer vn vne semaine
 Tu te ferois trop de tort :
 Tu te monstres moins humaine
 A qui t'aime le plus fort.
Estre le premier en datte,
 Enuers toy ne sert de rien,

Puis que tu es plus ingrate
A qui te veut plus de bien.
Sur tout tu penses bien fere
 D'aimer ces faux blasonneurs,
 Desquels la langue legere
 Sçait publier vos honneurs.
Aime pour fuir diffame,
 Vn qui soit pareil à toy,
 Qui te donnera son ame
 Pour le gage de ta foy.
Si tu fais ainsi, mignonne,
 Tu fuiras le mauuais bruit,
 Qu'à bon droit le peuple donne,
 A qui les volages suit.
Ainsin Amour qui tout donte,
 Ne te soit point ennuyeux,
 Amour qui ne fait nul conte
 Des cœurs qui sont vicieux :
Qui ayſément se fait maistre
 Des cœurs plus durs, & qui m'a
 De fer que i'estoy, fait estre
 Cire, quand il m'enflâma.
Mais sa brulante sagette
 Tellement vient m'embrazer,
 Qu'à ta bouche ie me iette,
 Pour tendrement la baiser.
Comme ceste grande enuie
 De te baiser, vient du cœur,
 Iusques au cœur, ô ma vie,
 Fay-m'en gouster la saueur.

POSSIBLE, Dame, ayant quelque pitié
De ma langueur & de mon amitié,
 Tu cherches par la mort
 Me donner reconfort,
Vsant de toute rudesse.
 Mais tu t'abuses, maistresse :

Car ſi lon ſent quand on eſt mort
Ne croy que mon amour ceſſe.
Donques dés-icy ne laiſſe,
　　Si tu deſires me guerir,
　　Sans me faire ainſi mourir,
　　Finir mon mal auec ta mauuaiſtié.

J'ay pris vne maiſtreſſe,
　　A qui ie dy, contreint
　　Par l'amour qui me preſſe,
　　Ton ſeul lien m'eſtreint.
Mais elle ſans affection,
　　M'a dit que nulle paſſion
De quel qui ſoit, ne la pourra contreindre.
　　Qu'elle entend bien nos trahiſons :
　　Qu'elle ſçait les belles raiſons,
Que nous auons couſtume de leur feindre.
　　Mais pource doy-ie prendre
　　　　Congié ſi toſt confus :
　　　　Ou doy-ie encore attendre
　　　　Recharge de refus ?
On n'eſt pour vn coup écondit,
　　Peut bien eſtre, qu'elle m'a dit
Tout au plus loin de ce que ſon cœur penſe.
　　Elle a conu quelque trompeur.
　　Pour vn qu'elle ſçait, ell' a peur
Qu'en tous y ait auſſi peu de fiance.
　　Ie ſçay trop mieux l'enuie
　　　　Que i'ay de la ſeruir :
　　　　Et pour toute ma vie
　　　　A ſa foy m'aſſeruir.
　　Ie ſçay que point ne manqueray
　　　　De la foy que luy iureray :
Si ie fay tant qu'el l'ait pour agreable,
　　Il n'eſt ſeruiteur plus conſtant,
　　Que ie ſuis, ne qui aime tant :
Mon cœur n'eſt point en Amour variable.

Dame, *tu as de Venus la beauté,*
   Et de Themis tu as la chasteté,
   Tu as le chant de Calliope,
   Et de Pithon le doux parler,
   La gayeté d'Hebe tu as,
   Les mains ouurieres de Pallas :
   Des Graces l'amiable trope,
   D'vne tu crois, si tu viens t'y mesler.
   De qui tiens-tu ceste grand' cruauté ?

O *papier mille fois plus heureux que ton maistre !*
   Tu as credit d'aller où ie ne puis aller,
   Liberté de parler où ie n'ose parler :
   Trop heureux si ton heur tu sçauois bien cognoistre.
O qu'en ce que tu es, échangé ie pusse estre !
   Possible en son beau sein elle m'iroit celer :
   De là i'entreprendrois au valon deualer,
   Où i'espere trouuer mon paradis terrestre.
Coulé tout doucement en ce lieu de plaisance,
   Ie ne voudroy long temps ta forme retenir,
   Mais là ie reprendroy d'vn vray homme l'essence.
Ha ! c'est trop presumer : il me doit bien suffire,
   Si en la saluant tu la fais souuenir
   De faire plus pour moy que n'ose luy écrire.

Ie ne puis plus durer en cette longue absence.
   Ie brule de desir de reuoir ses beaux yeux
   Qui m'éprirent d'amour : ses coraux precieux
   Qui seellerent l'accord de si bonne alliance.
Auec l'yuoire blanc (ô douce souuenance)
   Qui estreignit ma main de cinq doigts gracieux.
   Ie veu te regouster, baiser delicieux,
   Et voir ce ris qui fait que ie per contenance.
Ie brule de desir deuers elle arriué,
   De nous entretenir tout vn iour en priué
   De mon affection ensemble de la sienne.

Ha! quel maudit deſtin m'empeſche de la voir
  En toute liberté, l'empeſche de m'auoir,
  Puis qu'amour mutuel m'a fait ſien, elle mienne.

Fuiray-ie ainſi touſiours celle qui me veut ſuiure,
  Reſuiuant vainement l'ingrate qui me fuit?
  Amour me feras-tu chercher ce qui me nuit,
  Ne daignant receuoir le bien que lon me liure?
Ce nom qu'ay mille fois celebré dans mon liure,
  Il faut que ie l'oublie, & qu'il ne ſoit ny dit
  Ny chanté dans mes vers, ny de ma main écrit,
  Et qu'vn autre en ſon lieu ie face à iamais viure.
Dehors, dehors ingrat : De ſon departement
  Eſiouy toy mon cœur : Epanouy-toy d'aiſe
  Ioyeux de ne bruler d'amour ingratement.
Eſiouy-toy mon cœur : voicy noſtre moitié,
  Non l'autre qui nous fut tant contraire & mauuaiſe.
  Eſperons tout bon-heur de ſi bonne amitié.

Las, main que lachement tu t'efforces d'écrire
  Ce mot qu'on dit dernier au facheux departir!
  Mais ſi tu ne l'écris, il me faudra partir
  Sans que l'oſe penſer, ou que le puiſſe dire.
Mon cœur deſia preuoit le dueil & le martire
  De ſon maiſtre ancien, & m'en vient auertir :
  Et de mon partement me tâche diuertir,
  Quand, faiſant ce qu'il peut, chaudement il ſoupire.
Or il eſt bienheureux, d'autant que ie le laiſſe
  Entre les belles mains d'vne douce Maiſtreſſe,
  Et le deſtin cruel me force l'éloigner.
Las! main fay ton deuoir. Tu ne veux donc écrire
  Ce que n'oſe penſer, ma bouche ne peut dire?
  Et ie ne ſçauroy mieux mon ennuy témoigner.

Ie m'attendoy que la cuiſante ardeur
  Que voſtre Amour allumoit dans mon cœur,
  Se paſſeroit, ſi ie pouuoy celer,

Que ie me ſen de voſtre amour bruller.
Mais ce long mal en moy ſe continuë,
Et pour m'en taire en rien ne diminuë.
Le mal eſt grand, qu'on n'oſe reueler.
J'étois heureux que mon affection
  Me trauailloit pour la perfection
  Que la Nature auoit miſe dans vous,
  Vous pouruoyant d'vn naturel ſi doux,
  D'vne beauté belle entre les plus belles,
  Et de vertus ſi rares, que pour elles
Eſt plus heureux qui ſouffre plus que tous.
Mais ie fáiſois vn ſi grand iugement
  De vos valeurs, que trop creintiuement
  Meſme pour vous ie n'oſois endurer :
  Tant s'en faloit que ie puſſe eſperer
  Auoir de vous aucune recompenſe :
  Et i'adoroy voſtre rare excellence,
Sans que i'oſaſſe autre bien deſirer.
Ainſi honteux, ie creignoy pourſuiuir,
  L'heur que les cœurs qu'Amour a pu rauir,
  Sont pourſuyuans. Voyant voſtre valeur
  Qui oſeroit ſe promettre vn tel heur ?
  Qui ſçachant bien voſtre chaſteté grande,
  Vous parleroit de ce qu'Amour commande ?
Ainſi touſiours i'ay caché ma douleur.
Ainſi d'Amour heureuſement touché,
  Mais grieuement, toupartout i'ay cherché
  Seul apar-moy les moyens d'en guerir.
  Mais rien n'a peu ma peine ſecourir :
  Ains au rebours, mon amoureux martire
  Par le remede en eſt deuenu pire.
Pour ſeul remede il reſte de mourir.
J'ay recherché mille & mille ſecours,
  Helas, en vain ! car ainſi comme l'Ours
  Qui eſt bleſſé, ramaſſe tout cela
  Qui s'offre à luy, dans la playe qu'il a :
  Ronces, cailloux & l'eſpine qui pique,
  Sans aucun choix, à ſon mal il applique :

Et bien souuent la mort luy vient de là.
I'ay fait ainsi pour guerir la langueur,
 Que vos beaux yeux auoyent mis en mon cœur,
 En m'élongnant de vous, qui en auiez
 Le seul remede, & qui seule pouuiez
 Me rendre sain : mais ie n'estoy pas dine
 D'estre pansé d'vne main si diuine,
 Et ma douleur seule vous ne sçauiez.
Tous me voyoyent dessecher deperir :
 Vous seulement ne me voyez mourir.
 Quand ie venoy deuant vous me monstrer.
 Ie ne monstroy nul semblant d'endurer
 Pour vostre amour, qui vous auoy choisie
 La seule guide & dame de ma vie :
 Tant ie craignoy de trop haut aspirer.
Or à la fin si ie ne veu mourir
 Ie suis contreint chercher, non de guerir,
 Mais d'aleger mon tourment amoureux.
 Vous me donrez alegement heureux
 Si vous voulez : si vous n'estes si dure
 Que dedaigniez voir que pour vous i'endure.
 C'est tout le bien dont ie suis desireux.

D<small>E</small> *l'aimable Cypris ô lumiere doree :*
 Hesper de la nuit noire ô la gloire sacree :
 Qui excelles d'autant sur les astres des cieux,
 Que moindre que la Lune est ton feu radieux :
 Ie te saluë amy, conduy moy par la brune
 Droit où sont mes amours en de lieu de la Lune
 Qui cache sa clarté. Ie ne va dérober,
 Ny pour d'vn pelerin le voyage troubler :
 Mais ie suis amoureux. Vrayment c'est chose belle
 Ayder au doux desir d'vn amoureux fidelle.

O *Maistresse, ensuyuant la fatale deuise*
 De vostre nom tourné que vous ay presenté

(Soit le presage heureux, le chiffre de santé)
Où de nos noms laffez l'aliance est comprise.
L'vn toufiours à vos yeux de ma haute entreprise
    Remette, quoy que tard, le guerdon merité :
    L'autre foit entre nous fignal de verité,
    Qu'vn las double retient l'vne & l'autre ame prife.
Le prefent eft petit, & de peu de valeur :
    Mais fi regardez bien que c'eft qu'il fignifie,
    Vous l'eftimerez grand felon voftre douceur.
Le chiffre de fanté, marque l'heur de la vie :
    Le chiffre de nos noms, vn amour qui eft feur,
    Qui vaut plus qu'vn amour en tout heur accomplie.

Ia Dieu ne plaife, Alix, que l'amoureufe rage
    Puiffe tant fur nos cœurs, que de nous rendre épris
    De quelque grand' beauté, tant foit elle de pris,
    Où ne nous foit monftré plus que le bon vifage.
Qui aimé non aimé, mon amy, n'eft pas fage :
    Tu vois ce pauure amant qui de l'amour furpris
    D'vne ingrate beauté, ne peut luy faire pis
    Que fe venger fur foy de fon cruel outrage.
Or Amour ne voulut delaiffer impunie
    Telle mefchanceté. Mais que fert la vengence
    A qui ne fent plus rien, & qui n'a plus de vie ?
Dieu iufte s'y contente : & toufiours vne offence
    Ou foit toft, ou foit tard, de la peine eft fuiuie :
    Pour ce moins ne patift vne pauure innocence.

    As-tu de fçauoir enuie
        Quelle vie
  Ie puis demener fans toy :
Si le temps qu'au dueil i'employe,
        Loin de ioye
Appeller vie ie doy ?
      Helas, Madame,
    Ie vy fans ame,
Me repaiffant de deconfort :

Tu tiens ma vie,
Que m'as rauie
Et ie demeure comme mort :
Et fans l'attente,
Qui me fuftente,
D'vn doux espoir de te reuoir,
Cefte lumiere
M'eft fi peu chiere,
Que ie voudroy plus ne la voir
Sans toy m'eft vne iournee
Vne annee :
Sans toy le ris m'eft douleur :
Sans toy la lumiere obfcure :
La verdure
Sans toy m'eft noire couleur.
En ton abfence
Toute plaifance
Ne m'apporte que deplaifir :
A ma trifteffe
Où que m'adreffe
Allegement ne puis choifir,
A voir ma face,
A voir ma grace
On lit bien mon affection :
Mon teint iaunaftre
Mon œil plombaftre
Témoigne affez ma paffion.
O que ie puffe tant faire,
Que la taire !
Mais il feroit mal-aifé.
Par trop l'amour violante
Eft brulante,
Qui tient mon cœur embrafé.
Qui fe commande,
De douleur grande
Il n'effaye pas la rigueur :
Qui par feintife
Son mal deguife

N'eſt pas atteint dedans le cœur.
  Le feu s'accuſe :
  « Celuy s'abuſe
« Qui penſe le tenir couuert.
  « L'amour eſt glace,
  « Si en la face
« Il ne ſe monſtre decouuert.
 Parmy l'ennuy que ie ſouffre,
  Rien ne s'ouffre
Qui me martyriſe tant,
Comme ſi par fois ie penſe
  Que l'abſence,
M'amour, te trauaille autant.
  Car en la mienne
  La flâme tienne
Ie reconois & ton vouloir :
  Où l'on s'entraime
  Le cœur eſt meſme,
Et le plaiſir & le douloir.
  Ton mal (i'en iure)
  Fait que i'endure
Plus que ſi i'enduroy tout ſeul ;
  Si tu peux, laiſſe
  Toute deſtreſſe :
Permés que i'aye tout le dueil.
 O ſi l'heureuſe iournee
  Retournee
Pour nous reuoir peut venir,
De tant de peines ſouffertes
  Et de pertes,
Eſteignons le ſouuenir.
  Deſia me ſemble,
  Que tout ie tremble
Que ie friſſonne de plaiſir :
  Que ie t'embraſſe,
  Que face à face
Ie paſme donté du deſir
  Ton ſein ie touche

Tantoſt la bouche,
Tantoſt ie te baiſe les yeux :
Las de delices
Et de blandices,
Nous deuiſons à qui mieux mieux !
Hé tout le pis que ie voye,
Cette ioye
Nous rendra bien peu contens,
Puis qu'apres cette lieſſe,
La triſteſſe
Reuient pour vn ſi long tems.
C'eſt l'ordonnance,
Mais l'inconſtance
Du petit dieu qui nous conduit :
Qui de l'eſpine
La fleur roſine,
Du labeur fait naiſtre le fruit.
Aimons-nous belle
D'vn cœur fidelle
En malheur & proſperité.
Au feu l'épreuue
De l'or ſe treuue,
De l'amour en aduerſité.

Non, non ie ne veu pas de l'amour gueriſon,
Ie veu touſiours aimer, i'en aime la poiſon :
Mais modere mon feu, Madame,
Et n'en eſtein pas la flâme,
Mais rafraichis-en le feu :
S'on ne peut me ſecourir
Sans faire mon amour mourir,
Non, non ie ne veu guerir,
Ie veu viure & mourir en ſi belle priſon.

Madame, ce n'eſtoit vne ſimple fuſee,
Qui flambant s'élança ſur voſtre gentil ſein :
C'eſtoit vn trait du ciel élancé de la main
De quelque dieu vangeur de ma foy abuſee.

Par ce trait vous deuriez estre bien aduisee
  Pour rendre vostre cœur enuers moy plus humain :
  A fin que le desir ne me consume en vain,
  Sans pitié se paissant de mon ame embrasee.
Ce trait du ciel, Madame, est vn auant-coureur
  D'vn autre plus cruel, plein de chaude fureur,
  Si vous ne faites fin de m'estre si cruelle.
Ce trait qui vous frappa sur le gauche costé,
  Le siege où est assis vostre cœur indomté,
  Soit d'vn heureux amour la fleche mutuelle.

 Qvand Cupidon veut enflâmer les Dieux,
Ses deux flambeaux il allume en tes yeux :
 Où que tu sois, quoy que tu faces,
  Où que tu moues tes pas,
  Tu meines cent mille graces,
  Qui ne t'abandonnent pas.
Soit que gayment tes cheueux tu delaces :
 Soit qu'en vn neu tu les amasses :
  Soit que tu pleures ou ries,
  Tes graces plus embellies
Pour me rauir t'ornent de mieux en mieux.

Fortvne, ie ne sçay si ie me doy compleindre,
  Ou me loüer de toy : tu m'as fait ce bonheur
  Que d'vn mien ennemy i'ay sauué mon honneur,
  Mais vn autre ennemy ne sçay comme refreindre :
Par qui de coups non vains au vif me sen atteindre :
  Qui me bat & me domte & me braue vaincueur,
  Plantant ses estandars sur le fort de mon cœur,
  Par vne qui me tuë, & si n'ose m'en plaindre.
O diuine beauté, donques plus ne te voy !
  Doncque ie suis priué de la veu' de mon Roy,
  Qui me souloit cherir d'vn accueil fauorable !
O maudite Fortune ! ô penible vertu !
  O faueur, ô bon-heur trop cherement vendu,
  Quand plus heureux ie suis, plus me sen deporable !

O perle de vertu! ô belle fleur d'élite
 D'excellente beauté! de qui la douce vuë
 M'eſtoit vn paradis : ô regret, qui me tuë
 D'eſtre élongné de vous, vnique Marguerite :
O beau ſurjon d'eau viue, où cherchoy allegeance
 De la ſoif de l'Amour qui me brule & ruine :
 Ie mourroy ſans l'eſpoir de vous reuoir benine,
 Pour faire de mon ſort vne douce vengeance.
Las! ne vous voyant point, heures me ſont iournees,
 Et les iours me ſont moys, & les moys des annees :
 Tant ie trouue ennuyeux le temps de mon abſence.
Au moins que vous ſceuſſiez que parmy ce malheur,
 Maiſtreſſe, ne vous voir c'eſt ma plus grand douleur :
 Poſſible m'en donriez quelquefois recompenſe.

Ton nom me dit TROP TARD AME GVERIE,
 Et ſi touſiours ie careſſe mon mal :
 Mal qui m'eſt tant heureuſement fatal,
 Que le perdant voudroy perdre la vie.
Mais ſi ma foy à grace te conuie,
 Pour auancer à ton ſeruant loyal
 Le loyer deu au cœur ferme & feal :
 Perdant mon mal de viure aurois enuie.
Or ſi tu veux que cent fois en vn iour
 Ie ſoy mourant pour te porter amour,
 Ie veu mourir cent fois en la iournee.
Mais ſi tu veux, croyant que le deſtin
 Veut qu'à mon mal (quoy que tard) donnes fin,
 Pour noſtre bien haſte la deſtinee.

Ie ne ſçay quand ie ſuis plus amoureux :
Ou quand ie ſuis quelquefois tant heureux,
 Que de voir ma Maiſtreſſe,
 Ou quand ie la per de vuë :
 Tellement mon ame eſmuë
 Et lors & lors d'vn feu s'oppreſſe.
Soit ou ne ſoit deuant moy,

Touſiours touſiours ie la voy,
Et iamais ie ne ceſſe
De plus en plus m'enflâmer langoureux.

Ie *veu que me ſoyez d'alliance ennemie,*
  Puis que vous m'auouëz d'alliance ennemy :
  Mais comme par effet ie ſuis bien voſtre amy,
  Par effet monſtrez vous ma plus certaine amie.
L'ennemy veut rauir à l'ennemy la vie :
  Ie vous donnay mon ame, & non point à demy
  Mais tout entierement, deſlors que me deſmy
  De celle liberté que vous m'auez rauie.
Les meſmes ennemis ſous le tiltre d'aimer
  Cachent leurs traïſons : la haine palliee
  Plus que la deſcouuerte eſt à craindre & blaſmer.
L'affection couuerte aſſeure l'amitié :
  Aſſeurons noſtre amour eſtroittement liee
  Sous le tiltre apparant de feinte inimitié.

A<small>TYS</small> *le demy-femelle*
  Criant ſa belle Cybele
  Enragea dedans le mont
  Comme le conte ils en font.
Dans le riuage de Clare
  L'eau de Phebus qui egare
  Le bon ſens à qui en boit,
  Fait que crier on le voit.
Ie veux auec ma mignonne
  Parfumé de ſenteur bonne,
  Du doux Bacchus me charger
  Et doucetement rager.

T<small>OY</small> *mignonne Arondelle*
Voyagere annuelle,
L'Eſté ton nid tu fais

Et tout l'Hyuer tu es
Inuifible, & t'en fuis
Au Nil ou en Memphis,
Las, mais Amour fans ceffe
Son nid dans mon cœur dreffe!
Vn Amour s'emplume or,
Vn autre eft œuf encor,
L'autre eft ia my-éclos :
Et toufiours fans repos,
Des petits qui pipient,
Beans dedans moy crient.
Par les amour grandets
Les petits amourets
Sont nourris : & nourris
Soudain font de petits
Vne nouuelle engeance.
Et quoy ? quand la puiffance
De nombrer n'ha ma voix
Tant d'amours à la fois.

Amour, faut-il que tant diuine grace,
 D'vn feul fe perde à la poffeffion?
 O dure loy! ô grand' perfection!
 O la beauté des beautez l'outrepaffe!
Soit le Soleil deffous la terre baffe
 Sans luire plus.: ô fole paffion!
 O fot defir! ô vaine affection,
 Si le moins digne vn plus loyal furpaffe!
Donc vn facheux, fans l'auoir merité,
 Iouyra feul de telle rareté?
 Non fi m'en crois : mais vfant de l'vfance,
Qui des Amans fauorife l'ardeur,
 Meprieras celle loy de rigueur,
 Et d'vn amy receuras l'alliance.

Ie ne fçay fi ie doy maudire la iournee,
 Qu'aueque vous ie fy fi fatale alliance

De mon Emerillon : depuis à toute outrance,
Sur moy ie sen courir contraire destinee.
Vous ingratte tousiours, à mon mal obstinee,
Retenez de ma foy la digne recompense :
Moy tousiours obstiné en ma perseuerance,
Vous aime, & mon amour à ma mort est bornee.
Mais si les Dieux vouloyent vser de leur puissance,
Comme ils vsoyent iadis en changemens estranges,
Par souhait ie voudroy que prinsions autre essence.
Vous d'vn Emerillon, qui de rauir a ioye :
Moy d'vn gay Rossignol chantre de vos louanges,
Qui en vos serres pris vous seruiroy de proye.

Onques ie n'ay pensé que d'vn egal desir
Departissiez à deux vne pareille grace :
Mais où est la contreinte, estant là tout disgrace
Pensoy que franchement aimeriez à plaisir ;
Tout ce qui est forcé, raporte deplaisir :
Tout ce qui est de gré, plaisantement se passe.
Vous masquer enuers tous de variable face
Ne vous est tant seant, qu'vn seul amy choisir.
A fin non seulement que l'ame estant dehors,
Dans vn mesme tombeau se reposent deux corps :
Mais que deux cœurs vnis soyent ioints dés ceste vie.
Bien iniuste est la loy, qui forçant la raison
Donne lieu d'amitié à toute trahison :
Bien plus douce est la loy de cœur franc obeïe.

A vous Madame la pucelle,
Pucelle vous dy-ie, si celle
Pucelle se peut bien nommer
Qui ne sçait que c'est que d'aimer.
Que celuy qui à vous s'addresse
A fin que soyez sa Maistresse,
Estant vn long temps abusé
Est honnestement refusé.
Quoy ? vous luy faites tant de grace :

23*

Vous suçotez si bien sa face :
Ses oreilles vous luy mordez :
Sa barbe vous luy retordez :
Et sans trop faire la farouche
Le baisez la langue en la bouche :
Et pour plus encor l'embraiser
Son sein vous luy venez baiser,
Disant que vostre cœur s'addonne
A luy, plus qu'à nulle personne :
Et qu'asteure il vous fait bien mal
Que vostre cœur à tous égal
Qui recueilloit toute personne,
En vne seulement s'addonne.
Et qui ne se piperoit bien
Par vn si aimable entretien?
Mais quoy? tous ceux qui vous muguettent,
Par vous, Madame, ainsi se traittent :
Au premier qui apres viendra
Le mesme propos on tiendra.
Vous pipez de telle caresse,
Ceux de qui vous estes maistresse :
Mais s'on vous parle du doux point,
O mon Dieu, ne m'en parlez point,
Vos propos me rompent la teste,
Ie vous estimoy plus honneste :
N'auous point honte de venir
Ces facheux propos me tenir?
Mais si par raison tres-certaine
Vostre seruiteur vous pourmene,
Iusqu'à confesser que ce bien
Sa grande amour merite bien :
Et que pour vostre amour si grande,
Vous ne pouuez de sa demande
Le refuser honnestement,
Si vous l'aimez parfaittement.
Lors demeurant toute confuse
Vous aidez d'vne belle ruse
Le rendant luy-mesme confus

De ce plus honneste refus.
Quel auantage me feray-ie
Si vostre mal ainsi i'allege?
Ce sera vous tant seulement
De qui cessera le tourment :
Quant à moy, ie n'u de ma vie
De ce dont vous parlez enuie :
Si j'en auoy quelque desir,
I'en gouteroy bien le plaisir.
Mais mais croyez la, ie vous prie,
Croyez, elle n'ut onc enuie,
Elle n'ut onques, croyez la,
Enuie de faire cela.
Et comment, mon Dieu, la pauurette
Est trop delicate & douillette,
Pour auoir faim de ce doux point.
La pauurette est trop en bon point.
   En auroit-elle le courage
Au dixhuitieme an de son âge?
La grand' pitié! ses ieunes ans
Ne sont à ce jeu bien duisans :
La mignarde a trop peu que faire
Pour penser à si doux affaire :
Elle a trop & trop de loisir
Pour souhetter ce doux plaisir.
Et puis tandis qu'elle est oysiue
Son estude recreatiue,
Des liures de lasciueté
Entretient trop sa chasteté.
Elle est aussi trop bien nourrie
Pour auoir de ces jeux enuie :
Brief, la friande trop elle a
Ce qui affriande à cela.
Quoy? la bonne fille (diray-ie
Cela qui tout cecy rengrege?)
Tu ne deuises que d'amours
Auec des mignons tous les iours,
Qui pourroyent d'vne seule approuche,

Faire venir l'eau en la bouche
Aux plus chaſtes qui les verroyent
Quand Lucreſſes elles feroyent :
Si peu leur gaye mignardiſe
Le feu d'amourettes attiſe :
Si fort leur poil follet qui point,
Sçait degouſter de ce doux point.
Mais quoy ? elle n'ut de ſa vie
De ce dont luy parlez enuie :
S'elle en auoit quelque deſir,
Elle en gouſteroit le plaiſir.

Amovr *parcy-dauant ayant dehors des cieux*
Enleué pour butin les deſpouilles des dieux :
L'arc du Latonien, du Dieu guerrier l'armure,
La maſſue d'Hercul, la verge de Mercure,
Du branle-terre Dieu le trefourchu tridant,
Et du grand Iupiter le foudre tout ardant.
Si contre nous chetifs veut la guerre entreprendre,
Ce n'eſt point deſhonneur nous & nos armes rendre,
Puisque les dieux courbez il a pu ſurmonter :
A la force d'amour on ne peut reſiſter.
Luy vieil, ieune il ſe feint : lors il eſt enflé d'ire
Et ſe courrouce plus, quand plus il ſemble rire :
Ses fleches roidement en riant il decoche :
Son arc eſt violant tendu dans double coche,
Droiƈt au milieu du cœur il point tant ſoit il loing :
Il brule en ſe iouant : du feu qu'il porte au poing,
Il enfláme les os, en grille l'ame folle.
Tantoſt il marche à pié, tantoſt leger il volle.
Il enuironne tout chaque genre attrapant,
Soit volant, ou marchant, ou nouant, ou rampant.
Qui pourroit euiter ſes ſagettes cruelles
Qu'il enfonce aux mortels ameres & mortelles ?

La *grand' dame Cypris en mon dormant vn iour*
Tenant de ſa main belle ſon ieune enfant Amour,

Qui en terre clinoit, me dict ceste parole :
Enseigne, amy pasteur, l'ayant en ton escole
Mon amour à chanter : Ainsin elle parla,
Me le laisse & s'en part : mais moy sot tout cela
Qu'en pasteur ie chantoy, ie luy voulois apprendre,
Comme s'il ust voulu mon apprenti se rendre.
Ie chantoy comme Pan trouua le chalumeau,
Minerue le flageol : comme Apollon le beau
Fut trouueur de la lyre, & du doux luc Mercure.
C'est ce que i'enseignoy ; mais il n'en auoit cure,
Et me chantant luy mesme de sa mere les tours,
De sa mere & des dieux m'enseignoit les amours :
Et soudain i'oubliay ce que luy veux apprendre,
Et des chants amoureux me fallut entreprendre.

D<small>ES</small> *filles i'oy ce brocard*
Qui disent, Tu es vieillard,
Anacreon : au miroir
Le prenant tu pourras voir,
Que tes cheueux plus ne sont,
Et que tout chauue est ton front.
Quant à moy si mes cheueux
Sont plus ou non, ie ne veux
Dire que i'en sçache rien :
Mais cecy ie sçay fort bien,
Qu'au vieillard d'autant sied mieux
Suiure les esbats ioyeux,
Qu'il est de plus pres voysin
Du dernier iour de sa fin.

A *Dieu madame la succree,*
A Dieu madame l'affettee,
A Dieu celle qui pensoit bien
Me tenir pris en son lien.
A Dieu celle-la qui caresse
Chacun qui à elle s'addresse :

A Dieu celle qui n'aime qu'vn,
Et qui aime autant vn chacun.
A Dieu la gloire des pucelles,
Qui aime les choses nouuelles :
A Dieu celle qui tous les iours
Change de nouuelles amours.
A Dieu celle tant bonne grace
A faire en parlant la grimace,
Qui a gaigné par son cacquet,
D'auoir le haut bout au banquet.
A Dieu sa douce mignardise,
Qu'en mille tours elle deguise :
A Dieu la langue du baiser
Qui ne peut plus se refuser.
A Dieu, baiser où lon deuise,
A Dieu baiser de la cerise,
A Dieu le baiser engoulant
Iusqu'au gauion deualant :
A Dieu le baiser de dragee,
Langue contre langue rangee,
Les leures qu'on presse dedans
De leures, de langue & de dants.
A Dieu le souffler en l'oreille
D'vne haleine douce à merveille :
A Dieu le doux sucer des yeux,
A Dieu licher delicieux.
A Dieu la traistresse mignarde,
Qui de sa main si fretillarde
La barbe gentiment flattoit,
Et le sein doucement tastoit :
A Dieu sa contrefaite mine,
A Dieu sa parole enfantine,
A Dieu mille gentils ébats
Qu'elle ne me refusoit pas.
Pourquoy m'en refuseroit-elle ?
Chacun les a de la pucelle :
Vrayment ie puis bien auoir part
A ce qui à tous se depart.

A Dieu madame la pucelle
Pucelle vous di-ie, ſi celle
Pucelle ſe peut bien nommer
Qui ne ſçait que c'eſt que d'aimer.
A Dieu celle, qui de ſa vie
(S'il le faut croire) n'ut enuie
Qui n'ut (ie vous pri croyez la)
Enuie de faire cela.
A Dieu celle nuit tant heureuſe,
A Dieu belle nuit amoureuſe:
A Dieu la chaiſe, à Dieu le coin
De nos jeux le meilleur temoin.
A Dieu nos belles amourettes,
A Dieu nos ioyes plus ſegrèttes,
A Dieu ſoupirs, à Dieu plaiſirs,
A Dieu regrets, à Dieu deſirs.
A Dieu la bien parlante dame,
Qui a mieux aimé le vray blame
Qu'à bon droit ie luy donnerois,
Que l'honeur qu'à tort luy ferois.
A Dieu la belle decriee,
Qui ne ſera de nul priee:
Et qui voudroit bien la prier
La voyant ainſi deſcrier?
Les enfans vont à la mouſtarde
Des ruſes de ceſte mignarde:
Mon Dieu comme elle piperoit
Quelque ſot qui l'aborderoit.
A Dieu celle qui fut m'amie,
Mais qui eſt ma grande ennemie,
De qui ie ſuis vray ennemy
Comme i'en eſtoy feint amy.
A Dieu ſa trompeuſe ieuneſſe,
Ieuneſſe qui paſſe en fineſſe
La vieilleſſe d'vn vieil Marmot
Pour bien enjauler quelque ſot.
A Dieu madame l'effrontec,
A Dieu la pucelle éhontee,

Si ce n'eſt d'execution,
Au moins de bonne affection.
A Dieu la ſotte glorieuſe,
A Dieu la braue audacieuſe,
A Dieu girouëtte à tous vents,
Chienne chaude à tous chiens ſuiuans,
A Dieu de Saphon l'écoliere
(Qui fait qu'aůſſi tu n'aimes guiere)
Mais ſi ſçauante, qu'à Saphon
Tu en ferois bien la leçon,
A Dieu Tartarin qui ne montre
Qu'vn cul de premiere rencontre.
Et qu'à elle ſi non cela?
Vous voyez tout le bien qu'elle a.
A Dieu madame la ruſee,
Qui s'eſt grandement abuſee
De penſer auoir abuſé
Vn bien autant qu'elle ruſé.

FIN DV SECOND LIVRE.

TROISIEME LIVRE

DES

DIVERSES AMOVRS

DE I. A. DE BAIF.

Des-portes mon amy, quand bien ie confidere
  Ton maintien peu certain, te voyant deuifer
  Tout riant & gaillard : foudain te rauifer
Penfif ridant le front d'vne façon auftere :
Toft palir, toft rougir : puis chanter, puis te taire :
  Elancer des foupirs : (ie m'en cuide auifer)
  L'archier, qui par les yeux droit au cœur fçait vifer,
T'a fait voir où tu dis, Seule tu me dois plaire.
Tu aimes, ie le voy : montre donc qui eft celle
  Qui t'a raui le cœur. Compagnon, il ne faut
  La cacher à l'amy que tu conois fidelle.
Mais fi trop courageux tu afpires fi haut
  Qu'vn tiers n'y foit receu, ton fegret ne decele :
  Plus qu'il ne faut fçauoir, fçauoir il ne me chaut.

Ie te deteſte, Amour & ta puiſſance
  O feinte deïté,
Que des humains l'idolatre ignorance
  Forge à ſa vanité :
  T'accouſtrant d'aiſles
  Peintes & belles,
  Te faiſant eſtre
  Archer adeſtre
Aueugle enfant, ſans l'auoir merité.
Tu n'es point Dieu, moy qui ſuis faitte ſage
  Par la faute d'autruy :
Moy qui ay fait proffit de leur dommage,
  Faux Amour, ie te fuy.
  Sans faire preuue
  Sur moy, ie treuue
  Que ton empire
  N'eſt que martyre.
Mais le mortel t'imagine ſur luy.
Amour, tu n'es qu'vne paſſion folle
  D'vne ame de loiſir :
Qui ſans raiſon la tranſporte & l'affolle
  D'vn exceſſif deſir,
  Qui vient ſans peine
  Prompte & ſoudaine :
  Qui ne s'apaiſe
  Qu'à grand malaiſe
Par mille ennuis pour vn fraile plaiſir.
Iadis Medee aueugle de ta rage
  Oublia tout deuoir :
D'abandonner les ſiens ut le courage,
  Pour l'eſtrangier auoir :
  Trahit ſon pere,
  Tua ſon frere,
  De ſes fils meſme
  (Fureur extreme)
Sa propre main meurdriere elle fit voir.
Par toy iadis malheureuſement belle

> *Helene se perdit,*
> *Quand trop legere à son hoste infidelle*
> *Captiue se rendit :*
> *Pour la vengeance*
> *A toute outrance,*
> *Des Grecs plus braues*
> *Dans mille naues*
> *Au sac Troyen la ligue descendit.*
> *De nostre temps vne grande Princesse,*
> *Des rares en beauté,*
> *(Qui ne le sçait?) a senti ta rudesse*
> *En toute cruauté :*
> *Sa renommee*
> *Est diffamee :*
> *Fuitiue elle erre*
> *Hors de sa terre,*
> *Deteste, hait, maudit sa Royauté :*
> *Criant par tout, Las! que ne suis-ie nee*
> *Fille d'vn laboureur?*
> *I'usse vescu des grands' courts éloignee,*
> *Et de si cher honneur.*
> *Aise, contante,*
> *Ferme, constante,*
> *Ie demeurasse*
> *Heureuse & basse,*
> *Franche d'espoir, de crainte & de malheur.*
> *Tu meritois fortune plus heureuse*
> *Pour ta grande bonté,*
> *Roine, qui fus des vertus amoureuse,*
> *Franche de volonté :*
> *Mais le ciel brise*
> *Toute entreprise :*
> *« La raison vaine*
> *« De l'ame humaine*
> *« Au bien & mal a souuent méconté.*
> *Vierge vertu, ò de l'humaine race*
> *Le plus digne ornement,*
> *Pour ta valleur, & pour ta bonne grace*

Ie ne fuy nul tourment :
Ie veu te fuiure
Mourir & viure
Autant aimee
Comme enflámee
De ton amour, qui ne craint changement.

Qvi vit iamais amour pareil au mien?
  Celuy que i'aime, entre mes bras ie tien :
  Mais, las! plus ie iouy du feul que ie defire,
  Moins ceffe mon defir, & plus il me martyre.
Ainfi lon voit l'hydropic alteré,
  Apres auoir longue foif enduré,
  Plus d'vne gorge gloute il aualle de l'onde,
  Moins eftancher fa foif à mefme l'eau profonde.
Vous amoureux, qui en feu languiffez
  Faifans l'amour, & point ne iouiffez.
  O quel mal vous fouffrez n'ayant la iouiffance,
  Veu que ie fouffre tant ayant toute puiffance!
Mais qui endure en pourfuiuant fon bien
  Endure moins, encores qu'il n'ait rien,
  Que l'heureux : malheureux qui a fous fon Empire
  (Sans en eftre contant) tout le bien qu'il defire.
Quoy fert d'auoir tout cela que lon veut,
  Si le tenant s'en fouler on ne peut?
  Malheureux qui n'a rien : mais moy plus malheureufe
  Sans nul contentement, qui iouy langoureufe.

Ie ne puis tenir mon aife :
Il faut que l'ardeur i'apaife,
Qui bouillonne dans mon cœur.
Ie ne puis taire mon heur,
C'eft force que ie le die :
I'ay bien pu voir de m'amie
Tant de beautez à la fois,
Comme tiendroy-ie ma voix?

Par la seule souuenance,
Ie per toute contenance :
J'ay encor deuant les yeux
Tout le tresor precieux
Des beautez de ma maistresse :
Entre mes mains ie les presse,
J'en iouy d'vn desir chaud :
Mais ma douce Muse, il faut,
Il faut que de ta voix douce
Mes plaisirs dehors ie pousse,
Qui tous surpris rauiront
Ceux qui ma chanson liront.
 Mais qui plustost doy-ie élire,
A qui ie les doiue dire
Qu'à toy, mon aimé flambeau,
Qui me luisois clair & beau ?
Flambeau de nos amouretes,
Et nos douceurs plus secretes,
O le fidele temoin !
Beau flambeau tu pris le soin
De me prester ta lumiere
En celle nuit la premiere
Que ie vi Madame à nu.
Belle nuit, si cher tenu
Ne me soit de nulle annee
Iour, qui vaille en sa iournee
Auec son plus beau Soleil
D'estre fait à toy pareil :
Ny ne soit en nulle annee
Vn Soleil d'vne iournee,
Qui me soit, tant soit-il beau,
Si cher que tu m'es, flambeau :
Quand tu m'as fait vn seruice,
Qu'auec ta clarté ie visse
Tant à clair les membres nus
De ma mignarde Venus.
Mais beau flambeau, ie soupçonne
Que l'enfant qui m'époinçonne

En ta meche ait allumé
Le feu qui m'a consumé.
Car depuis l'heure, la flâme
Que ie celoy dans mon ame,
En si cruelle rigueur
Ne se repaist de mon cœur :
Ou, ie croy, mon petit Maistre
Le petit dieu Cupidon,
T'auouë pour son brandon.

 Quoy que ce soit, le grand pere,
Qui peut toutes choses faire,
Iupiter, si ce doux feu
Quelquefois domter l'a peu,
De la nuit reparant l'ombre
Te deust afficher au nombre
Des astres parmy les cieux,
Pour vn astre gracieux.
Qui de ses flâmes secretes
Fist faueur aux amouretes,
Nommé l'Astre bienheureux
Des bienheureux amoureux :
Puis que ta clarté fidelle
M'a fait vne grace telle,
Que i'ay veu, comme vn Paris,
La beauté de si grand pris :
La beauté, qui sur les belles,
Les trois belles immortelles,
Deuant leur iuge Paris
Eust bien emporté le pris.

 Alheure entre-nous promise,
I'allay nus pieds en chemise,
Plein du brazier amoureux,
Dedans le lieu bien-heureux :
Ie dy l'heureuse chambrete,
Où dormoit ma Melinete,
Par vne nuit de l'esté,
En son lit tant souheté.

 Nulle flâme ie n'auoye,

Pour m'eclairer par la voye :
Assez clair me conduisoit
Le feu, qui dans moy luisoit :
Ie ne portoy ny d'offence,
Ny nul baston de deffence :
D'armes, qu'auoy-ie besoin,
Quand vn tel Dieu prenoit soin,
De me garder à celle heure ?
Quelle deffence meilleure
Par le plus dangereux lieu
Peut-on auoir que d'vn Dieu ?
Ainsi sous la sauuegarde
Du Dieu d'amours qui me garde,
Demarchant à la lueur
Du feu, qui bruloit mon cœur :
Ie trouue dans sa chambrete
Ma mignarde Melinete
Sur son lit entre deux draps :
Ie m'approche pas-à-pas :
Ie m'aproche, & ie voy comme
Elle soupire vn doux somme,
Du long trait de son doux vent,
Doucetement releuant
Le drap d'vne toile fine,
Qui mouuoit sur sa poitrine,
A mesure qu'elle prend,
Ou que l'aleine elle rend.
Sur le flanc droit mi-couchee,
Elle a la teste panchee
Dessus son bras replié.
Son bras rond & deslié,
Touche d'vne main rosine
La couuerture voisine.
 O comme ie fu rauy,
Quand son visage ie vy !
Car onques de façon telle
Ie n'ay vu sa face belle,
Comme ie la vis à lors :

(Tel eclat sailloit dehors
De ses yeux, quand de sa face
l'entreregardoy la grace,
Qui à coup m'éblouissoit
Et ma veuë assoupissoit,
Qui ne pouuoit pas mortelle
Souffrir la sienne immortelle)
Mais lors ie la vy bien mieux
Ayant treue de ses yeux,
Dont les diuines lumieres
Sous deux clignantes paupieres
Qui benines se cachoyent,
Mon grand aise n'empeschoyent.

 De quoy premier chanteray-ie?
Mais par où commenceray-ie?
Mes blasons? Ame, il vaut mieux
Que ie chante de ces yeux,
Tandis qu'il me donnent treue,
Mon dieu, qui me sera breue,
De peur qu'vn trait écarté
De leur diuine clarté
A coup ma chanson ne brise
Rompant ma vaine entreprise.
O ma chere ame il vaut mieux
Que ie chante de ces yeux,
Puis que Madame sommeille,
De peur que s'elle s'eueille,
D'vn ray de ses yeux surpris
Ie laisse l'œuure entrepris.

 Quel pinceau pourroit atteindre
A bien nettement te peindre,
O beau sourcy, si Ianet
Ne te peignoit aussi net,
Quand il perd en blanc yuoire
Vn trait d'vne couleur noire,
Le coulant d'vn art subtil
Auec son leger oustil?

 O belles Paupieres closes,

Belles vous semblez deux roses,
Deux fueilles que d'vn endroit
Bien iustement on ioindroit!
Et vous estes en la sorte
Et l'vne & l'autre vne porte,
Qui fermez de Cupidon
Arc, & fleches, & brandon,
Qu'Amour a donnez en garde
Aux beaux yeux de ma mignarde,
Qui les decochent pour luy.
Paupieres, ô bel estuy
Où Cupidon cache & serre
Ce qui me fait plus de guerre :
O Paupieres tenez-vous
Closes sous le somme doux.
Fermez-vous, belles Paupieres,
Et cachez-moy ces lumieres,
Ces beaux yeux, que mon dessein
Sous leur feu ne tombe vain.
Quoy ? ce peu que i'ay d'espace
Par vous, Paupieres, se passe
Sans seruir d'vn oubly doux,
Tandis que ie parle à vous.
  Ie vy sa iouë vermeille :
Ie vy sa mignarde oreille,
Qui sur vn scosion vert
Monstroit son tour decouuert :
Ie vy de tresses dorees
Ses deux temples honorees :
Ie vy d'yuoire son front
Qui s'vnit en demy-rond :
Ie vy sa bouche fraichette,
Qui la couleur eust deffaitte
De sa vermeille couleur,
A la plus vermeille fleur.
  O que ie me tins à peine
D'aller flairer son aleine !
O que cent baisers enuis

 Adonques ie n'ay rauis!
Si doucettement fraichette
Sa doucelette bouchette
D'vn desir vint m'embraiser
De cent fois la rebaiser :
Mais plus grand desir encore
Mon cœur adonques deuore,
De voir tout ce que cachoit
Le drap qui m'en empeschoit.
 Lors retenant mon aleine,
Tout bellement ie my peine
De decouurir tout cela
De beau, que le drap cela.
Ie vy sa gorge refette,
De qui la blancheur mollette
Eust esteint le teint des lis
Les plus fraichement cueillis.
Dessous s'estendoit marbrine
Sa grasselette poitrine,
Où flotoyent deux tetins nus,
Ains deux pommes de Venus :
Comme sous vn doux Zephire,
Qui molletement souspire,
On voit languir sans effort
Les ondes contre le bord.
 Comme i'ostay d'auantage
Du drap, ie vy son corsage,
Ie vy l'vn & l'autre flanc
Luire plus que nacre blanc.
Ie vy la charnure blanche
De son ventre & de sa hanche :
Et plus bas ie ne la vy,
Tellement m'auoit rauy,
Le nombril, dont la fossure
Marquoit encor la couppure
Du vieil amoureux lien
Qui ioignoit l'homme ancien :
Quand l'vne & l'autre partie

N'eſtoit encor departie,
Quand l'homme & la femme en vn
Se tournoyent d'vn pas commun.
Tel deſir me vint époindre
D'eſſayer de nous rejoindre
En l'homme-femme ancien
Au meſme amoureux lien.
Mais parauant ie m'approuche
Pour le baiſer de ma bouche :
Et faire tant ie n'ay pu
Que lors ie n'aye rompu
Le doux ſomme de Meline,
Qui à ſon reueil benine,
Flambeau, ne refuſa pas
De me prendre entre ſes bras.
Et lors combien de delices
Et de jeux & de blandices,
Et combien de doux eſbas
Nous fiſmes aux doux combas,
De la douce mignardiſe
Qui nos tendres cœurs attiſe!
Tu le ſçais, heureux Flambeau,
Benin amoureux & beau,
Qui de tes flâmes ſecretes
Luiſis à nos amourettes,
Flambeau témoin bienheureux
De nos ſecrets amoureux.

IE te ſupply, douce Maiſtreſſe,
 Quand ie te tiendray, ne me preſſe
De tenir vn propos adonc
Ou d'importance ou qui ſoit long.
Mais ſi ton cœur ſçauoir deſire
 Mes penſers, ie te pry de lire
Ce que ie t'écris, à loiſir
Sans deſtourber noſtre plaiſir.
Lis & relis en mon abſence,

Ce que ma trop courte presence
Ne me permet pas vis à vis,
Te raconter en nos deuis.
Permé moy, si l'heure s'addonne,
Que ie soy prés de ta personne,
D'estourdir la faim vn petit
De mon amoureux appetit.
Permé moy baiser ceste bouche,
Sans me faire de la farouche,
Sans tenir oysiues tes dents
Et moins ta languette au dedans.
Découure moy ce sein d'albastre,
Que le baisant ie l'idolatre :
Permé moy suçer à mon gré
Le bout de ce tetin sucré.
Et comme tu es bien apprise,
Mille mignardises déguise,
Et mille esbas appreste moy,
Pour flatter mon facheux émoy.
Et ne disons rien que sornettes,
Et que mots mignars d'amourettes,
Par qui saueur nous donnerons
Aux jeux d'amour que nous ferons.
Meline, employons le peu d'heure,
Qui de mille ennuis nous demeure,
Sans le temps perdu regretter.
Le temps ne se peut rachetter.

Te teray-ie, Litelet,
Lit mollet, Lit doucelet,
O nid de mes amourettes?
Te teray-ie aux chansonnettes
Que ie chante redisant
Des amours le jeu plaisant?
Toy Litelet, où i'oublie
Tout le malheur de ma vie,
Quand à mesme mille esbas

l'ay m'amie entre mes bras?
Mais te pourroy-ie bien taire,
Lit que ie voudroy bien faire
(Si ie pouuoy) d'vn vers beau
Luire au ciel aftre nouueau?
Que n'en ay-ie la puiffance!
O que n'ay-ie cognoiffance
Des feux qui luifent és cieux!
Sur toy feroyent enuieux
L'Autel le Char & la Lyre,
Tel lieu i'oferoy t'eflire :
Voire perdroyent leur renom
Les beaux cheueux, que Conon
Fit luire en flâmes nouuelles
Enrichis d'eftoilles belles.
Bien que, petit Litelet,
Lit mollet, Lit doucelet,
Ta fimplelette courtine
Ne foit de toile argentine :
D'vn drap d'or ou d'vn veloux,
Ouuré deffus & deffous
De diuerfes broderies,
Recamé de pierreries :
Bien que riche tu ne fois
Comme font les lits des Rois,
Bien qu'vn Empereur de Rome
Sur toy ne prenne le fome :
Si ne faut-il, Litelet,
Lit mollet, Lit doucelet,
Si ne faut-il (fi ma rime
Peut bien donner quelque eftime)
Que moins eftimé tu fois
Que ne font les lits des Rois :
Ou s'vn Empereur de Rome
Deffur toy prenoit le fome.
Puis que donques Litelet,
Lit mollet, Lit doucelet,
Puis qu'en toy tant de delices,

Tant d'amoureuſes blandices,
I'ay de l'amoureux deduit
Recueilly toute la nuit :
Puis que moy & ma mignonne,
(Qu'vn meſme amour époinçonne)
Auons cueilly toute nuit
De noſtre Amour le doux fruit,
Sous ta voufte parfumee
Moy tenant ma mieux aimee,
Deſſous ton ciel parfumé
Elle ayant ſon mieux aimé.
Quand humants la bouche gloute
Le Nectar qu'amour degoute
En aiſe nous nous fondions :
Quand pâmans nous confondions
Nos ames de nous fuyantes,
Dans nos bouches ſe noyantes
Aux douceurs, qui dedans nous
Diſtilloyent vn plaiſir doux.
Quand l'enfant qui nous attiſe
Par ſa tendre mignardiſe
Nous forçoit en mille tours,
Faire eſſay de nos amours.
Lors auec ma Cytheree
Entre mes bras enſerree,
Ie faiſois en mille tours
Mille eſſais de nos amours :
Or mettant la cuiſſe mienne
Sur la ſienne, ores la ſienne
Sur la mienne remettant :
Ores moy la pincetant
Ores oſant bien la mordre,
Ores m'ébatant à tordre
En chainons entrelaſſez
Ses beaux cheueux delaſſez,
Et par follaſtre maniere
Sur ma gorge priſonniere
Tout au tour me les ceignant,

Ie mignardoy me plaignant.
　Voicy, mignarde Maistresse,
Voicy, Meline, la tresse,
Ainçois la chaine voicy,
Qui m'enchaine en ton soucy :
Voy le lien, Melinette,
De ma vie ta sugette.
O moy prisonnier heureux
En ces chainons amoureux !
Et combien que sa lumiere
En eust esté plus arriere,
La clarté de ce bel or
Esclairoit assez encor.
Quand ie voy, quand ie regarde
L'or de ces chainons, mignarde,
(Car le flambeau n'estoit loin
De nos jeux le doux témoin)
Quand à ce bel or ie pense
De ce Roy i'ay souuenance,
Qui moins heureusement pris,
En des aneaux d'or fut mis.
Mais, ma Mignonne, ie meure,
Dame, ie meure sur l'heure
Si ie voudrois estre Roy
Ma Royne pour n'estre à toy :
Ie meure, si ton seruage
Ne me plaist bien d'auantage
Que la plus grand' liberté.
Ie te iure la clairté
De ton œil, que trop plus i'aime,
Que ie n'aime le mien mesme :
Ie meure, ie t'aime mieux,
Mieux que ie n'aime mes yeux :
Voire ma petite Dame
Ie t'aime mieux que mon ame.
O pleust à Dieu qu'il y eust
Ioyau qui plus cher me fust
Que mon ame, pour te dire,

Que plus encor te defire.
  Pâmant ie difois ceci
Quand Meline dit ainfi,
Qui doucetement foupire
Mignardant vn doux fourire.
  Et bien que vaut perdre en l'air,
Ma douceur, tout ce parler?
Ie le croy, ie le fcay, voire :
Et le mefme il te faut croire
De moy qui fuis toute à toy,
Et l'amie d'vn grand Roy,
Mon Roy, ie ne voudrois eftre
Pour n'auoir vn fi doux maiftre
Qui ravift ma liberté.
Ie te iure la clairté
De ton œil que trop plus i'aime
Que ie n'aime le mien mefme :
Ie meure, ie t'aime mieux,
Mieux que ie n'aime mes yeux :
Mon petit feigneur, ie t'aime
Trop mieux que mon ame mefme.
O pleuft à Dieu, qu'il y euft
Ioyau, qui plus cher me fuft
Que mon ame, pour te dire
Que plus encore te defire !
  Ma mignonne ainfi parla,
Puis fa parolle feella
Quand pâmante elle me baife,
Me faifant repâmer d'aife.
Le flambeau qui nous luifoit,
Et de nos jeux s'auifoit
En petillant efternuë :
A l'heure Meline nuë
Enferrant en mes bras nus
Aux doux efbas de Venus
Doucetement ie conuie,
Qui n'en auoit moindre enuie.
Vn friffonneux tremblement

Nous saisist egallement
Des pieds iusques à la teste,
Ne permettant qu'on s'arreste :
Mais en la luitte d'amour
Nous corsames tour à tour
Tous enyurez de grand aise,
Quand ma Meline ie baise
Tout soudain me rebaisant.
Et quand par ce jeu plaisant
N'ayant plus de moy l'empire,
Ie suy l'Amour, qui m'attire,
Me débridant de raison
En si folle pâmoison.
Ores de ma dent lasciue
Ie marque la neige viue
De son col en le mordant,
Ores elle de sa dent
Me remord en douce rage
Se vengeant de mon outrage.
Ainsi par ce doux debat,
Hors de l'amoureux combat
Nous reportons en memoire
Des marques de noble gloire.
  O Lit, qui sçait mieux que toy
Les jeux que ie ramentoy
De nos ioyes plus secrettes,
O nid de nos amourettes !
Lit, qui doucement tremblant
Sous nos plaisirs, fais semblant
D'auoir quelque iouissance
De nostre heureuse plaisance,
Quand d'vn doux cry babillard
Tu geins sous nous fretillard
Si nous mouuons, & sur l'heure,
Si nous demeurons, demeure
Ton babil ainsi que nous
S'acoisant d'vn branle doux,
Dont tu regles la cadance

Auec nous d'vne accordance.
Tu es mignon, Litelet,
Lit mollet, Lit doucelet,
Le camp des gentils vacarmes,
Où se monstrent les faits d'armes
Des champions amoureux.
Vn autre plus valeureux
Cherchant vn braue nom, aille
Se monstrer en la bataille
S'auanturant au danger
Contre le camp estranger :
Moy en la guerre amoureuse
Ie veu de mort plus heureuse,
Ayant mon terme vescu,
Mourir dedans toy, vaincu
Par Meline ma guerriere,
Quittant du iour la lumiere.
Ie veu, petit Litelet,
Lit mollet, Lit doucelet,
Combatant contre Madame,
Heureusement perdre l'ame,
Moy champion valeureux
Dedans le camp amoureux,
Et perdant gagner ma gloire,
Encontre elle en sa victoire
Dans toy petit Litelet,
Lit mollet, Lit doucelet.

P<small>AR</small> *promesse gentille,*
  Belle, tu me deuois
  De comte fait, deux mille
  Bons baisers à mon choix.
  Mille i'en auoy pris,
  Mille i'en ay rendus,
  Sans que d'Amour surpris
  Deux i'en aye perdus.
Autant que l'acord monte

Tu m'en as peu fournir.
Amour à certain comte
Ne se doit pas tenir.
Et qui trouueroit bon
Que de comte arresté
Des espics la moisson
Se leuast en Esté ?
Qui voudroit sçauoir dire
Les fleurs du renouueau
Que Flore sous Zephire
Monstre au moys le plus beau ?
Qui les voudroit comter ?
Qui pour auoir des vins
Voudroit bien souhaitter
Cent grappes de raisins ?
Qui nombre de l'Automne
Les innombrables fruits
Que la riche Pomone
Aux fruitiers a produits ?
Si peu les dons des cieux
Ne doyuent pas monter
Venans des mains des Dieux
Qu'on les puisse comter.
Des grands Dieux la largesse
Ne veut pas se borner,
Ny les presents, Deesse,
Qu'il te plaist me donner.
Presents bons ou mauuais
Des Dieux n'ont point de fin :
Si Deesse tu es
Ne borne vn fait diuin.
Meline, ma Deesse
En vn bloc qui ait fin,
Ne me fay point largesse
De ton baiser diuin.
Chiche, tu comtes donc
Tes baisers precieux,
Et tu ne comtas onc

　　　　Les larmes de mes yeux ?
　　　Combien le bloc se monte
　　　　De tes baisers ie voy.
　　　　Tu ne vois pas le comte
　　　　Des maux que i'ay pour toy.
　　　　Si tu sçauois combien
　　　　Se montent mes pensers,
　　　　Vrayment ie prendroy bien
　　　　Par conte tes baisers.
　　Mes tristes pensers, Belle,
　　　　Sont sans conte & sans fin :
　　　　Sans conte Melinelle,
　　　　Soyent tes baisers, à fin
　　　　Que i'aye allegements
　　　　Infinis tour à tour,
　　　　Aux infinis tourments
　　　　Que i'ay pour ton amour.

　　　Povrqvoy chastes femmelettes,
　　　　Pourquoy craintiues fillettes
　　　　Vous reculez vous ainsi
　　　　De ces baiserets ici ?
　　　Dames, icy ie ne chante
　　　　Quelque amour qui soit meschante
　　　　De ces adulteres dieux,
　　　　N'en destournez ia vos yeux.
　　　Nulle salle paillardise
　　　　N'est en ceste mignardise
　　　　De mes baisers gracieux,
　　　　N'en destournez ia vos yeux.
　　　Nulles paroles mal-nettes
　　　　Ne sont en mes chansonnettes :
　　　　Non, il n'y a rien de laid
　　　　En ce mignon liurelet.
　　　Mais combien qu'icy ie dise
　　　　La plus gaye mignardise
　　　　Du plus doux jeu que Venus

Permette aux amoureux nus :
Ie le dy en chanſonnettes
  Si modeſtes & ſi nettes,
  Que la meſme chaſteté
  N'auroit plus d'honneſteté.
Venez donques femmelettes
  Venez-moy rendre fillettes
  De mon chant le loyer doux,
  Qui eſt d'eſtre leu de vous.

Cent fois cent baiſers d'élite
  Mille fois mille contant,
  Et cent mille fois autant
  Ie te donroy ma petite :
    Autant que de fleurs
    Peignent de couleurs
    La ſaiſon nouuelle,
    Autant que des cieux
    Le rond ſpacieux
    D'aſtres eſtincelle.
Et plus de baiſers encore
  Ie donroy drus & laſcifs
  Tous à mon choix bien aſſis,
  O mignarde que i'adore,
    A ces yeux rians
    A ces bords frians
    De ceſte bouchete,
    A ce front, ce ſein,
    Ce nez, ceſte main
    A ceſte oreillete.
Mais tandis Meline
  Que tout adonné ie ſuis
  A baiſer tant que ie puis,
  Ta beauté toute diuine :
    Et ces yeux rians
    Et ces bords frians
    De ceſte bouchette,

Ce front, & ce sein,
Ce nez, ceste main
Et ceste oreillete.
Plus estroit qu'vne coquille
D'vne huistre, l'autre ne ioint,
Mais tandis ie ne voy point
Toute ta beauté gentille,
Ny ces yeux rians,
Ny ces bords frians
De ceste bouchete,
Ce front ny ce sein,
Ce nez, ceste main,
Ny ceste oreillete,
Ny ton doux ris ie n'auise
Qui de sa claire splendeur
Comme du Soleil l'ardeur
Par l'air vn brouillas debrise :
Ainsi chasse en moy
Si tost que le voy,
Tant loin qu'il me touche
De mon cœur le dueil,
Les pleurs de mon œil,
Les plains de ma bouche.
Quoy ? si mon œil te regarde
Ma bouche oysiue ne peut
Te baiser comme elle veut :
Car mon œil goulu l'engarde.
Mais quelle fureur
A mis en rancueur
Mon œil & ma bouche ?
L'vn est enuieux
Si l'autre ayant mieux
Tes beautez approuche.
Donc auray-ie patience
De supporter qu'vn mignon
Se face mon compagnon
Te baisant en ma presence ?
Donc pourray-ie auoir

  Courage de voir
  Qu'vn autre te touche,
  Quand mes propres yeux
  Ie sens enuieux
  Sur lheur de ma bouche ?

Les Dieux n'ont mis arriere
 Meline, ma priere :
 Arrier les dieux amis
 Ma priere n'ont mis.
 Meline, ta ieunesse
 Desia s'enfuit : quoy ? n'est-ce
 Cela que tant & tant
 Ie t'alloy rechantant ?
Ie disoy bien, pauurete,
 Qu'a la tendre fleurete
 Ta beauté resembloit,
 Que ia l'âge t'embloit.
 Mais, ò trop sotte gloire,
 Tu ne me voulois croire,
 Laissant sans en iouir
 Ta fleur s'euanouïr.
 Celuy dit bien de grace,
 Que la ieunesse passe
 Comme vn songe au someil,
 Qui se per d'vn clin d'œil.
Mais, comme s'est fletrie
 Celle beauté fleurie,
 Dont la gaye vigueur
 Grilloit mon ieune cœur ?
 Mais, où s'en est fuië
 La grace euanouië,
 Ou l'atrait gracieux
 Qui regnoit en tes yeux ?
 Las! où s'est retiree
 Ta couleur admiree ?
 Où ton port ? rien tu n'as

De celle, en qui, helas!
Naiſſoyent les amourettes,
Comme aux prez les fleurettes :
Qui m'a quand ie la vi
De moy-meſme raui.
Mais auiourduy de honte
A mon front le ſang monte
Quand ſeul ie ramentoy
M'eſtre eſperdu de toy.
Toy dont la ſeche face
Par les rides ſe traſſe
Toy de qui le frais teint
Tout hallé ſe deſteint :
Toy qu'ores abandonne
Cupidon, qui ſe donne
Et ſes treſors ouuerts
A Francine aux yeux verds :
Ce petit Dieu ſe ioue
Sur ſa vermeille ioue
M'attiſant ſon œil beau
Pour vn braſier nouueau.

Vn cœur ſauvage & dur, & la façon cruelle
 En douce gracieuſe & diuine beauté,
 (Si le temps n'amoliſt tant dure cruauté)
Feront de ma deſpouille vne gloire peu belle.
Car ſoit que la verdeur ou ſeiche ou renouuelle,
 Ou la nuit s'obſcurciſſe, ou luiſe la clairté,
 Sans repos ie me plain. Ainſi ie ſuis traicté
De Fortune, d'Amour, & d'vne ame rebelle.
D'vn eſpoir ſeulement ma vie eſt maintenue,
 Quand ie penſe que l'eau peut à la continue,
 Toute molle qu'elle eſt, la roche conſumer.
Il n'y a cœur ſi dur que le temps n'amoliſſe,
 Ny tant froide rigueur qu'échaufer on ne puiſſe,
 A force de plorer, de prier & d'aimer.

Ces cheueux d'or crépu, dont le defir augmente
  Autant que mes ennuis croiffent de leur beauté,
  Deliures du riban épandoyent leur clairté
  Voilant deux monts iumeaux le but de mon attente.
Mon cœur prompt s'y en vole, & plus contant s'égaye
  De fi belle prifon que de fa liberté.
  Là comme vn ieune oyfeau dans vn arbre arrefté
  Son pennage mal fec de branche en branche effaye.
Quand deux rofines mains auecque dix beaux doits,
  O mon cœur, ramaffant l'or où tu voletois
  Ainfi que deux filets l'vn fur l'autre ioignirent.
I'uffe crié fecours : mais la peur qui paffa
  Dans mes veines, foudain fang & voix me glaça :
  Tandis ces rets dorez fimple cœur te rauirent.

A Dieu ma chere vie, adieu la feule dame
  Qui m'auez fi long temps à plaifir commandé,
  Sans que iamais vous aye autre bien demandé
  Sinon que vous creuffiez mon amoureufe flâme.
Quand premier ie vous vi, ô l'ame de mon ame,
  O beauté des beautez, Amour n'eftoit bandé :
  En vous à ma faueur clair voyant debandé
  Choifit vn parangon que le blafme ne blafme.
Mais pour ne viure plus, il faut que ie vous laiffe :
  Car mon ame ie per en vous perdant, maiftreffe,
  Pour qui feule i'ay l'eftre, en qui feule ie vy.
Ie ne fçay fi iamais ie vous reuerray telle :
  Ie fçay bien que fans fin ie vous feray fidelle :
  Au moins gardez le cœur que vous m'auez rauy.

   Dv Soleil le flambeau
   Ne m'ofte l'ofcurté,
   De la nuit le bandeau
   Ne m'ofte la clarté :
   Ou foit iour ou foit nuit,
   Ianeton dans fon œil
   Mes tenebres conduit,
   Et conduit mon foleil.

Quand ſes yeux pleins d'amour
Se detournent de moy,
Et fuſſé-ie en plein iour,
La nuit noire ie voy.
Quand ſes yeux pleins d'amour
Se retournent vers moy
Vn ſerein & beau iour
En plein minuit ie voy.

Pan ſuit l'amour d'Echon, Echon aime vn Satyre,
Ce Satyre Lidon. Echon donnoit martyre
A Pan pour ſon amour, le Satyre l'ardoit,
Et Lidon le Satyre. Ainſi s'entreperdoit
Leur Amour reuangé. Car d'autant que l'vn éme
Vainement ſon ingrat, dautant ce haineus meſme
S'en reua dedaigné de l'amour qu'il pourchaſſe,
Punis & reuangés par vne ingrate grace.
Or aprenez de moy vous jouuenceaux qui eſtes
Encore nouuelets au jeu des amouretes :
A fin que ſi aimez, ſoyez touſiours aimez :
Non aimez n'aimez point, ſi lon vous aime aimez !

Il n'eſt beſoin, Tahureau, que ie laiſſe
Le bord de Seine, à fin de mieux iouir
Des doux accords dont tu peux éjouir
Le Dieu de Sarte & des Nymphes la preſſe.
Preſſe ie dy, qui de teſtes épeſſe
Par la ſauſſaye ententiue à t'ouir
(Tant tu luy plais) oublie de fuir
Des cheurepieds la troupe qui la preſſe
Aſſez aſſez ta lyre bruit icy :
Aſſez de nous eſt connu le ſoucy
Que tu reçois pour ta belle Admiree :
Qui doit en brief par ton double fredon
Sonant ſa gloire emplir tout de ſon nom,
Non de toy ſeul, mais de tous admiree.

Victoire, qui aurez la derniere victoire
De moy voſtre captif en l'amoureuſe tour,
Ie me perdy pour vous, & ſur tout autre iour
I'auray ceſt heureux ſoir graué dans la memoire.
Ie penſoy, vous voyant ententiuement boire
A longs traits les douceurs de nos chanſons d'amour,
Acquerir ſi belle ame : Amour (ô le bon tour
Pour le loyer d'auoir tant honoré ta gloire!)
Tu feins de me donner, mais c'eſt vne maiſtreſſe
A qui tu m'as donné : non moy ſeul, car ie ſuy
Mille compagnons pris, emporté de la preſſe :
Dont eſchaper ne puis, & n'en ay le courage,
Et moins la volonté. I'oubliroy tout ennuy,
Si ie pouuoy paroiſtre en ſi heureux ſeruage.

FIN DES AMOVRS DE
I. A. DE BAIF.

NOTES

1. Av Roy, p. *i*.
Cette épître dédicatoire à Charles IX, si importante pour la biographie de Baïf et de ses amis, figure en tête du recueil général des poésies diverses composées par lui pendant ses « ans paffez », publiées en 1573 en quatre parties in-8º, et dont voici le titre général :

EVVRES EN
RIME DE IAN
ANTOINE DE BAIF
SECRETAIRE DE
LA CHAMBRE
DV ROY
A PARIS
Pour Lucas Brayer Marchant Libraire te-
nant fa boutique au fecond pilier de
la grand' falle du Palais.
M.D.LXXIII.
AVEC PRIVILEGE DV ROY.

Au verso de ce frontispice, on trouve le détail suivant :

IX. LIVRES DES POEMES.
VII. LIVRES DES AMOVRS.
V. LIVRES DES IEVX.
V. LIV. DES PASSETEMS.

La première partie, *Les Poëmes,* n'a point de titre particulier ; le titre général en tient lieu.
La seconde est intitulée :

LES AMOVRS
DE IEAN ANTOINE
DE BAIF

A

MONSEIGNEVR LE
DVC D'ANIOV FILS ET
FRERE DE ROY.

L'adresse est la même qu'au titre général ; mais la date est M.D.LXXII, pour cette partie seulement, qui, bien que placée la seconde, a été imprimée la première.
Le titre de la troisième partie est :

LES IEVX DE
IAN ANTOINE
DE BÁIF

A

MONSEIGNEVR LE
DVC D'ALENÇON.

Celui de la quatrième :

LES
PASSETEMS
DE IAN ANTOINE

DE BAIF

A

MONSEIGNEVR
LE GRAND PRIEVR.

L'extrait du privilège, qui se trouve à la fin de la seconde partie, est ainsi conçu :

« Par Lettres patentes du Roy donnees à Fontainebleau le xxvi.ieme iour de Iuillet, m. d. lxxi. Signees, Par le Roy en fon Confeil Depvyberac, & feellees du grand feel en fimple queue : Il eſt permis à Iean Antoine de Baif de faire imprimer toutes fois & quantes que bon luy femblera, tous & chacuns les liures par lui compofez ou corrigez, tant en Grec, Latin, que François, foit en profe ou vers, fans que Libraires, Imprimeurs, ou autres, que ceux à qui il en aura donné la charge, & qui auront de luy pouuoir & commiffion, puiffent faire imprimer, ny en vendre & diftribuer d'autre impreffion dans ce Royaume, auant le terme de dix ans ou moins enfuiuans & expirez, à compter du iour & date que lefdicts liures auront efté acheuez d'imprimer. Sur peine de confifcation defdicts liures, & d'amende arbitaire (*sic*). En oultre veult ledit feigneur que la copie du prefent priuilege, ou extrait d'iceluy inferé aux liures qu'il fera imprimer ferue de fignification à ceux qu'il appartiendra.

« LEDICT *de Baif a permis à Lucas Breyer marchant Libraire d'imprimer ou faire imprimer fes œuures en rime : vn liure de Pfeaumes & chanfons fpirituelles : le Manuel d'Epictete : deux traictez de Plutarque, de l'Imagination, & de la Superftition : & deux Dialogues de Lucian. Et ce iufques au temps contenu en fondict priuilege.* »

Nous reproduifons exactement le texte de ce recueil constitué et publié par Baïf, et nous conserverons, même pour les autres poèmes qu'il n'avait pas pris soin de réunir ou qu'il n'a composés que plus tard, ce titre général d'*Euures en rime*, qu'il avait adopté. Nous n'avons fait au plan tracé par lui qu'un seul changement indiqué au commencement de la note 2.

On trouve dans Brunet, au sujet des *Euures en rime*, la remarque suivante, curieuse par la particularité qu'elle indique et par le prix d'acquisition qu'elle mentionne :

« L'exemplaire en grand papier fort que je possède a été présenté à Catherine de Médicis, et Baïf y a ajouté (en place du frontispice et de l'épître au roi), une pièce de vers (*à la Royne*) écrite sur vélin, et de sa propre main. Cet exemplaire précieux a été payé 70 francs à la vente de de Bure en 1838. »

Adjugé à la vente de Brunet au prix de 2,120 fr., il a été revendu en 1879, dans la vente Paradis, 3,100 fr. plus les frais, à M. Bachelin-Deflorenne, qui l'a cédé à M. Pellion.

2. LES AMOVRS, p. 1.

Tout en suivant pour tout le reste, ainsi que nous venons de le dire dans la note précédente, le recueil de 1573, nous avons cru devoir placer avant *Les Poëmes Les Amours*, composés beaucoup plus tôt. La dédicace *A Monfeigneur le duc d'Aniou* (depuis Henri III), dont ils sont précédés, a été écrite pour cette édition collective.

3. AMOVRS DE MELINE, p. 13.

Les deux livres qui composent ce premier recueil ont d'abord paru isolément sous ce titre :

LES
AMOVRS DE IAN ANTOINE
DE BAIF
A PARIS
Chez la veufue Maurice de la porte
1552
AVEC PRIVILEGE DV ROY

en 1 volume in-8° de 104 pages. Le frontispice reproduit ci-dessus est orné d'une vignette représentant le philosophe Bias, qui *porte* tout son bien avec lui. C'est la marque en rébus du libraire *de la Porte* Le privilège mentionné au titre est accordé pour « fix ans confecutifz » et « donné à Paris le dixiefme de Decembre M.D.LII ».

Méline, dit M. Becq de Fouquières *(Poësies choisies de Baïf,* Paris, Charpentier, 1874, p. 96, note 1), est « une maîtresse fictive ». Il n'est guère permis d'en douter, bien que Baïf parle en ces termes à Ronsard (p. 51) :

...ie di fur ma lire
De m'amie & de moy les éprouuez debats.

Cette assertion est la seule qui pourrait faire supposer qu'il s'agit d'un amour réel ; mais tous les autres témoignages prouvent au contraire qu'il s'agit d'une maîtresse purement poétique. Au moment où Baïf commence à être épris de Francine, personnage bien authentique, comme nous le verrons plus loin, Jacques Tahureau, ami intime de notre poète, lui prédit que cette passion réelle l'inspirera mieux que sa flamme imaginaire :

Si tu as d'vn gay labeur
Couuert du nom de Meline,
Emporté defia l'honneur
De l'amoureux le plus digne ;
Que feras-tu fi tu fens,
Par vne dame parfaite,
Doucement rauir tes fens
D'vne amour non contrefaite ?

(A Ian Antoine de Baïf. — *Odes, fonnets & autres poëfies gentiles.*—Poitiers. par les de Marnefs & Bouchetz frères, 1554.)

Au commencement de *L'Amour de Francine* (p. 96), Baïf déclare lui-même que l'amour l'avait remarqué « *fous vn nom feint écri-*

uant, » et on ne saurait dire que c'est par égard pour sa nouvelle conquête, car beaucoup plus tard, dans l'épître *au duc d'Aniou* (p. 9), il oppose encore son amour tout littéraire pour Méline à sa très vive passion pour Francine :

>*Nom qui n'eſt feint : & fous qui le foucy*
>*Que j'ay chanté n'étoit pas feint auſſy.*

Les *Amours de Méline* ont été si profondément remaniés qu'il serait impossible de signaler à l'aide de simples variantes les différences fondamentales qui signalent les deux éditions; il faudrait mettre sous les yeux du lecteur une réimpression complète. On en jugera par la première strophe :

>*Deſia Phebus ſa bride orine tourne,*
>*Guidant vers nous ſes deſtriers plus en haut,*
>*Ia ſon flambeau plus matin nous aiourne,*
>*Fondant l'hyuer d'vn rayon tiede-chaut.*
> *De Iunon le ſein froydureux,*
> *Soubz vn Soleil plus chalureux,*
> *Maintenant s'atrempe peu l'air :*
> *Elle, qui deuant eſtoit morne,*
> *N'eſtant plus trouble, ores s'atourne,*
> *Sa face ornant d'vn teint plus clair.*

Il en est ainsi dans toute l'étendue du poème, et les vers qui sont demeurés sans aucun changement sont fort peu nombreux. Dans l'impossibilité où nous sommes de reproduire de telles variantes, nous nous contenterons de signaler les passages de la première édition qui présentent de l'intérêt pour l'histoire littéraire, et de donner des échantillons des expressions archaïques ou bizarres qui ont été supprimées.

4. ...*dedans vn roc glacé*, p. 15.
1552. ...*dans vn etuy glacé.*

5. *D'extremes*... p. 15.
1552. *D'eſtremes.*

6. *O que ne puis-ie auſſi bien te deduire*, p. 16.
Dans l'édition de 1552 ce sonnet commence ainsi :

>*Que n'ay-ie l'arc de Ronſard dont il tire*
>*Fichant l'orgueil de ſa Caſſandre fiere,*
>*Ou celle voix que d'Aniou la riuiere*
>*Pour ſa doulceur en tel honneur admire.*

>*O que ne puis-ie auſſi haultement dire*
>*Les durs aſſautz que me fait ma guerriere,*

> *Comme Thyard si bien errant n'a guiere,*
> *A fait ardoyr le feu de son martire.*

7. *Blasmans l'orgueil de ta fiere puissance*, p. 16.
   1552. *Et l'obstiné de ta fiere puissance.*

8. ...*pennage*, p. 16.
   1552. ...*plumage.*

9. *Maistresse, dont te prend ceste cruelle enuie*, p. 17.
   Dont a ici, comme très fréquemment dans les textes du XVIᵉ siècle, le sens de *d'où*.

10. *Combien de fois*, p. 19.
    1552. *O quantesfoys.*

11. ...*ma rage*, p. 21.
    1552. ...*mon ire.*

12. *Qu'vn qui le vent d'vn rêt veult arrêter*, p. 22.
    1552. *Comme qui veut l'air coulant enretter.*

13. *Elle dessert d'estre punie*, p. 22.
    Desservir a ici le sens de *mériter*.

14. *Pren courage mon cœur*, p. 24.
    1552. *Pren cueur, Baïf.*

15. ...*ie me seroy fait homme*, p. 25.
    1525. ...*i'ay repris force d'homme.*

16. *O ma langueur heureusement plaisante*, p. 25.
    > 1552. *Ha pourquoy n'est ma chanson suffisante,*
    > *Affin qu'au ciel reluyre ie vous fisse?*
    > *Aydez moy donc pour les faire au ciel pendre,*
    > *Tyard, Muret, & toy l'autre Terpandre,*
    > *Chacun ainsi de ses amours iouisse.*

17. ...*tout mon heur soit reduit*, p. 26.
    1552. ...*ie preigne mon déduit.*

18. *Sçauant Muret apres les liures Grecs*, p. 26.
    Dans l'édition de 1552, ce sonnet est placé après les mots :

    FIN DV PREMIER LIVRE

    avec ce titre :

    A MARC ANTOINE DE MVRET.

    Le texte a été assez profondément modifié; ainsi, au lieu des vers 9-11, on lit dans 1552 :

    > *Que ie, feru d'vn fier diuin visage*
    > *Chante fuyuant le riuage de Seine*
    > *Or que vingt ans ie franchi de neuf moys.*

19. *Soule tes yeux, o meurdriere,* p. 26.
Ici le texte de 1552 a une apparence plus moderne que celui de 1572 :

Repai tes yeux, o cruelle.

20. *Pour me genner d'auantage,* p. 27.
1552. *Pour m'i faire mugler ores.*

21. *O dous confort de mes douleurs,* p. 29.
1552. *Futur eſſuyoir de mes pleurs.*

22. *Mes penſers amoureus ſont en telle abondance,* p. 30.
Dans l'édition de 1552, où ce sonnet est écrit en vers de dix pieds, le vers qui correspond à celui-ci est :

Mes penſers ſont en ſi grande montance.

23. *Mon cœur, qui des penſers ſouſtient tout le monceau* p. 30.
1552. *De ce grand tas mon cueur le portefaix.*

24. *...au toucher,* p. 30.
1552. *...au fraper.*

25. *O doux baiſer, ſauoureuſe Ambroſie,* p. 31.
1552. *Doux reſtaurant, douſucrée ambroſie.*

26. *Faux enuieux as-tu fait entrepriſe,* p. 31.
Édit. de 1552 :

Oſas-tu bien, enuïeux mediſant,
Deſetuyer ta langue enuenimée
Cuydant noyrcir la blanche renommée
De ceſt honneur qu'vn chaſcun va priſant.

Deſetuyer, tirer de son étui, de sa gaine, est une expression dont je ne connais pas d'autre exemple, et qui méritait bien d'être recueillie. On trouve plus loin (p. 71) le verbe simple :

Ia ta languette n'eſtuye.

Dans ce dernier passage, l'édition originale de 1552 donne *n'etuye,* forme en apparence plus récente.

27. *...point ie ne m'en deux,* p. 32.
Il n'est peut-être pas inutile de remarquer que *deux,* un peu défiguré par l'orthographe de Baïf, est la première personne du présent de l'indicatif du verbe *se douloir.*

28. *...du deſtin le mal-heur,* p. 34.
1552. *...de fortune l'encombre.*

29. *Soit conuaincu le faux,* p. 36.

On serait tenté de lire : *Soit conuaincu de faux;* mais le texte de 1572 est bien tel que nous le donnons, et la leçon de 1552, que voici, semble le confirmer :

> *Et ſoit vaincu le faux*
> *Auteur de tant de maux*
> *Rué, froiſſé par terre.*

30. *Quelle ame vit d'amour plus eſperdue,* p. 38.
    1552. *Quelle baſſeur plus humble ſe rencontre.*

31. ...*d'amoureux,* p. 39.

Ceci est une faute de notre édition. Les deux textes originaux ont : *d'amoureaux.*

32. *Ma Meline ſa ſoif eſtanche,* p. 39.
    1552. *Sa ſoif mon Emperiere etanche.*

33. *Se prendroit,* p. 40.
    1552. *S'eprendroyt.*

34. *Ce ſeroit que ſon cœur gelé,* p. 41.
    1552. *Ce ſeroyt que ſon glas gelant*
    Rafraichiroyt mon feu brulant.

35. *Qui de ſes leures coulera,* p. 42.
    1552. *Affin de m'aller ſoulaſſant,*
    Deſſus tes bors la ramaſſant.

36. *Quelqu' apareil,* p. 42.
    1552. *Et quelque onguent.*

37. *Et des vieillars il renflame*
    Le braʒier preſques eſteint, p. 43.

La Fontaine a conservé à notre langue cette belle expression *renflammer :*

> Ah! ſi mon cœur oſoit encor ſe renflâmer !
> (*Fables,* Les deux pigeons.)

38. *Deguiſeʒ ſous forme feinte,* p. 44.
    1552. *Deſous deguiʒures feintes.*

39. *Meſme les plus braues dieux,* p. 44.
    1552. *Les poumons meſmes des dieux.*

40. *Gueri le mal,* p. 48.
    1552. *Raclant le mal.*

41. *Que ſouuent,* p. 49.
    1552. *Quantesfois.*

42. *Sur ſes cheueus te branchois*, p. 50.
 1552. *Sur ſes crins tu te branchoys,*
 Quand beccant, tu te panchoys,
 Mon amelette égarée
 Dedans ſa treſſe dorée.

43. *Tout gros*, p. 50.
 1552. *Tout enfle.*

44. *Moy qui*, p. 51.
 1552. *Ie qui.*

45. ...*eſme*, p. 52.
Ce mot, qui revient plus loin (p. 83), signifie *intention, volonté.*

46. Fin du premier livre de Meline, p. 52.

 1552. Fin dv premier livre des amovrs de I. Ant. de Baïf. Immédiatement après, à la page suivante, vient : A. Marc Antoine de Mvret. (Voyez la note 18.)

47. *Et changer la triſte obſcurté*, p. 54.
 1552. *Et faire d'vne triſte nuit*
 Vn iour ſerain plein de deduit!

48. *Vne de ſes douceurs d'élite*, p. 54.
 1552. *Le plus de la quinte parcele*
 De ſon nectar.

49. *Que toute force me failloit*, p. 55.
 1552. *Que la moëlle aux os failloit.*

50. *Me percent iuſques au cœur!* p. 57.
 1552. *M'outreperſent iuſqu'au cueur !*

51. ...*iumelles*, p. 57.
 1552. ...*gemelles.*

52. ...*s'anaſſa*, p. 58.
Entra comme dans une nasse, dans un filet.

53. ...*tout le meilleur fruit*, p. 60.
 1552. ...*le meilleur deduit.*

54. ...*ceſte trogne mignarde*, p. 60.
 1552. ...*ta minéte friande.*

55. *Mourut de faim non-ſoulable*, p. 61.
Ici, comme nous l'avons déjà quelquefois remarqué, c'est l'expres-

sion employée dans l'édition de 1552 qu'on serait tenté de croire la plus moderne :

Fut d'vne faim incurable.

56. ...*ditier*, p. 64.

Chant. C'est du reste ce dernier mot qu'on lit dans l'édition de 1552 :

Il me plaiſt, m'ombrageant ore
De tes feilles, Arbre heureux,
Que ma muſe te decore
De ce doux chant amoureux,
Dont entailler ie te voy
Ornant ma mignone & toy.

57. *Douillets, graſſelets*, p. 66.

1552. *En tendreur graſſetz.*

58. *Voici l'ombre où de Meline*, p. 67.

1552. *Baïf, aiant de Meline*
Iouy ſous ceſt arbre-ci,
Sacrant de ces beautez l'hynne,
Luy graue en ce tige auſſi.

59. *De pres la fuit*, p. 69.

1552. *Soudain l'enfuit.*

60. *D'vn doux babil fifleté*, p. 69.

1552. *En fiflet fouefbruyant.*

61. *Ia ta languette n'eſtuye*, p. 71.

Voyez la note 26.

62. ...*aux plaiſants*, p. 72.

Il y a *au* dans les deux éditions, avec *plaisants* au pluriel; ce qui se rencontre assez souvent dans les auteurs du XVIᵉ siècle. (Voyez RABELAIS, *Œuvres*, t. IV, p. 119.)

63. *Se paiſſant de*, p. 74.

1552. *Mais ard touiours.*

64. *Et voudras d'vne dizeine*, p. 76.

1552. *Defirant m'apaifer ores*
De dix baiferetz encores.

65. *Du nouueau Soleil s'y iette*, p. 77.

1552. *Du nouueau Souleil f'i boute.*

66. *Tes douces flames cruelles*, p. 77.

Dans 1552, il y a un composé qui a disparu ici : *ta flame doucruelle.*

67. ...*ſa chaleur*, p. 77.
    1552. ...*ſon flairer.*

68. ...*aux cieux*, p. 78.
Voyez la note 62.

69. *Sa Tourterelle, ſa belle*, p. 79.
    1552. *Toſt ſa tourtre, toſt ſa belle
           Colombelle
           Toſt ſa petite Venus.*

70. *Tu mors*, p. 79.
    1552. *Tu fiers.*

71. *Pleine*, p. 79.
    1552. *Enfle.*

72. ...*fleury printemps*, p. 80.
    1552. ...*fraille printemps.*

La strophe, en partie transposée, est toute différente à la fin, et contient un verbe composé curieux à recueillir :

> *Voy la vieilleſſe chenue
> Nous menaçant ſa venue,
> Qui ſourampe auec le temps.*

73. *Sa barque à riue tiree*, p. 85.
    1552. *Les flancz de la barque irée.*

74. *D'vne lumiere ſi nette?* p. 85.
    1552. *De ceſte clarté propréte?*

75. ...*d'vn mol embraſſement*, p. 86.
    1552. ...*accouplé doucement.*

76. *Toy où la Marne ſe perd*, p. 87.
    1552. *Et toy où la Sene court
           D'vn flot lourd,
           Auec Marne ſ'auoyante.*

77. *Aux riues du Tré*, p. 88.

Tré est une faute d'impression de l'édition de 1572. On lit en 1552 : *du Né...* Le Né est un affluent de la Charente, qui se jette dans ce fleuve un peu au-dessous de Cognac, après un cours d'environ cinquante kilomètres.

78. *Et m'en couronnez le chef*, p. 91.

    1552. *Pour l'ombrage de mon chef.*

79. Premier (-quatrieme) livre de l'amovr de Francine, p. 93.

La première édition de cet ouvrage a paru en 1555, en un volume in-8°, intitulé :

QVATRE
LIVRES DE L'AMOVR
DE FRANCINE
PAR
IAN ANTOINE DE BAIF
A
IAQVES DE COTTIER
PARISIEN
Premiere Impreſſion.
A PARIS,
Chez André Wechel
Auec priuilege du Roy pour dix ans.

Sur ce frontispice se trouve la marque du cheval volant et, au verso, une pièce de vers latins de Jean Dorat, en l'honneur de Francine : *Ianus Auratus in Francinam Baifii*. Du reste, Baïf avait réclamé ces vers avec instance dans un sonnet qui se trouve au commencement de l'ouvrage (p. 96) :

> ... *Vien amy ſecourable,*
> *Vien auec moy l'honneur de ma Francine dire.*

A la fin du volume se trouve la date de publication : M.D.LV.
Dans cette édition, le premier livre commence par : A IAQVES DE COTTIER PARISIEN. C'est la dédicace annoncée au titre, et qui, dans le recueil de 1573, a été rejetée à la fin du livre (p. 142). Le premier et le second livre sont intitulés : SONETS; le troisième et le quatrième : CHANSONS. Cette première édition ne présente, sauf pour une seule pièce, que des variantes peu nombreuses, dont nous donnerons quelques échantillons.

80. *Rien que genne & tourment ton nom ne me promet*, p. 98.

Prosper Blanchemain a conclu de ce passage que Francine s'appelait Francine de Gennes. Il appuie sa très plausible conjecture sur divers indices et principalement sur ces vers où Guy de Tours, après avoir célébré Mlle de Gennes, constate que nul ne sait mieux la louer que Baïf :

> *L'or qui folaſtrement ſur ſa teſte blondoye*
> *De la belle de Genne eſt de ſi riche proye,*

Que quelque Paladin, imitant vn Iaſon,
Ne craindroit le trepas pour ſi riche toiſon!
Voy ia de quel doux philtre elle confiſt ſa veue,
Voy ia de quel maintien ſa demarche eſt eſmeue!
Il faudroit que tu fuſſe vn bien diſant Baïf
Pour peindre de ſon teinct le cinabre naïf.

(Le Paradis d'amour, dans les Premières Œuvres poëtiques. — Paris, N. de Louvain, 1598, in-12. — Voyez Odes, sonnets... de Tahureau, publiés par Prosper Blanchemain, notes.)

81. .. *qui dans ceſte ramee*, p. 103.
    1555. ...*ebat de la ramée.*

82. *Vrayement*, p. 118.
Ici et dans le vers suivant *vrayement* ne compte que pour deux syllabes dans l'édition de 1555, où on lit, à deux reprises : *Las, vraiment.*

83. ...*en plaiſante merueille*, p. 119.
    1555. ...*en laſſiue merueille.*

84. *Felon à ſon ſeigneur*, p. 120.
    1555. *Et de ſa trahiſon encor ne ſe dement,*
        Traître, à moi, ſon ſeigneur, pour vne belle face.

85. *Dans vos plus froides eaux*, p. 123.
    1555. *Maugré vos froides eaux.*

86. *Bien heureux l'air qui bruit ſa voix emmiellee*, p. 128.
    1555. *Heureux l'air, en qui bruit ſa voix douce entonnée.*

87. ...*que pamé*, p. 132.
    1555. ...*qu'épamé.*

88. ...*qui ſon repos recele*, p. 146.
    1555. ...*qui ſon giſte recele,*
    Et de là va brouter l'herbelette nouelle.

89. *Ie ne laiſſeray donc*, p. 153.
    1555. *Ie ne lairray donc pas.*

90. *Sus debout Arenis*, p. 154.
Il s'adresse à son domestique.
    1555. *Sus, garçon, leue toy.*

91. *Quand variable à ſes plus fauoris*, p. 158.
    1555. *Quand renſourſaut noz ſenz preſque tariz.*

92. ...*pennage*, p. 159.
    1555. ...*plumage.*

93. *Et ie beney la mort & ie maudi la vie*, p. 160.
    1555. *Trouuant douce la mort, maugreable la vie.*

94. *Pleurez pleurez mes yeux*, p. 160.
Hémistiche qui est entré dans *le Cid* (III, 3) et est, depuis, demeuré célèbre :

Pleurez, pleurez, mes yeux, & fondez-vous en eau!

95. ...*Douques*, p. 164.
Lisez : *Donques.*

96. ...*peuiſſe*, p. 167.
Lisez : *peuſſe.*

97. *Meſmes*, p. 170.
A la fin de l'édition de 1555, avant la table et les vers de Tahureau (Voyez la note 109), on trouve une :

Reponce av Sonet

Meſmes, tandis qu'au ciel tu fiches ton eſprit.

98. *Comme tu peus & dois*, p. 177.
    1555. *Comme tu le peux bien, pour le moins montre moy*
          Me ſauoir quelque gré de ma ſerue conſtance.

99. *Bernardin*, p. 180.
A la fin de l'édition de 1555, à l'endroit indiqué dans la note 97, on trouve un sonnet précédé de ce nom :

B. de Saint Francois

et suivi de cette note :
Voy la reſponce au Sonet :
    Bernardin, tu croyrois des Poëtes la bande.

100. *Calliſte*, p. 181.
A la fin de l'édition de 1555, à l'endroit mentionné dans note 97, on trouve un sonnet commençant ainsi :

Calliste.

Ie ne ſçay ſi l'Amour, mon Baïf, te tourmente,
  Autant comme en tes vers tu te fais douloureux...
à qui Baïf reſpond au ſonet :
    Calliſte, croy pour vray que l'Amour me tourmente.

101. *Qu'à cet aueugle dieu tant ſoit peu ie me cele*, p. 191.
L'imprimeur a omis après ce vers le blanc qui devait le séparer du sonnet suivant.

102. ...*t'auire*, p. 193.
Lisez : *t'aiure* (t'adjure).

103. *Ie ne languiſſe*, p. 209.

1555. *Ie ne vainquiſſe*.

104. Vne *amoureuſe ardeur*, p. 219.

Cette pièce a été presque complètement refaite, comme celles qui composent le recueil des *Amours de Méline*.

105. *Tout ce que i'ay de mal!* p. 222.

Il y a ici *tou* dans l'édition de 1573, où ailleurs, et en particulier à la page suivante, on trouve *tout*.

106. *Mais à qui tiffes-tu ta blonde cheuelure?* p. 245.

On pourrait être tenté de croire qu'il y a ici une faute et qu'il faut lire : *tiſſes-tu*, mais cette leçon *tiſſes* est dans les deux éditions données par Baïf. C'est la forme simple de notre verbe *attifer*, rare déjà au XVI⁰ siècle, mais très fréquemment employée dans notre ancienne langue.

107. *C'eſt vn vray ius nectarien*, p. 271.

Il y a *iuſt* dans 1573 ; et j'aurais dû conserver cette orthographe qu'on retrouve ailleurs dans *Les Amours*.

108. *Le pis que lon dira, c'eſt que ie ſuis de ceux*
    Qui à ſe repolir ſont vn peu pareſſeux, p. 278.

On a pris cette déclaration trop au sérieux (Voyez Becq de Fouquières, p. XXX). Les poètes mettent une certaine coquetterie à se dire négligents ; mais la manière dont Baïf a retravaillé *Les Amours de Meline* nous prouve qu'il se vante, ou que du moins il a plus tard acquis ce talent de se corriger, qu'il déclare ici lui être étranger.

109. Fin dv qvatrieme et dernier livre de l'a-movr de Francine, p. 279.

Dans l'édition de 1555, on trouve, à la fin de cet ouvrage, à la suite d'une table alphabétique des sonnets, une pièce de Tahureau, dont nous donnons quelques vers parce qu'elle a son intérêt pour l'histoire des œuvres de Baïf :

Iaques Tahvreav.

Contre l'enuieux.

. . . *maintenant confeſſe*
D'auoir à trop gra..d tort medit d'vne ieuneſſe,
Et malheureuſement en tes propos bauardz
Mon Baïf ataché d'iniurieux brocardz :
Quant du trop ſale aboy de ta gueule chienine,
Tu iapois aux amours de ſa douce Meline,

> *Quant pour deux ou trois motz qui n'eſtoient à ton gré,*
> *Tu ſou(i)llois, ignorant, d'vn Poëte ſacré*
> *Tout vn œuure parfait, te ſouillant d'vne offenſe,*
> *Dont tu debuois bien toſt receuoir la vengeance.*

Cet *enuieux* est probablement celui que Baïf a déjà (p. 257) traité d'*Enuieux mediſant.*

110. Diverses amovrs, p. 281.

Ce recueil se compose de pièces qui n'avaient pas encore paru.

Il comprend : 1° Les amours de Baïf déjà vieux avec diverses maitresses, notamment avec une certaine Madelene ou Madelon extrèmement jeune, dont il nous donne (p. 314) des anagrammes qui ne nous fournissent pas d'indications sûres (Voyez la note suivante); 2° Des pièces sur la *Mignarde Melinette* (p. 375), qui semblent indiquer que nous avons ici une certaine quantité d'opuscules datant de la jeunesse de Baïf, formant comme un supplément aux *Amours de Méline*, et qui, après avoir été négligés, ont été réunis pour grossir le volume; 3° Enfin quelques pièces qui ne sont pas de Baïf et que nous n'avons imprimées qu'en note (Voyez la note 113).

111. Ore de bien en mal, p. 313.

Cette anagramme et celles du sonnet suivant ne donnent pas des résultats identiques; on y trouve facilement Madelene, mais le reste varie, sauf la syllabe Bi qui revient toujours.

112. Acrostiche, p. 319.

Les premiers vers de cette pièce, faite probablement pour être présentée à une dame par celui dont elle révèle le nom, donnent : *Charles Tierſelin francoes.* Les lettres initiales de la fin de la pièce ne présentent pas de sens et ne doivent pas être considérées comme faisant partie de l'acrostiche.

113. *Tout le temps de ma vie,* p. 336.

Après la pièce qui finit par ces vers on trouve, dans le recueil des Diverses Amovrs de Baif :

Six sonets d'Estienne de la Boitie.

I

> *Si onques i'u de vous quelque faueur,*
> *Fauſſe legere inconſtante rebelle,*
> *Reprochez-la, reprochez : quelle eſt elle*
> *Sinon ouuerte ou couuerte rigueur ?*

Depuis le jour que vous donnay mon cœur,
  Qu'ay-ie pensé qu'à vous estre fidelle,
  Loyal, constant? Vous, à m'estre cruelle,
  A me hayr, à me voir en langueur?
Dans peu de temps i'en verray la vengeance,
  Et par ma mort. O douce mort, auance:
  A mon regret i'ay la vie trop dure.
Cruelle, à vous le camp demeurera:
  Mais vous fâchant ma mort me vengera,
  Quand n'aurez plus qui vos fiertez endure.

II

Enfant aueugle-né, c'est bien grande proüesse
  Venir en trahison des fleches nous tirer?
  N'as-tu d'autre plaisir que venir déchirer
  Les cœurs mal-asseurez de la simple ieunesse?
Ta mere, qui tout nu sans vergongne te laisse,
  Monstre bien qu'on se doit loin de toy retirer.
  O que sot est celuy qui se laisse attirer
  A ton enfance vieille, & double & tromperesse.
Meurdrier, larron, pipeur, fay moy, fay hardiment,
  Fay du pis que pourras: redouble mon tourment.
  Ie veu te deffier, & ne veu plus me pleindre.
Quel mal me peux-tu faire (ô cruel sans mercy)
  Que ie n'aye enduré? Ie suis tant endurcy,
  I'ay desia tant souffert, que rien ie ne doy craindre.

III

Helas! combien de iours, helas! combien de nuits
  Ay-ie vescu banny doù mon cœur fait demeure?
  C'est le vingtiéme iour que sans iour ie demeure,
  Mais ie passe en vingt iours plus d'vn siecle d'ennuis.
Ie n'en veu mal qu'à moy, fortuné que ie suis!
  Si ie soupire & plein, si ie lamente & pleure,
  C'est que ie m'eslongnay laissant à la malheure
  La beauté qu'eslongner nullement ie ne puis.
Ma face, qui desia de rides labourée
  Par les ennuis soufferts se voit decolorée
  Me fait rougir de honte. O douleurs inhumaines.
Vous faittes grisonner mon poil deuant le temps:
  Combien que ie sois ieune au conte de mes ans,
  Las! ie suis desia vieil au conte de mes peines.

IV

Ie veu qu'on ſcache, Amour, comme elle eſtoit armee
  Lors qu'elle prit mon cœur au dedans de ſon fort :
  Afin qu'à ma raiſon nul n'en donne le tort,
  Et de m'auoir trahy qu'elle ne ſoit blaſmee.
La douceur de ſes yeux des plus rudes aimee
  Menant mille beautez fit le premier effort :
  Son entretien pouſſoit de graces vn ranfort :
  Son eſprit fut le chef de ceſte belle armee.
Qu'uſſe-ie fait tout ſeul ? Ie me ſuis laiſſé prendre,
  Et c'eſt à ſon eſprit que ie voulu me rendre,
  Qui me prit, qui me tient, qui à ſon gré me meine.
Ce tout diuin eſprit a ſur moy tout pouuoir.
  Mais puis qu'il faut ſouffrir, ie ſuis heureux d'auoir
  Si iuſte occaſion de ſouffrir tant de peine.

V

Tu m'as ouuert les yeux, Amour, ie le confeſſe :
  Car ie ne ſouloy voir que c'eſtoit de beauté,
  De ſcauoir, de vertu, d'addreſſe, de bonté :
  Auiourd'huy ie voy tout en ma belle Maiſtreſſe.
Or de voir & reuoir ſes graces ie ne ceſſe :
  Ie les penſe & repenſe. A ma grand' loyauté
  I'en dy mille mercis, pour auoir merité
  De conoiſtre l'honneur qui tout orgueil abaiſſe.
I'ay de ce bien diuin l'entiere conoiſſance.
  A toy ſeul i'en confeſſe, Amour, la redeuance :
  Mais s'il faut dire vray, le trop ſçauoir me nuit.
Tu m'as ouuert les yeux d'vne lumiere pure,
  Mais plus ie voy de biens, tant plus de maux i'endure :
  Et le feu qui m'eſclaire, eſt celuy qui me cuit.

VI

I'ay ſenty les deux maux de l'amoureux martyre :
  Soit de pres, ſoit de loin, ſi mal traité ie ſuis,
  Que ie per iugement : & dire ie ne puis,
  Fors que le mal preſant me ſemble touſiours pire.
Las ! en ce choix forcé, que me faut-il élire ?
  Quand ie ne la voy point, les iours me ſemblent nuits :
  Et ſcay que de la voir viennent tous mes ennuis :
  Mais deuſſé-ie auoir pis, de la voir ie deſire.

Le foldat courageux bleſſé d'vn coup de trait,
Sans prouuer ſa vertu, meurt auecque regret
De ne ſentir le coup de quelque main conuë.
Moy, qui conoy combien i'ay partout enduré,
De mourir pres & loin ſuis touſiours aſſuré.
Mais quoy? s'il faut mourir, ie veu voir qui me tuë.

Il ne nous a pas paru à propos de conserver dans les *Amours* de Baïf, ces sonnets qui n'en font pas partie ; mais nous avons cru devoir les reproduire ici, en expliquant à quelle portion des œuvres de La Boëtie ils se rattachent, et quelles sont les circonstances dans lesquelles Baïf a dû les recueillir.

Montaigne ne s'est pas appliqué seulement à transmettre le souvenir de La Boëtie à la postérité, mais aussi à lui conserver ce qu'il a pu recueillir de ses œuvres. En tête des *Vers françois de feu Eſtienne de La Boëtie* (Paris, Federic Morel, M. D. LXXII, in-8º de 19 feuillets), ce fidèle ami s'exprime ainsi dans sa dédicace « à M. de Foix », datée du « premier ſeptembre mil cinq cens ſoixante & dix » : « Vous voyez, Monſieur, vert & ſec, tout ce qui m'en eſt venu entre mains, ſans choix & ſans triage. »

La partie la plus importante de ce recueil se compose de vingt-cinq sonnets amoureux. Baïf, qui lui aussi était l'ami de La Boëtie, à qui il s'adresse dans le second livre des *Amours de Francine* (p. 149), avait probablement reçu de lui quelques-uns de ses essais poétiques. En 1572, il dut lire avec intérêt et curiosité la publication de Montaigne, et il lui prit tout naturellement l'envie d'insérer dans ses *Diuerſes Amours* six sonnets de La Boëtie, d'un caractère analogue aux siens, que Montaigne n'avait point recueillis. Ces six sonnets se rattachent toutefois étroitement à la publication de Montaigne, car ce sont seulement des rédactions extrèmement différentes de quelques-uns de ceux qu'il a donnés. Voici le tableau de concordance de ces sonnets. Les chiffres de la première colonne appartiennent à ceux que nous venons de reproduire ; ceux de la seconde colonne, à l'édition de Montaigne :

I	XIII
II	XIX
III	XVI
IV	VIII
V	XV
VI	XXIII

Il y a dans ces rapprochements matière à une étude intéressante ; nous ne l'essayerons pas, car elle ne concerne point le poète dont nous nous occupons, mais nous la signalons en passant aux curieux.

Elle a tout l'attrait de a nouveauté, puisque ni Montaigne, lorsqu'en 1580 il inséra au chapitre XXIX du 1er livre de la première édition des *Essais* les vingt-neuf autres sonnets que Poyferré « retrouva par fortune », ni aucun des érudits et des critiques qui depuis se sont occupés de La Boëtie, ni même M. Becq de Fouquières dans son excellente édition des *Poësies choisies de J.-A. de Baïf*, n'ont dit un mot de ces six sonnets de La Boëtie, imprimés depuis si ongtemps.

TABLE DES MATIÈRES

CONTENUES DANS LE PREMIER VOLUME

Notice biographique.................. I
Av Roy........................... i

LES AMOVRS DE IAN ANTOINE DE BAIF.

A Monseignevr le dvc d'Aniov.......... I
A Meline......................... 12

AMOVRS DE MELINE.

Premier livre..................... 13
Second livre 53

L'AMOVR DE FRANCINE.

Premier livre..................... 93
Second livre 143
Troisième livre................... 195
Quatrième livre.................. 241

DIVERSES AMOVRS.

Premier livre. 281
Second livre 331
Troisième livre. 369

Notes. 397

FIN DE LA TABLE.

Achevé d'imprimer

LE VINGT NOVEMBRE MIL HUIT CENT QUATRE-VINGT-UN

PAR D. JOUAUST

POUR A. LEMERRE, LIBRAIRE

A PARIS

www.ingramcontent.com/pod-product-compliance
Lightning Source LLC
Chambersburg PA
CBHW071100230426
43666CB00009B/1776